中国法院 2024 年度案例

国家法官学院　最高人民法院司法案例研究院　/ 编

公司纠纷

中国法制出版社
CHINA LEGAL PUBLISHING HOUSE

《中国法院2024年度案例》通讯编辑名单

序

党的二十大擘画了全面建成社会主义现代化强国、以中国式现代化全面推进中华民族伟大复兴的宏伟蓝图，强调全面依法治国是国家治理的一场深刻革命，必须更好发挥法治固根本、稳预期、利长远的保障作用，在法治轨道上全面建设社会主义现代化国家。为落实习近平总书记“一个案例胜过一打文件”的重要指示精神，人民法院始终把完善中国特色案例制度，加强司法案例研究作为推进全面依法治国、支撑和服务中国式现代化的重要途径，通过发布具有普遍指导意义的典型案例，统一法律适用、提高审判质效，提升司法公信力，努力让人民群众在每一个司法案件中感受到公平正义。为更好满足社会各界和人民群众多元化司法需求，把习近平法治思想落实到人民法院审判工作全过程各方面，人民法院案例库于2024年2月27日正式上线并向社会开放，这是进一步完善中国特色案例制度的重要举措，是最高人民法院推出的新的“公共法律服务产品”。

“中国法院年度案例系列”丛书以及时记录人民法院司法审判工作新发展、新成就为己任，通过总结提炼典型案例的裁判规则、裁判方法和裁判理念，发挥案例鲜活生动、针对性强的优势，以案释法，以点带面，有针对性地阐释法律条文和立法精神，促进社会公众通过案例更加方便地学习法律，领悟法治精神，发挥司法规范、指导、评价、引领的重要作用，大力弘扬社会主义核心价值观，积极服务人民法院案例库建设，加强案例库案例研究，促进统一法律适用、提升审判质效，丰富实践法学研究，增强全民法治意识和法治素养，展现新时代我国法治建设新成就。

“中国法院年度案例系列”丛书自2012年编辑出版以来，已连续出版13年，受到读者广泛好评。为更加全面地反映我国司法审判执行工作的发展进程，顺应审判执行实践需要，响应读者需求，丛书于2014年度新增金融纠纷、行政纠纷、刑事案例3个分册，2015年度将刑事案例调整为刑法总则案例、刑法分则案例2个分册，2016年度新增知识产权纠纷分册，2017年度新增执行案例分册，2018年度将刑事案例扩充为4个分册，2022年度将土地纠纷（含林地纠纷）分册改为土地纠纷（含环境资源纠纷）分册。自2020年起，丛书由国家法官学院与最高人民法院司法案例研究院共同编辑，每年年初定期出版。在全国各级人民法院的大力支持下，丛书编委会现编辑出版《中国法院2024年度案例系列》丛书，共23册。

"中国法院年度案例系列"丛书以开放务实的态度、简洁明快的风格，在编辑过程中坚持以下方法，努力让案例书籍"好读有用"：一是高度提炼案例内容，控制案例篇幅，每个案例字数基本在3000字左右；二是突出争议焦点，尽可能在有限的篇幅内为读者提供更多有效、有益的信息；三是注重释法说理，大多数案例由法官撰写"法官后语"，高度提炼、总结案例的指导价值，力求引发读者思考，为司法审判提供借鉴，为法学研究提供启迪。

"中国法院年度案例系列"丛书编辑工作坚持以下原则：一是以研究案例库案例为首要任务。自今年起，"中国法院年度案例系列"丛书优先选用人民法院案例库案例作为研究对象，力求对案例库案例裁判要旨的基本内涵、价值导向、法理基础、适用要点等进行深入分析，增强丛书的权威性、参考性。二是广泛选编案例。国家法官学院和最高人民法院司法案例研究院每年通过各高级人民法院从全国各地法院汇集上一年度审结的典型案例近万件，使该丛书有广泛的精选基础，通过优中选优，可提供给读者新近发生的全国各地多种类型的典型性、疑难性案例。三是方便读者检索。丛书坚持以读者为本，做到分卷细化，每卷案例主要根据案由（罪名）分类编排，每个案例用一句话概括裁判规则、裁判思路、裁判理念、裁判方法或焦点问题作为主标题，让读者一目了然，迅速找到目标案例。

中国法制出版社始终全力支持"中国法院年度案例系列"丛书的出版，给了编者们巨大的鼓励。2024年，丛书将继续提供数据库增值服务。购买本书，扫描前勒口二维码，即可在本年度免费查阅往年同类案例数据库。我们在此谨表谢忱，并希望通过共同努力，逐步完善，做得更好，探索出一条充分挖掘好、宣传好人民法院案例库案例和其他典型案例价值的新路，为广大法律工作者和社会公众提供权威、鲜活、精准的办案参考、研究素材，更好地服务司法审判实践、服务法学教育研究、服务法治中国建设。

"中国法院年度案例系列"丛书既是法官、检察官、律师等法律工作者的办案参考和司法人员培训辅助教材，也是社会大众学法用法的经典案例读本，同时也为教学科研机构开展案例研究提供了良好的系列素材。当然，编者们在编写过程中也难以一步到位实现最初的编写愿望，客观上会存在各种不足甚至错误，欢迎读者批评指正。我们诚心听取各方建议，立足提质增效，不断拓宽司法案例研究领域，创新司法案例研究方法，助推实现中国特色司法案例研究事业的高质量发展。

国家法官学院　最高人民法院司法案例研究院

2024 年 5 月

目　录

Contents

一、股东资格确认纠纷

二、请求变更公司登记纠纷

三、股东出资纠纷

四、股东知情权纠纷

五、股权转让纠纷

六、公司决议纠纷

七、损害公司利益责任纠纷

八、损害公司债权人利益责任纠纷

九、公司解散、清算责任和破产纠纷

十、其他

一、股东资格确认纠纷

1

公司内部股权确认之诉，应探究当事人真实意思表示

——廖某1等诉某特钢公司、廖某乙股东资格确认案

【案件基本信息】

1. 裁判书字号

福建省泉州市中级人民法院（2022）闽05民终3033号民事判决书

2. 案由：股东资格确认纠纷

3. 当事人

原告（被上诉人）：王某某、廖某1、廖某2、廖某3、廖某4

被告（上诉人）：某特钢公司、廖某乙

第三人：高某某、陈某某、廖某6、廖某7

【基本案情】

1976年9月25日，王某某与廖某甲登记结婚，廖某甲于1998年10月1日去世，廖某1、廖某2、廖某3、廖某4系廖某甲与王某某之子女，廖某乙与廖某甲系兄弟关系。1989年8月28日，廖某乙负责组建某铸钢厂，经济性质为乡办集体，法定代表人廖某乙，会计廖某甲，企业经营场所面积为760平方米，厂地系租用某农械厂，注册资金9.5万元。1992年4月6日，该铸钢厂更名为

某特钢厂，经济性质为集体所有制，法定代表人为廖某乙，注册资金由9.5万元变更为90万元，资金来源为企业积累，从业人数36人，企业经营场所面积为1300平方米。1992年5月7日，某特钢厂向某村民小组购买土地3.36亩。1992年7月13日，安溪县人民政府批复“同意使用某村水田1200平方米作为某特钢厂的建设用地”。1992年10月16日，为扩建厂房，廖某乙以某特钢厂法定代表人的身份向某村民小组购买土地1.55亩。1995年10月17日，安溪县人民政府批复“同意使用某村水田1200平方米作为某特钢厂的建设用地”。1997年9月15日，廖某乙作为某特钢厂的负责人以“为扩大企业生产规模，增加效益”为由，向原安溪县工商行政管理局申请某特钢厂企业变更登记，变更后的登记内容为：“企业注册资金180万元，经营场所面积为2400平方米，投入资本为廖某乙出资货币45万元及实物45万元、廖某甲出资货币45万元及实物45万元，双方各持有50%股权。”本次企业注册资金的增加，廖某甲与廖某乙均未实际投入资金，资金来源于土地增值及企业经营积累。1999年12月5日，安溪县人民政府颁发的集体土地建设用地使用证载明：某特钢厂用地面积2400平方米。2000年4月18日，某特钢厂申请企业变更登记，变更后的登记内容为：“经济性质由集体所有制变更为股份合作制，注册资金变更为700万元，净增520万元，以该厂现有资产经评估确认价值700万元投入。”企业章程中记载的股东分别为廖某乙（占股64.29%）、廖某1（占股18.58%）、廖某6（占股4.28%）、高某某（占股4.28%）、廖某7（占股4.28%）、陈某某（占股4.28%），案涉四个第三人均未实际投入资金，只是名义上持股，廖某乙担任企业董事长及法定代表人。经司法鉴定，《某特钢厂章程》末页全体股东签字盖章处“廖某1”的署名字迹、《委托申请设立股份合作制登记代理人证明》全体股东签字处“廖某1”的署名字迹、《集体企业清理甄别登记表》投资各方签章处“廖某1”的署名字迹均不是廖某1亲笔书写，“股权证明”（主要内容为原某特钢厂廖某甲的股权，本人同意转让给长子廖某1）的署名字迹不是王某某亲笔书写。王某某、廖某1、廖某2、廖某3、廖某4为此花费鉴定费17500元。2001年5月28日，安溪县人民政府为某特钢厂颁发房屋产权证，廖某乙分别于2001年6月8日、2002年6月12日、2003年6月6日以该房产作抵押向银行贷款。2006年某特钢厂停止生产。2010年5月25日，某特钢厂变更名称为某特钢公司，廖某7、陈某某、高某某原各持有的4.28%股份以签订股权转让合同的方式转让给廖某乙，廖某6原持有的4.28%股份也以签订股权转让合同的方式转让给廖某1。注册资金700万元不变，公司章程中记载的股东为廖某乙、廖某1，其中廖某乙占股77.14%、廖某1占股22.86%。但从廖某乙出具给原告的公司收支分配清单可以证明2014年至2019年被告某特钢公司的土地及厂房收益、日常维护开支均由廖某1与廖某乙按各自50%的比例分配，而不是按公司章程记载的股份比例进行分配。

【案件焦点】

登记在廖某乙名下的某特钢公司77.14%股权中的27.14%是否应归王某某、廖某1、廖某2、廖某3、廖某4所有。

【法院裁判要旨】①

福建省安溪县人民法院经审理认为：由1997年工商登记信息确认廖某1拥有50%的股权比例，2014年至2019年王某某、廖某1、廖某2、廖某3、廖某4一方与廖某乙关于厂房出租收益的分配比例，廖某乙在视频中确认的股权持股情况，某特钢公司工商登记文件（股权证明、公司章程、集体企业清理甄别表等）非王某某、廖某1、廖某2、廖某3、廖某4一方签署等事实，被告廖某乙在庭审中亦承认了廖某甲为案涉公司股东的事实，认定双方股权比例应按照1997年工商登记中记载的股权比例为起点，确认双方各持有案涉公司50%股权。进而认定登记在廖某乙名下77.14%之案涉股权中有27.14%归王某某、廖某1、廖某2、廖某3、廖某4一方所有，廖某乙仅为代持的事实。

福建省安溪县人民法院依照《中华人民共和国公司法》第三十二条，《中华人民共和国继承法》第二条、第三条第七项、第十条，《最高人民法院关于

① 本书【法院裁判要旨】适用的法律法规等条文均为案件裁判当时有效，下文不再对此进行提示。

适用〈中华人民共和国公司法〉若干问题的规定（三）》第二十三条、第二十四条，《中华人民共和国民事诉讼法》第六十七条第一款，《最高人民法院关于适用〈中华人民共和国民事诉讼法〉的解释》第九十条、第二百四十条，《最高人民法院关于适用〈中华人民共和国民法典〉时间效力的若干规定》第二条之规定，判决如下：

一、确认王某某、廖某 1、廖某 2、廖某 3、廖某 4 拥有某特钢公司 27. 14%的股权，该股权挂在廖某乙名下；

二、廖某乙、某特钢公司应于判决生效之日起三十日内将廖某乙持有的某特钢公司 77. 14%股权中的 27. 14%过户至王某某、廖某 1、廖某 2、廖某 3、廖某 4 名下。

廖某乙、某特钢公司不服一审判决，提起上诉。福建省泉州市中级人民法院经审理认为：工商登记不是确认股东资格的法定要件，确认股东资格应当结合公司章程、股东名册、工商登记、实际出资情况、盈利分配、是否实际行使股东权利以及当事人具体实施民事行为的真实意思表示进行综合判断。故如一审判决所述，应以 1997 年工商登记中的持股比例为起点，确认 27. 14%的股权归属原告。

福建省泉州市中级人民法院依照《中华人民共和国民事诉讼法》第一百七十七条第一款第一项之规定，判决如下：

驳回上诉，维持原判。

【法官后语】①

伴随商事活动的活跃与创新，股东资格确认纠纷案件数量呈上升趋势。股东资格是公司自治与股东行权的基础，股东资格的认定也是审理其他公司类案件的前提。

---

① 本书【法官后语】对此类法律问题涉及的法律法规等内容进行了时效性更新，下文不再对此进行提示。

在公司内部关系中的股权确认之诉中，应当探究当事人之间的真实意思表示。依据《中华人民共和国公司法》的规定，有限责任公司股东享有股东资格的有关程序为：出资→记载于公司章程→签发出资证明书→记载于股东名册→公司登记机关登记。但是，如果仅依据公司章程、出资证明书、股东名册、公司登记机关的登记等资料认定股东资格，明显不妥。主要理由如下：

1. 公司章程在公司内部具有最高行为准则的效力。根据《中华人民共和国公司法》第四十六条第一款第四项规定，有限责任公司章程应当载明股东的姓名或者名称。因此，公司章程可作为认定股东资格的依据之一，但是公司章程并不是认定股东资格的唯一依据，某些情况下没有签署公司章程也没有被记载为股东，并不一定就不具有股东资格。例如，在股权转让、股权继承、新股东入股的情况下，尚未及时变更公司章程，如果仅根据公司章程未记载股东姓名就否认股东资格，显然有违公平原则。

2. 出资证明书是有限责任公司成立后向股东签发的，其作用是表明股东履行了出资义务，是行使股东权利的凭证。从出资证明书的内容看，具有认定股东资格的证明力。但出资证明书仅仅是一种物权凭证，只能证明向公司出资，不具有直接认定股东资格的证明力，应结合其他证据补强其证明力。

3. 股东名册是股东主张其权利的基础，但是不能仅凭股东名册就作出股权归属的判断，股东名册的证明作用，只发生在没有相反证据证明被记载于股东名册的股东不是真正的股东时；记载于股东名册的股东虽然名义上享有股东资格，却不能否定未记载于股东名册的主体就不具有股东资格。实践中，有些公司的股东名册制度不规范，未设置股东名册或股东名册造假的现象时有发生，如果股东能够提供其他有力证据，就可以推翻股东名册。

4. 公司登记机关登记即市场主体登记，是登记机关在经申请人对法定事项提出登记的申请后，审查无误后予以核准并记载法定登记事项随之公之于众的行为。根据《中华人民共和国公司法》第三十二条规定，公司登记事项包括有限责任公司股东、股份有限公司发起人的姓名或者名称。公司登记机关应当将前款规定的公司登记事项通过国家企业信用信息公示系统向社会公示。《中华人民共和国公司法》第三十四条规定，公司登记事项发生变更的，应当依法办理变更登记。公司登记事项未经登记或者未经变更登记，不得对抗善意相对人。需要注意的是，市场主体登记只是证权性的，其只是一种公示义务，并非取得股东资格、获得从事商业活动权利的前提条件和必经程序。市场主体登记的目的在于将股权归属、股权变动的信息向社会公示。另外，公司为股东进行市场主体登记只是一项义务，股东进行投资或者受让股权，其名称或者姓名应记载于公司的股东名册并进行市场主体登记。市场主体登记虽然是法律所规定的，但是否登记法律并未强制，市场主体登记只具有对外的公示效力，是第三人确认股东的重要证据，未经登记也不会影响对内效力。

《最高人民法院关于适用〈中华人民共和国公司法〉若干问题的规定（三）》第二十二条规定，当事人之间对股权归属发生争议，一方请求人民法院确认其享有股权的，应当证明以下事实之一：(1) 已经依法向公司出资或者认缴出资，且不违反法律法规强制性规定；(2) 已经受让或者以其他形式继受公司股权，且不违反法律法规强制性规定。

司法实践中认定股东资格的要件可分为实质要件和形式要件，这些不同的要件在司法裁判中具有不同的证明效力。实质要件包括实际出资情况证明，股权转让、继承、赠予等股权流转协议，在公司中实际享有资产收益、重大决策和选择管理者等材料。形式要件包括公司章程、出资证明书、股东名册、公司登记机关的登记等材料。当股权归属发生争议时，需结合当事人提交的证据进行综合判定，应将履行出资义务、行使股东权利或以股东身份参与公司事务等实质性要件作为主要依据。如果股东实际上已经获得分红、参加股东会决议、参与公司经营时，实际已经享有股东的权利和义务等；若因为未被登记或记载否定其股东身份，片面认定其不具有股东资格，可能使其合法权益得不到保护，亦可能违背当事人意思自治原则，不利于社会交易秩序的稳定。

司法实践中，股东资格确认纠纷的案件比较多，情况也各不相同，需要结合具体情况作出判断。不能仅依据市场主体登记来确认股东资格，应结合公司章程、股东名册、市场主体登记、实际出资情况、盈利分配、是否实际行使股东权利，探究当事人具体实施民事行为的真实意思表示进行综合判断。

编写人：福建省安溪县人民法院　陈　洁　彭英容

2

当公司内部股东资格认定发生冲突，取得股东资格最核心的依据是投资人与公司之间的合意

——王某甲诉甲工程技术公司股东资格确认案

【案件基本信息】

1. 裁判书字号

湖北省武汉市中级人民法院（2022）鄂01民终19132号民事判决书

2. 案由：股东资格确认纠纷

3. 当事人

原告（被上诉人）：王某甲

被告（上诉人）：甲工程技术公司

第三人：王某、王某乙

【基本案情】

王某甲与王某、王某乙系同胞姐弟关系。2002年，王某甲找到其姐姐王某及弟弟王某乙代持股份成立了甲工程技术公司，并授权王某担任公司法定代表人、王某乙担任公司监事。

2004年1月23日，王某写下《申明书》一份：本人王某现持有甲工程技术公司80%的股份，并担任公司的法定代表人。因为该公司的所有投资均由大弟（王某甲）出资，本人受托暂时承担了该公司的法定代表人和部分股份的权利和义务。承诺在王某甲认为必要的时候，将所持的全部股份和法人代表的一

切权利和义务无条件还回给王某甲。当天，王某乙亦写下《申明书》一份：本人王某乙现持有甲工程技术公司 20%的股份和某大厦的 250B、250D 两套房子，因为公司的所有投资及购房所有出资均由本人的兄长（王某甲）出资，承诺在王某甲认为必要的时候，将所持的全部股份和某大厦 250B、250D 两套房无条件还回给王某甲。

2011 年 1 月 19 日，王某甲向王某乙发送邮件，载明："甲工程技术公司赚到的钱，你和小张、姐姐和姐夫、我分别有 50%、30%、20%的使用权……"

2011 年 3 月 11 日，王某向王某甲发邮件询问能否成立乙工程技术公司，并从甲工程技术公司转账至个人账户，作为设立乙工程技术公司的注册资本。

因王某甲长期在北京，乙工程技术公司的日常业务及财务工作由王某负责，王某乙负责部分业务工作，公司重大业务决策由王某甲作出。甲工程技术公司、乙工程技术公司均在某大厦 B 座 2502、2504 办公，工作人员混同，业务内容一致，办公区域对外招牌显示为：甲工程技术公司水处理工程技术有限公司，中国区域一级代理。

【案件焦点】

在涉及登记股东与实际出资人内部投资权益归属争议时，该以何种准据作为裁判的依据和尺度。

【法院裁判要旨】

湖北省武汉市洪山区人民法院经审理认为：原告王某甲通过王某、王某乙代持乙工程技术公司全部股份的事实应予以认定，并享受相应的股东权益。本案中，虽然原告提交的"股权代持协议"文件本院不予采纳，但是其提交的邮件、微信聊天记录、证人证言、录音、银行流水等在案证据的证明力明显大于第三人王某提供的证据的证明力，能够形成证据链，可以认定乙工程技术公司的出资来源于实控人为王某甲的甲工程技术公司，从举证的积极性及举证能力及证据的逻辑性来看，原告王某甲虽然没有参与乙工程技术公司的日常事务性经营，但是对公司重大决策（包含公司名字、注册资本、增资、盈余分配等）

具有更大程度的控制权和决策权，而第三人王某、王某乙仅为公司聘用的管理人员，负责处理公司日常经营性事务，因为公司有家族性企业性质，结合甲工程技术公司与乙工程技术公司之间存在业务重合、人员重合、办公位置重合等特点，第三人的话语权及决策权、收益权比一般公司聘用的管理人员更强，亦在情理之中。故，原告王某甲与第三人王某、王某乙之间存在事实上的代持合意，现原告王某甲作为实际出资人要求确认乙工程技术公司的100%股权归其享有，并要求变更公司登记予以显名，对该诉讼请求应予支持。

湖北省武汉市洪山区人民法院依据《中华人民共和国民法典》第一百六十二条、第四百六十五条、第五百零二条、第五百零九条，《中华人民共和国公司法》第三条、第四条、第六条、第二十三条，《最高人民法院关于适用〈中华人民共和国公司法〉若干问题的规定（三）》第二十一条、第二十二条、第二十四条，《中华人民共和国民事诉讼法》第六十七条、第一百四十五条，《最高人民法院关于适用〈中华人民共和国民事诉讼法〉的解释》第九十条、第九十二条之规定，判决如下：

一、确认原告王某甲对第三人王某、王某乙持有的乙工程技术公司100%股权具有股东资格；

二、乙工程技术公司应于本判决生效后十日内将第一项所涉股权变更登记至原告王某甲名下，第三人王某、王某乙予以协助。

甲工程技术公司不服一审判决，提出上诉。湖北省武汉市中级人民法院经审理认为：一审判决认定事实清楚，适用法律正确，应予维持。

湖北省武汉市中级人民法院依照《中华人民共和国民事诉讼法》第一百七十七条第一款第一项规定，判决如下：

驳回上诉，维持原判。

【法官后语】

股东资格确认纠纷，系股东与公司之间、股东与股东之间就某一当事人是否具备股东资格产生争议而提起的诉讼。股权代持关系，是指名义股东与实际出资人约定由名义股东行使股权，但是由实际出资人出资并享有股权收益，双方之间就隐名持股所达成的合意。该合意不仅包含书面形式、口头形式，还包含事实合意形式。在涉及登记股东与实际出资人内部投资权益归属争议时，应当综合考量出资来源、对公司的实际操控及当事人之间的意思表示等要素来认定。

本案系股东资格确认纠纷，实际投资人在成立公司时，不以自己的名义持股，而是通过胞弟、胞姐代持和进行日常经营，当登记股东与实际出资人内部投资权益归属出现争议时，取得股东资格最核心的依据是投资人与公司之间的合意，具体可从实际出资、参与管理、公司及其他股东书面确认三个方面予以考量：在实际出资方面，本案乙工程技术公司的出资虽然经王某、王某乙个人账户转入，王某乙个人认可其出资来源于甲工程技术公司，王某因其担任甲工程技术公司法定代表人及主管财务工作，个人账户与甲工程技术公司账户资金来往较多，可以推定其出资系来源于甲工程技术公司，而非其个人资金，故乙工程技术公司的实际出资源自甲工程技术公司；在参与管理方面，王某甲虽没有参与到公司日常经营管理每个环节中，但现有证据表明其对于公司的各项事务具有更大程度的控制权和决策权，并对公司盈余享有绝对的分配权，故其对公司管理控制的程度极高；在公司及其他股东书面确认方面，虽双方没有签订《股权代持协议》，但《申明书》内容明确表明王某、王某乙作为代持股东替王某甲代持股权的事实，实际出资人与名义股东之间的代持合意得以确定和证实。

隐名出资在公司法实践中已是常态，或是因个人身份的特殊性，或是为规避某些法律对投资领域、主体资格等方面的限制，投资人往往选择由他人代持股份，当公司内部股东资格认定发生冲突时，隐名股东就有显名的需求。由于本案一审基于《最高人民法院关于适用〈中华人民共和国公司法〉若干问题的规定（三）》第二十一条、第二十二条、第二十四条等规定，从实际出资、参与管理、公司及其他股东书面确认明确了实际出资人与名义股东之间就隐名持股所达成的合意，保障了隐名股东的正当合法权益。二审法院对维持一审判决，再次强调了取得股东资格最核心的依据是投资人与公司之间的合意这一裁判要旨，为维护金融投资秩序，稳定公司内部的持续健康经营，优化法治化营商环境，保障投资人合法权益提供了有力保障。

编写人：湖北省武汉市洪山区人民法院　苗苗

3

名义出资人诉请确认实际出资人股东资格的认定标准

——某资产公司诉C投资中心、A投资公司股东资格确认案

【案件基本信息】

1. 裁判书字号

北京市第二中级人民法院（2022）京02民终12285号民事判决书

2. 案由：股东资格确认纠纷

3. 当事人

原告（被上诉人）：某资产公司

被告（上诉人）：C投资中心

被告（被上诉人）：A投资公司

【基本案情】

一、三份《股权转让协议》及履行情况

2012年12月，甲方B投资公司与乙方C投资中心（有限合伙）签订《股权转让协议》，约定："甲方向乙方转让20%的股权，由某资产公司代为持有。"股权转让款系C投资中心支付。

2013年3月，甲方B投资公司、乙方C投资中心及其他三方签订《股权转让协议》。后解除上述《股权转让协议》，并约定：甲、乙方确认双方2012年12月的《股权转让协议》依然有效。

2014年2月，甲方C投资中心、乙方、丙方A投资公司签订《股权转让协

议》，记载：甲方通过股权收购的方式实际持有A投资公司100%的股权，并委托由某资产公司代为持有至今。

二、《合作协议》及相关情况

被告C投资中心提交2012年12月8日其与某资产公司签订的《合作协议》，用于证明双方是借贷关系，存在让与担保关系。某资产公司称无法核实是否签订过上述合作协议。C投资中心就上述协议的“投资资金”提供银行转账记录。后C投资中心两次发函主张上述协议约定的保值增值款项。

三、A投资公司工商登记情况及股东会议情况

2009年12月，A投资公司股东变更为某资产公司（唯一股东）；2010年及2013年，投资人发生变化；2013年4月，投资人变更为某资产公司（唯一股东）。

C投资中心出具两份董事委派书，记载：“鉴于本中心是A投资公司的隐名实际股东，实际持有A投资公司20%股权……委派以下人员为A投资公司董事……”

2014年2月，纪某彬代表C投资中心在A投资公司股东会决议上签字。

2015年10月，C投资中心向某资产公司发函：“……2013年我司实质性收购A投资公司100%股权……我司同意委托你方代持股权……”2015年11月，再次发函，要求：“……恢复我司作为A投资公司100%股权实际持有人的身份，并完成变更登记……”

2017年5月，A投资公司向某资产公司和C投资中心发送召开临时股东会的通知。2017年6月，C投资中心回函表示如果能改期，将派员参会。

市场监督管理局档案中，A投资公司的公司章程、股东会决议等均未记载C投资中心。

四、对外案件情况

某资产公司因作为A投资公司唯一股东被追加为被执行人，2021年8月，某资产公司提起诉讼，要求判令不追加其作为被执行人。

某资产公司诉请法院：要求确认C投资中心是A投资公司20%股权的股东，并变更登记。

【案件焦点】

1. 某资产公司对本案是否有诉的利益；2. 能否确认C投资中心的股东资格并显名登记。

【法院裁判要旨】

北京市东城区人民法院经审理认为：

一、某资产公司对本案有诉的利益

当事人提起民事诉讼应当具有诉的利益，即司法救济的必要性，否则不具备合法的诉讼条件。若某资产公司的诉请得到支持，其将不是诉争股权的登记股东。登记股东存在被债权人追究股东责任的风险，应当赋予作为名义出资人的某资产公司要求将诉争股权登记至实际出资人名下的权利。

二、能否确认C投资中心的股东资格并显名登记

能否确认C投资中心的股东资格并显名登记，从以下五个层面考虑：(1)原则层面：应综合考虑意思自治原则、商事外观主义原则、有限公司人合性理念。(2)基础层面：第一，关于股权让与担保关系。根据现有证据无法确认C投资中心是否对某资产公司有债权，即使享有债权，将诉争20%股权登记在债务人某资产公司名下，也不符合让与担保的担保形式和担保要件。第二，关于股权代持关系。依据2012年和2014年的《股权转让协议》、2015年11月发函的内容可以认定双方就股权代持形成合意，且履行了代持关系，可以认定双方存在股权代持关系。(3)核心层面：诉争股权的转让款系由C投资中心支付，可以认定其为实际出资人。(4)实质层面：经梳理，C投资中心作出"参加股东会并参与表决、向某资产公司回函表示若改期将派员参加股东会"等一系列行为时，持有的股权系诉争的股权，可以认定其作为股东行使了股东权利。(5)限制层面：诉争股权以外的80%股权系某资产公司持有，故本案不存在其他股东不同意的限制。

虽然确认C投资中心的股东资格，但并不代表否认某资产公司"自2012年12月至诉争股权变更登记到C投资中心名下"这一期间的名义股东资格。

另外，还需要对两个不容回避的问题进行分析：第一，无须先行起诉解除

代持关系。第二，人合性包括公司信用以成员个人信用为基础的内涵，不能作为实际出资人逃避信用的武器。本案中即使C投资中心不同意显名，但因其不存在不能显名的合理理由，可以判决C投资中心显名登记。

北京市东城区人民法院依照《中华人民共和国合同法》第四条、《中华人民共和国公司法》第一条、《最高人民法院关于适用〈中华人民共和国公司法〉若干问题的规定（三）》第二十四条之规定，判决如下：

一、确认C投资中心系持有A投资公司20%股权的股东；

二、A投资公司于本判决生效之日起三十日内向公司登记机关将某资产公司持有的A投资公司的20%股权变更登记到C投资中心名下，C投资中心予以配合。

C投资中心不服一审判决，提起上诉。北京市第二中级人民法院同意一审法院裁判意见。

【法官后语】

股东资格确认往往是审理其他公司类案件的前提，清晰地认定股东资格，对于公司股东行使权利、实现投资公司目的，营造诚信、有序的法治营商环境具有重要意义。区别于较为常见的正向确认、反向确认纠纷，本案的特别之处在于名义出资人基于股权代持关系请求确认实际出资人的股东资格，具有一定的代表性、典型性、新颖性。就此类案件，审判实践中有以下三个问题值得关注：

一、确认之诉中诉的利益的判断

现行法律规定实际出资人可以诉请自己显名，关于名义出资人是否可以要求实际出资人显名，法律没有明确规定，故需从诉的利益这一角度分析。确认之诉的目的通常是对于现状的固化与确认，且诉争标的是客观存在的，不因确认而有所不同。基于自身的特点，确认之诉中诉的利益的判断标准有别于给付之诉和形成之诉，可以细分为以下三点：第一，确认对象的有效适当，即原告选择的诉讼标的是否可以作为确认之诉的对象。第二，纠纷有立即解决的必要性，原告的权利或者法律地位存在危险或者不安，为了消除危险、不安须通过判决即时解决。第三，以确认之诉解决纠纷的有效适当性，如果当事人之间存在其他解决方式，如给付之诉，原则上应当否定确认之诉中诉的利益的存在。

二、特别关注第三重法律关系

基于股权代持的股东资格确认纠纷涉及三重法律关系：一是实际出资人与名义出资人之间的代持关系；二是实际出资人与公司、其他股东之间的内部关系；三是债权人与实际出资人、名义出资人或公司之间的外部关系。随着公司相关立法的完善、《全国法院民商事审判工作会议纪要》“股东出资加速到期”规定的出台，债权人直接起诉或追加股东作为被告的案件越来越多，因确认之诉具有预防事后纠纷发生的机能，为避免对债权人承担责任而起诉的股东资格确认纠纷的数量随之增加，这类案件中外部债权人往往不是案件当事人，不能直接就案件发表意见，故第三重法律关系就显得尤为需要关注，审理时需遵循利益与价值的衡量加以解决。确认实际出资人是股东，是否意味着名义出资人自始不是股东，从而无须对债权人承担责任？基于商事外观主义原则考量，本案判决确认实际出资人股东的同时，特别强调了法院并未否认名义出资人“自代持协议签订至诉争股权变更登记到实际出资人”这一期间内的名义股东资格，对交易安全、外部债权人的利益起到了良好的维护作用。

三、有限责任公司“人合性”的界限

实际出资人不同意显名的情况下，若判决其显名，是否与“人合性”相悖？首先，人合针对的是股东之间的关系，公司设立之初，往往具有高度的人合性，但随着时间的推移，股东之间的关系有可能出现变化，有的甚至会出现利益冲突导致关系破裂，所以“人合性”必然是动态的，而不是静态的，但“是否存在代持关系、是否实际出资、是否行使过股东权利”这些确认股东资格的判断标准却是客观、固定的；其次，人合性不仅是股东之间的相互信赖、关系和睦，还包括公司信用以成员个人信用为基础的内涵，人合性不能作为实际出资人逃避信用的武器，故不应以实际出资人在诉讼中的意思表示作为其显名的决定性依据。

编写人：北京市东城区人民法院　王丹

4

股东资格确认与实际出资人显名化的区分标准

——屈某某诉某机械公司股东资格确认案

【案件基本信息】

1. 裁判书字号

湖南省株洲市中级人民法院（2023）湘02民终607号民事判决书

2. 案由：股东资格确认纠纷

3. 当事人

原告（被上诉人）：屈某某

被告（上诉人）：某机械公司

第三人：韩某、周某珍、吴某1、吴某2、吴某3

【基本案情】

被告某机械公司于2003年10月28日注册成立，法定代表人为吴某1，注册资本50万元，营业期限至2023年10月20日。此前2003年10月9日制订的公司章程确定股东吴某1、韩某分别现金出资25万元，各占50%的股权。公司章程及股东会决议均经吴某1、第三人韩某签名并在工商登记机关进行了备案。原告屈某某的丈夫江某某系被告员工。2006年11月2日，吴某1出具收条："今收到江某某同志股本金贰拾万元整。"但当时并未明确江某某出资所占比例，也未在工商登记机关备案。2016年1月11日，江某某去世。为明确相关权利义务关系，2016年3月，被告修改了公司章程，主要内容为：出资总额人民币100万元；股东出资额和占股比例为：吴某40万元占股份的40%，韩某某20万元占股份的20%。侯某某20万元占股份的20%，江某某20万元占股份的

20%；某机械公司以吴某1、韩某的名义注册，二人各占50%的股份（2016年3月本公司扩充股本为100万元，原注册资本金50万元暂不变更）……落款的股东签名处注明“补签合同”，由屈某某、吴某1、韩某某（系韩某父亲）、侯某某签名，并加盖了被告印章。但该修改后的公司章程仍未在工商登记机关备案。2020年10月28日，被告依据一份在2020年10月26日打印，且仅有吴某1一人签名的公司章程，在工商登记机关进行了变更登记，注册资本由50万元变更为认缴出资500万元，登记股东仍为吴某1、韩某。2020年12月16日，被告某机械公司召开了股东会，原告屈某某的代理人江乙参加了会议，其中对江乙提出的参与公司经营管理和年分红18%等要求，参会的第三人吴某2（代吴某1）、韩某某、侯某某均投票反对。2021年8月27日，吴某1作为甲方、韩某作为乙方、侯某某作为丙方、屈某某作为丁方（未参会）签订《增资扩股协议》，该协议主要内容为：公司本次增资400万元，公司注册资本由此前认缴的50万元变更为实缴500万元；甲、乙、丙、丁各方按各自现有的出资（占股）比例在2021年9月30日前进行实缴增资。2021年10月15日，被告向屈某某发出《催缴通知》，要求其在2021年10月31日前将增资款80万元支付到指定账户。2021年10月22日，屈某某的监护人江甲回函，对增资质疑。另查明，对江某某在被告某机械公司的出资及享有的股东权益，继承人江甲和江乙均明确放弃继承，由其母亲原告屈某某继承。庭审中，原告屈某某明确表示同意在2023年10月20日前增资80万元。

【案件焦点】

屈某某是否为某机械公司的股东。

【法院裁判要旨】

湖南省株洲市芦淞区人民法院经审理认为：《全国法院民商事审判工作会议纪要》“28.【实际出资人显名的条件】”规定，实际出资人提出的登记为公司股东的请求必须同时满足两个条件：一个是实际出资人有证据证明公司过半数的其他股东知道其实际出资的事实，另一个是过半数的其他股东对实际出资人行使股东权利未曾提出异议。本案中，一方面，被告承认原告的丈夫江某某向公司出资了20万元；另一方面，江某某去世后，2016年3月，原告与其他股东吴某1、韩某某、侯某某签订公司章程，其中确认江某某出资20万元，占股20%；再一方面，江甲和江乙均明确放弃继承江某某出资及享有的权益，而由其母亲即原告继承的情形下，被告在答辩中对原告的投资人、隐名股东的身份和享有公司20%的出资比例和份额均予以认可。可见，被告过半数的其他股东确实知道原告实际出资的事实，且对其实际行使股东权利并未曾提出异议。因此，对原告提出确认其股东身份、登记为被告股东的诉求，本院予以支持。

湖南省株洲市芦淞区人民法院依照《中华人民共和国公司法》第十一条、第二十六条、第二十八条、第三十二条、第七十五条，《最高人民法院关于适用〈中华人民共和国公司法〉若干问题的规定（三）》第二十三条、第二十四条，《中华人民共和国民事诉讼法》第六十七条、第一百四十七条之规定，判决如下：

一、确认原告屈某某在被告某机械公司的股东身份，并享有被告某机械公司20%的股权；

二、被告某机械公司在本判决生效之日起十五日内将原告屈某某记载于公司登记机关备案的公司股东名册，并办理相关的股权变更登记手续。

某机械公司不服一审判决，提起上诉。湖南省株洲市中级人民法院经审理认为：股东资格确认的关键在于待确权的投资者与公司之间形成了“股权性出资”的合意且有实际出资行为，具体表现形式不能简单地以其股东资格没有被工商公示登记而否认其资格，因工商登记系“证权性程序”，并无创设股东资格的效力。本案中，虽然工商登记的股东系吴某1、韩某，但不能据此直接认定其他投资者皆是实际出资人。屈某某的投资份额来源于其丈夫江某某，江某某于2006年11月2日向某机械公司投资20万元，股东吴某1向其出具的收条明确该款项的性质系股本金。因江某某于2016年1月11日去世，其子江甲和江乙均明确放弃继承江某某出资及享有的权益，而由其母亲屈某某继承的情形下，屈某某于2016年3月与其他股东吴某1、韩某某、侯某某签订公司章程时，再次确认江某某出资20万元，占股20%。2020年12月16日，屈某某的代理人江乙参与了股东会议行使了股东权利。由此可知，屈某某与某机械公司之间已形成了“股权性出资”的合意并有实际出资行为，且屈某某实际行使了股东权利，也参与了公司分红，屈某某具有股东资格，其请求将其记载于股东名册并进行工商登记，本院予以支持。某机械公司主张屈某某仅系实际出资人，并非公司股东，与查明的事实不符，本院不予支持。

湖南省株洲市中级人民法院依照《中华人民共和国民事诉讼法》第一百七十七条第一款第一项、《最高人民法院关于适用〈中华人民共和国民事诉讼法〉的解释》第三百三十二条之规定，判决如下：

驳回上诉，维持原判。

【法官后语】

本案的案由系股东资格确认纠纷。实践中，有观点认为，只有市场主体登记的股东才是股东，其他出资人均是实际出资人，如果实际出资人需要显名化、市场主体登记为股东，其只能依据《最高人民法院关于适用〈中华人民共和国公司法〉若干问题的规定（三）》第二十四条第三款以及《全国法院民商事审判工作会议纪要》“28.【实际出资人显名的条件】”的规定，需经过半数股东同意或过半数的其他股东知道其实际出资事实，对其实际行使股东权利未曾提出异议。但这种观点其实是对《最高人民法院关于适用〈中华人民共和国公司法〉若干问题的规定（三）》第二十四条的误解。该条规定的实际出资人又称隐名股东，是指实际出资、享有相应投资权益但是却并不被记载于公司文件中的投资者，其在本质上并非股东，与公司无关联。名义股东与实际出资人相对，是指并未出资，却被记载于公司文件中、真正行使股东权利之人。因此，通过对实际出资人概念的辨清，可以得出实际出资人投资完全有别于股东投资，最本质的法律特征是实际出资人实际认缴公司资本，但其姓名或名称未记载于公司章程、股东名册、出资证明书、市场主体登记中，其出资并非股权性出资。本案中屈某某的股权来源于其丈夫，而其丈夫江某某的姓名早已记载于公司章程中，如果再认定屈某某系实际出资人，则是对实际出资人概念的误解。

关于市场主体登记的股东与其他出资人的关系，虽然在公司章程中或习惯称谓上，均认为其是一种“代持股”的关系，但该代持股关系并非法律上实际出资人和名义股东的关系。市场主体登记的股东只是股东资格的一种形式，其他确认股东资格形式还包括记载于出资证明书、股东名册、公司章程中，该三种形式均是股东资格确认的关键。正如生效判决所述，股东资格确认的关键在于待确权的投资者与公司之间形成了“股权性出资”的合意且有实际出资行为，不能简单地以其股东资格没有被市场主体公示登记而否认其资格，记载于出资证明书、股东名册、公司章程中均有可能认定为股东。在本案中，屈某某于 2016 年 3 月与其他股东吴某 1、韩某某、侯某某签订公司章程时，确认江某某出资 20 万元，占股 20%，已具有股东资格，其行使股东权利，享有分红，自是应有之义。

本案对股东资格确认以及实际出资人显名化进行了区分，可为司法实践处理类似案件提供有益参考。

编写人：湖南省株洲市中级人民法院　齐志龙

5

有限责任公司约定以技术出资情形下的股东资格认定

——某铁道科技公司诉王甲、王乙股东资格确认案

【案件基本信息】

1. 裁判书字号

北京市第二中级人民法院（2022）京 02 民终 13329 号民事判决书

2. 案由：股东资格确认纠纷

3. 当事人

原告（上诉人）：某铁道科技公司

被告（被上诉人）：王甲、王乙

【基本案情】

王某某原系高级工程师，曾被评为国家级优秀科技专家。2016 年 12 月 3 日，王某某死亡，王甲、王乙为王某某继承人。2013 年 5 月 29 日，王某某作为发明人获得一种自动闭塞控制系统和方法的专利证书，专利权人为案外公司。2014 年 12 月 15 日，高某某、王某某签署备忘录，约定王某某以上述专利，作为开发铁路信号“创新技术”项目技术入股的一部分，与甲方共同商议成立有限公司，乙方以技术方式入股，占 40%股份。2015 年 1 月 26 日，高某某与王某某签订合作协议，约定双方共同组建某铁道科技公司，总计投资 1500 万元，王某某占股 40%，为技术股，带领研发团队及“创新技术”入股，折算投资资金 600 万元。2015 年 3 月 3 日，某铁道科技公司成立。2015 年 8 月 2 日，某铁道科技公司的章程明确王某某认缴出资 600 万元，出资时间 2015 年 2 月 26 日，出资方式为技术。后某铁道科技公司在其融资计划书中注明公司研发团队由王某某发起组建，多个项目通过组织审查，并取得多项创新成果。某铁道科技公司的宣传手册中亦对上述产品进行了相关介绍。2016 年 5 月之后，某铁道科技公司陆续对案涉系统、软件等进行了软件著作权登记。在 2015 年 3 月至 2020 年 8 月某铁道科技公司多次缴纳个人所得税和增值税。现某铁道科技公司主张王某某未将上述发明专利转移登记至公司名下，其未实际履行出资义务，诉至法院要求确认王某某不享有股东资格，由王甲、王乙协助办理变更登记。

【案件焦点】

王某某是否已经依法向公司出资或者认缴出资。

【法院裁判要旨】

北京市丰台区人民法院经审理认为：从形式要件上看，王某某系某铁道科技公司在工商行政管理部门登记的股东，公司章程中亦确定了王某某的股东资格，其具备股东资格的形式要件，对外能够依照公司法的相关规定行使权利、履行义务。

从实质要件上看，首先，应确定王某某应履行出资义务的内容。案涉备忘录以及合作协议均为各方当事人的真实意思表示，不违反法律法规的效力性强制性规定，应属有效。从两份协议的内容看，备忘录系双方就开发“创新技术”项目初步达成的共识，而合作协议的内容则明确约定甲乙双方共同组建某铁道科技公司，约定了投资金额、投资比例、投资形式等具体内容，且合作协议签订的时间晚于备忘录的时间，应以该份合作协议中约定的内容作为各方出资认定的标准。合作协议中关于王某某的出资义务约定为：“技术股，带领研发团队及‘创新技术’入股，折算投资资金 600 万元。”其次，关于王某某是否履行了合同约定的出资义务，应从以下方面进行考量：（1）从某铁道科技公司的经营范围和王某某及其团队掌握的核心技术看，王某某及其团队的核心技术与某铁道科技公司的经营范围存在高度吻合。（2）从某铁道科技公司取得的登记成果看，虽部分在王某某死亡后取得，但难言与王某某的技术贡献不存在关联。（3）从某铁道科技公司的成立背景而言，其系基于王某某的研发团队成立组建，王某某系基于其自身技术原始取得该公司股份，应为公司的发起人之一，且从公司成立之初便记载于工商登记档案中。综合以上因素，应认定王某某系通过技术入股取得股东资格，原告虽辩称公司成立之后并未实际经营，王某某的技术并未给公司带来实际运营效益，但股东出资与公司实际盈利本身并不等同，公司未实际盈利的情况无法否定股东的实际出资情况。故，对某铁道科技公司的上述意见，一审法院不予采信。

北京市丰台区人民法院依照《中华人民共和国民事诉讼法》第六十七条，《最高人民法院关于适用〈中华人民共和国公司法〉若干问题的规定（三）》第一条、第二十二条之规定，判决如下：

驳回某铁道科技公司的全部诉讼请求。

某铁道科技公司不服一审判决，提起上诉。北京市第二中级人民法院同意一审法院裁判意见。

北京市第二中级人民法院依照《中华人民共和国民事诉讼法》第一百七十条第一款第一项之规定，判决如下：

驳回上诉，维持原判。

【法官后语】

近年来，国家不断加大鼓励科技创新、促进科技成果转化的政策力度，以知识产权出资形式参与公司经营管理成为常态。可用于出资的知识产权不仅包括知识产权所有权，还包括知识产权使用权、申请权及非专利技术等。知识产权出资极具价值，但在实务中，其尚存在出资主体出资不实、出资客体出资瑕疵等问题，如何判断以技术出资是否实际出资到位，值得探讨。《中华人民共和国公司法》第四十八条规定，股东可以用货币出资，也可以用实物、知识产权、土地使用权、股权、债权等可以用货币估价并可以依法转让的非货币财产作价出资，在充分保护出资人意思自治的同时也确立了非货币财产出资的规则。对于以可转移登记的技术如专利技术出资的出资人而言，转移所有权登记即为完成履行出资义务，那么，对其他技术出资人而言，如何认定履行出资义务？本案的核心在于，在双方当事人约定了以技术出资的情况下，如何认定出资义务人已经完成了出资义务成为公司股东。

一、坚持“内外有别”原则

对股东资格确认纠纷而言，对内，即当不涉及第三人时，本质上属于公司内部争议，此时的股东资格认定，着重探寻股东各方的真实意思表示，如是否有出资合意、是否按照约定出资、是否行使权利等；对外，即涉及第三人时，如涉及公司债权人利益时，则重点考虑权利外观及商事登记的公示作用，如市场主体登记是否记载为股东。本案中，某铁道科技公司要求确认王某某不具备股东资格，属于公司内部的股东资格争议，应当重点审查公司成立时各方的真实意思。综合全案证据，公司成立前各方曾就王某某“技术入股”达成合意，且并未明确约定该入股需要转移某项技术的所有权登记，结合王某某的技术背景等信息，应当认定公司成立之时双方就王某某的出资形式达成合意，王某某以技术入股并无不当。

二、坚持当事人意思自治原则

从理论上说，股东出资作为公司初始运作的财产基础，只要满足公司与股东双方的共同诉求即可；若非法律干预，出资形式本来是多元化的。[①] 从公司的价值功能来看，有限公司本身具有较强的人合性，而人合性的本质是股东之间的信赖关系，通过信赖关系建立起诚实履约的基础，填补合作中未提前计算好或未形成书面意见的权利义务关系，因此，出资人约定以技术出资成为公司股东的协议或合同，系基于股东之间的信赖关系下各方股东对各自掌握的经营资源、投入成本及预期收入进行综合判断的结果，在不违反法律法规规定的情况下，应认定为有效，法院不应干涉股东意思自治。本案中，某铁道科技公司现起诉否定王某某的股东资格实质系对最初始信赖关系的违反与破坏，在某铁道科技公司的注册资本符合法定要求的前提下，股东按照约定持有的股权应当受到法律的保护。

三、坚持优势证据原则

从证据采信角度来看，因其他技术出资无法通过某种固定的形式体现，所以判断处分人的行为是否形成权利外观，无法简单地用资料载体的交付作为判断权属转移的依据，对证据的审核往往是基于优势证据的判断方法。本案中，王某某原系高级工程师，其研究范围、取得的技术成果等与案涉公司的经营范围、在建项目、科研方向等多方面具有高度一致性，在原告无法提供相反证据的情况下，不宜对王某某是否实际技术出资作出否定性评价。

综上，本案就是以技术出资时，股东资格如何认定的典型案例。在评价技术出资人股东资格时，应当坚持内外有别的审理思路，对内，在充分尊重当事人意思自治的情况下，不必拘泥于技术出资的形式而应对技术出资根据优势证据规则作出实质性认定。本案中，王某某在约定以技术出资的情况下，其是否实际出资不应当简单以权利登记是否转移进行判断，法院在综合考量本案证据的情况下，依法对其股东资格予以确认。

编写人：北京市丰台区人民法院　赵晓蕾　尚飘

---

① 刘燕：《公司法资本制度改革的逻辑与路径——基于商业实践视角的观察》，载《法学研究》2014 年第 5 期。

6

股权让与担保的司法甄别与规制路径

——某控股公司诉甲投资公司股东资格确认案

【案件基本信息】

1. 裁判书字号

上海市第二中级人民法院（2022）沪02民终3654号民事判决书

2. 案由：股东资格确认纠纷

3. 当事人

原告（被上诉人）：某控股公司

被告（上诉人）：甲投资公司

第三人（上诉人）：某商贸公司

第三人：某科技公司、某管理公司、乙投资公司、郑某某、丙投资公司

【基本案情】

原告某控股公司及第三人某科技公司系被告甲投资公司的设立股东，各持有50%股权，公司注册资本2000万元。被告甲投资公司100%控股案外人丙投资公司，丙投资公司注册资本5亿元，且丙投资公司间接持有约1亿股A股上市公司某贡酒股票；第三人某商贸公司于2018年6月13日设立，注册资本100万元，第三人郑某某系设立股东（持股比例100%）。

2018年6月29日，第三人乙投资公司（甲方）、原告某控股公司（乙方）、案外人史某某及翟某（丙方，原告某控股公司实际控制人）签订《借款合同》，约定甲方向乙方提供6亿元借款（以实际放款金额为准）用于定向偿还乙方拖欠第三人某科技公司的债务。

同日，原告某控股公司与第三人某科技公司、史某某及翟某、第三人某商贸公司签订《股权转让协议》，约定原告某控股公司将持有的50%甲投资公司股权作价1000万元转让给第三人某商贸公司。

同日，原告某控股公司（丙方）与第三人郑某某（甲方）、第三人某商贸公司（乙方）签订《回购协议》及相关配套文件，放置于以甲投资公司名义开设的平安银行保险柜中。《回购协议》主要内容包括：在甲、乙、丙之间并无债权债务关系，丙方与第三人乙投资公司《借款合同》项下本息偿付完毕这两个条件同时满足的情况下，甲方将持有的乙方100%股权作价1000万元转让给丙方；回购完成前，乙方持有的被告甲投资公司股权及甲方持有的乙方股权均不得采取对外转让或质押（可以质押给第三人某科技公司）等方式进行变动；甲方承诺，在此期间不以任何形式对所持有的乙方100%股权实际行使经营管理权，不对外负债、不对外担保；协议置于共管保管箱内，由甲、丙共管密码和密钥，待《借款合同》本息偿付清楚后，甲、乙配合丙方办理工商回转变更登记。被告甲投资公司于同日出具《共管清单》，确认放置于银行保险柜内的文件资料清单。

同日，第三人某商贸公司登记为被告甲投资公司股东；第三人某商贸公司在被告甲投资公司股东名册上记载为公司股东。

2018年6月30日，第三人丙投资公司出具《承诺函》，载明知晓并认可《共管清单》事宜，并承诺若第三人郑某某、某商贸公司违反《回购协议》规定的义务将承担赔偿责任。

2018年7月2日，第三人乙投资公司转账第三人某科技公司1.9亿元，用途载明“借款”。同日，第三人某商贸公司转账原告某控股公司1000万元，用途载明“股权受让价款”。

原告认为，双方成立让与担保关系，请求确认登记在第三人某商贸公司名下的被告甲投资公司50%股权归其所有。被告辩称，上述协议是股权转让，不同意原告诉请。

【案件焦点】

原告某控股公司与第三人某商贸公司之间就被告甲投资公司50%股权是成立股权转让关系还是让与担保关系。

【法院裁判要旨】

上海市宝山区人民法院经审理认为：结合各方签订的一系列合同及合同磋商阶段的意思表示，可以认定原告某控股公司与第三人某商贸公司之间欠缺真正让渡系争股权的合意，系争股权形式上虽已变更登记至第三人某商贸公司名下，但真实意图系为主债务提供担保，双方之间成立让与担保法律关系。具体理由如下：

其一，《借款合同》与《股权转让协议》貌似独立，但《回购协议》明确约定回购条款，即待《借款合同》项下本息偿清后原告某控股公司有权以同等价格从第三人郑某某处受让其持有的第三人某商贸公司100%股权。三份协议落款时间为同一天，各方将《回购协议》保管至以被告甲投资公司名义开户的银行保险柜内，并由原告某控股公司及第三人某商贸公司分管密钥和密码。可见，系争股权转让的目的在于担保《借款合同》项下主债务的履行，《借款合同》系主合同，《股权转让协议》《回购协议》共同构成从合同。

其二，各方磋商阶段所形成的意思表示与《借款合同》《股权转让协议》《回购协议》内容相吻合。聊天记录均明确载明股权过户只是形式，待借款还清后需再回购，该表述与最终所形成的文本内容相互印证。

其三，第三人某商贸公司作为系争股权受让人并未享有完整的股东权利。无论是《回购协议》还是《承诺函》，均不但限制了第三人某商贸公司将系争股权对外转让或质押的权利，甚至还限制了第三人郑某某对其所持第三人某商贸公司100%股权的经营管理权和对外负债、担保的权利，原告某控股公司保留了部分股东权利，符合让与担保法律特征。

其四，虽被告甲投资公司的工商公示信息及股东名册已将第三人某商贸公司登记为股东，但前述权利登记仅产生对外效力，在原告某控股公司与第三人某商贸公司内部仍应严格按照《借款合同》《股权转让协议》《回购协议》内容识别真实意思表示。系争股权所对应的上市公司股票市值远远高于转让对价，即便被告甲投资公司确实可能对外有高额负债，但按照正常商业逻辑，收购系争股权前理应梳理标的公司资产、负债状况，确定股权转让对价，而《股权转让协议》仅简单地将标的公司注册资本作为估价标准，不合常理。

上海市宝山区人民法院依据《最高人民法院关于适用〈中华人民共和国民法典〉时间效力的若干规定》第一条第二款，《中华人民共和国合同法》第六条、第八条，《中华人民共和国公司法》第四条，《中华人民共和国民事诉讼法》第一百四十二条、第一百四十四条，《最高人民法院关于适用〈中华人民共和国民事诉讼法〉的解释》第九十条之规定，判决如下：

确认原告某控股公司具有被告甲投资公司股东资格，第三人某商贸公司名下被告甲投资公司50%股权归原告某控股公司所有。

甲投资公司、某商贸公司不服一审判决，提起上诉。

上海市第二中级人民法院依照《中华人民共和国民事诉讼法》第一百七十七条第一款第一项之规定，判决如下：

驳回上诉，维持原判。

【法官后语】

一、逻辑起点：让与担保权人并不是真正的股东

如前所述，股权让与担保的目的是担保债权，让与只是形式。然而，股权这一让与标的具有财产性和人身性双重属性，让与股权完成后必然产生名实股东之争，导致牵涉的问题突破民法领域进入公司法视野①。

既然股权变更登记对外已产生物权效力，那么完成公示后的名义股东（让与担保权人）的法律地位如何评价？对此，一般认为，在股权让与担保中，尽管外观上的股权过户登记与设定担保的真实意思表示不一致，但就当事人之间的内部关系而言，还是要根据真实意思来认定，即认定股权让与担保中的权利人享有的是有担保的债权，而非股权。可见，股权让与担保权人的法律地位不

① 庄鸿山：《股权二分论下股权让与担保的规范构造》，载《南海法学》2022年第1期。

是真正的股东，不具有股东资格，也不享有实际股东权利。[①]

此外，从《最高人民法院关于适用〈中华人民共和国民法典〉有关担保制度的解释》第六十九条规定看，瑕疵出资或抽逃出资的法律责任归属于让与担保人而非让与担保权人，与《最高人民法院关于适用〈中华人民共和国公司法〉若干问题的规定（三）》第二十六规定完全不同，后者将瑕疵出资或抽逃出资的法律责任归责于名义股东，其法理逻辑也是让与担保权人不具有股东身份无须承担股东责任，让与担保人虽然形式上让与了股权，但仍应承担出资责任。

当然，根据意思自治原则，法律并不禁止让与担保权人依约定在不超出担保目的范围内行使部分股东权利，但行使权利的目的仅限于保证债权的实现。同时，让与担保人作为真正的股东，行使股东权利时也需从保障担保目的实现的前提出发，适当限制其行使股东权利边界。

二、审理原则：商事审判思维贯穿事实审查和法律适用

1. 实质性审查原则。让与担保合同交易架构往往设计得比较复杂，审查中不应拘泥于形式要件，而应从合同内容和目的层面做实质性审查。

2. 主客观一致原则。股权带有人身属性，股东不仅享有财产收益权，同时享有参与管理权。而股权让与担保的目的在于担保，让与人并不会真正让渡公司控制权。因此，当合同内容模糊不清难以界定时，应遵循主客观一致原则，结合协议内容和实际履行情况进行综合审查。

3. 遵循主从合同基本原则。让与担保合同系从合同，从属于主债务合同，甄别让与担保合同的同时需查明借款金额、借款主体等主债务基本要素；法律适用时要注重贯彻担保债务范围不得大于主债务、债权转让抵押权一并转让、主合同无效担保合同一并无效等主从合同基本原则。

三、审理要点

1. 关于举证责任的分配及法律后果。从权利外观来看，系争股权已经办理

---

① 程啸、高圣平、谢鸿飞：《最高人民法院新担保司法解释理解与适用》，法律出版社2021年版，第441页。

变更登记，原则上应推定股权受让人具有股东身份；若股权让与人试图推翻，根据“谁主张，谁举证”的规则，应就缔约主体成立让与担保合意这一待证事实承担相应举证责任，股权受让人可提供反驳证据；结合举证情况法院认定待证事实是否达到证明标准，若未达到，则由股权让与人承担不利法律后果。

2. 关于查明缔约人真实意思表示。首先，全面审查生效协议内容和当事人缔约前后的言辞表示，灵活运用文义解释、体系解释、目的解释等合同解释方法，解读缔约方真实意图。其次，厘清基本概念，精准识别合同条款本质含义。例如，区分回购式让与担保协议中的回购条款与对赌回购协议中的回购条款，识别是否存在业绩要求和估值调整等对赌回购的基本元素。不拘泥于各协议缔约主体是否完全一致，而重点审查让与行为与借款合同之间的实质关联。最后，关注完成变更登记后股权受让人参与公司经营管理情况，辨析股权受让人是否享受完整股东权利、享有权利是否受限，同时遵循主客观一致原则，结合合同内容解读情况进行综合审查。

3. 关于股权转让对价的合理性审查。股权转让对价系由股权转让双方合意确定，通常与标的公司的资产状况、市场价值等相匹配，在股权转让的真实意思存在争议时，股权转让对价与标的公司资产状况及市场价值的匹配度成为重要的考量因素。诚然，标的公司估值并非固定不变的，而是根据标的公司负债情况、投资方对标的公司的预期评估等因素进行动态调整，因此审查转让对价是否合理时需按照一般商事交易标准作从宽判断，并将对价合理性作为考量因素之一而非单一依据。

4. 关于主债务的审查。一方面，让与担保合同系从合同，甄别时必须对主债务的金额、借期等基本要素进行审查。另一方面，即便主债务确实未履行完毕，也不影响让与担保人提起确权之诉，仅确认担保财产权属而不要求变更登记并不会影响让与担保权人的优先受偿权，理应受到法律保护。

虽然让与担保权人并非真正的股东，不享有完整的股东权利，但并不意味着让与担保权人持股期间以股东名义对外作出的意思表示都不具有法律效力。本文仅讨论在让与担保人、让与担保权人及其关联内部如何甄别让与担保协议的问题，至于让与担保人持股期间以股东名义对外作出的意思表示，则要秉承公司内外有别原则，进一步识别相对方是否系善意、是否产生信赖利益，最终作出衡平考量。

编写人：上海市宝山区人民法院　胡鹤飞　汤睿谐

二、请求变更公司登记纠纷

7

公司法定代表人申请涤除登记的条件审查

——李某某诉甲航空公司、乙航空公司请求变更公司登记案

【案件基本信息】

1. 裁判书字号

广东省广州市中级人民法院（2022）粤01民终12531号民事判决书

2. 案由：请求变更公司登记纠纷

3. 当事人

原告（被上诉人）：李某某

被告（上诉人）：甲航空公司

被告：乙航空公司

【基本案情】

2016年4月19日，乙航空公司注册成立，登记的股东为黄某某、李某某等。2019年6月28日，乙航空公司制定公司章程。

2019年12月28日，甲航空公司制定公司章程，载明："第二十条　经理为公司的法定代表人。有下列情形的，不得担任法定代表人职务……法定代表人由经理担任，但其丧失经理资格的。第二十一条　法定代表人行使下列职权：

1. 法定代表人是法定代表公司行使职权的签字人；2. 法定代表人在法律、行政法规以及本章程规定的职权范围内行使职权，代表公司参加民事活动，对企业的生产经营和管理全面负责……”

2020年1月2日，甲航空公司注册成立，法定代表人为李某某，登记的唯一股东为乙航空公司，李某某为经理。2021年3月8日，李某某与甲航空公司协商一致，签订了协议书，共同确认李某某于2020年5月1日入职甲航空公司，任总裁一职。因甲航空公司架构和运营业务调整并于2020年11月开始暂停经营至今，故双方就劳动关系终止、工资支付等相关事宜经协商，达成以下一致意见：“双方的劳动合同关系于2021年1月1日经双方协商一致解除……一方要求变更甲航空公司法定代表人身份的，另一方应予以配合。”之后李某某多次沟通更换其甲航空公司法定代表人事宜未果。

案外人黄某某于2021年7月29日就劳动争议纠纷向广东省广州市花都区人民法院起诉甲航空公司，案号为（2021）粤0114民初13838号，根据该案查明的事实显示，黄某某于2020年5月30日入职甲航空公司，其所主张的争议款项为2020年6月的绩效工资差额及月度绩效、8~9月工资差额及10~12月工资，广东省广州市花都区人民法院经审理后判决：甲航空公司向黄某某支付欠发工资201552元。上述判决作出后，甲航空公司不服，向广东省广州市中级人民法院提起上诉，广东省广州市中级人民法院经审理后作出（2022）粤01民终412号民事判决，判决驳回上诉，维持原判。后甲航空公司未履行上述生效判决内容，黄某某向广东省广州市花都区人民法院申请强制执行，案号为（2022）粤0114执3406号，并对李某某采取限制高消费措施。

【案件焦点】

李某某是否有权申请涤除甲航空公司法定代表人的登记。

【法院裁判要旨】

广东省广州市花都区人民法院经审理认为：第一，李某某、甲航空公司签订的《协议书》约定，一方要求变更甲航空公司法定代表人身份的，另一方应予以配合。李某某提出涤除其为甲航空公司法定代表人的请求符合协议书约定，且给予了甲航空公司合理的处理时间。

第二，李某某并非甲航空公司的股东，离职后亦未参与甲航空公司的经营管理，已不具备担任法定代表人的人身属性。本案中，李某某与甲航空公司于 2021 年 3 月 8 日协商一致确认李某某于 2021 年 1 月 1 日从甲航空公司离职，其从 2021 年 1 月 1 日起已不参与甲航空公司的经营管理，与甲航空公司间不再具备人身属性，其已经丧失了担任甲航空公司法定代表人的基础，且从情理上看，如果强制其继续担任甲航空公司法定代表人，对甲航空公司并无益处，也不利于公司法人主体的意志表达。甲航空公司虽为乙航空公司的全资子公司，但李某某主张乙航空公司撤销登记其为法定代表人的事项没有法律依据。乙航空公司章程并未规定相应股东义务；而甲航空公司章程第二十条规定，法定代表人由经理担任，但其丧失经理资格的，不得担任法定代表人职务。由此可见，甲航空公司解聘李某某的经理职务，根据其章程规定李某某不得再担任其法定代表人。

广东省广州市花都区人民法院依照《中华人民共和国公司法》第十三条之规定，判决如下：

一、被告甲航空公司于本判决发生法律效力之日起十五日内到工商行政管理机关办理涤除原告李某某作为甲航空公司法定代表人的登记事项；

二、驳回原告李某某的其他诉讼请求。

甲航空公司不服一审判决，提起上诉。广东省广州市中级人民法院经审理认为：本案争议的焦点为李某某是否有权申请涤除甲航空公司法定代表人的登记。

第一，李某某系乙航空公司的股东、董事，而甲航空公司又系乙航空公司的全资子公司，故李某某与甲航空公司存在股权上的控制关系，其从甲航空公司离职并不必然导致对甲航空公司脱离管理。

第二，甲航空公司欠付黄某某工资款项的时间系在李某某担任甲航空公司法定代表人期间，现在甲航空公司未偿付完毕上述工资款项，且李某某已经因其作为甲航空公司法定代表人而被法院采取限制高消费措施的情况下，其要求涤除法定代表人身份，可能导致甲航空公司法定代表人处于空置状态，造成甲航空公司无人予以管理，会损害债权人的合法权益。

第三，法定代表人的选任及变更，属于公司自治范围。甲航空公司已经召开股东会，股东会不同意李某某解除法定代表人身份的议题。现没有证据证明甲航空公司已经推选产生新的法定代表人，且法院不能强制甲航空公司推选新的法定代表人，故李某某主张涤除甲航空公司法定代表人身份，办理变更工商登记的条件尚不成就。

广东省广州市中级人民法院依照《中华人民共和国公司法》第十三条、《中华人民共和国民事诉讼法》第一百七十七条第一款第二项之规定，判决如下：

一、撤销广东省广州市花都区人民法院（2022）粤 0114 民初 2900 号民事判决；

二、驳回被上诉人李某某的全部诉讼请求。

【法官后语】

一般情况下，公司变更法定代表人的流程是，股东会、股东大会或者董事会依照法律或者公司章程的规定作出有效决议之后，由公司向有关登记机关申请办理变更登记。但现实中存在公司没有作出关于变更法定代表人的有效决议，法定代表人便以从公司离职为由申请涤除登记的情况。是否应当支持此类涤除登记的诉请，是实践中值得关注的问题。

一、法定代表人与公司之间是委托法律关系

其一，法定代表人与普通员工在就任程序上有差异。法定代表人是依照法律或者章程规定代表法人从事民事活动的人，是法人的必设法人机关，一般在公司经营管理中履行相应职责的人员中产生，行使对内管理公司、对外代表公司的职能。公司和法定代表人之间是委托法律关系，法定代表人行使代表人职权的基础是公司权力机关的授权。根据《中华人民共和国民法典》第九百三十三条规定，委托人或者受托人可以随时解除委托合同。但因法定代表人具有特殊性质，其在行使单方解除权时不得违反《中华人民共和国公司法》的相关规定。因此，能否担任法定代表人与是否与公司存在劳动关系并无必然联系。

其二，法定代表人与普通员工在变更、卸任程序上亦并不相同。根据《企业法人法定代表人登记管理规定》第七条的规定，有限责任公司或者股份有限公司更换法定代表人需要由股东会、股东大会或者董事会召开会议作出决议。因此，劳动关系并非法定代表人任免或卸任的权责渊源。

二、法定代表人与公司之间应存在实质关联

《中华人民共和国公司法》第十条规定，公司法定代表人按照公司章程的规定，由董事长、执行董事或者经理担任，并依法登记。根据该条的立法本意以及法定代表人的制度设立目的，公司法定代表人应当与公司之间存在实际利益关联，此种实际利益联系可以是股东身份关系、经济利益联系、公司经营管理权能等。

当实际不具备对内管理公司、对外代表公司的基本能力和实质条件的挂名法定代表人，以及未以任何其他形式参与公司经营活动或管理事务且未从公司获得经济利益的离职高管诉请涤除登记的，应当予以支持。相反，若离职高管仍与公司保持实质利益关联的，不得以离职为由涤除登记。

本案中，原告李某某系乙航空公司的股东、董事，而乙航空公司又是甲航空公司的母公司，李某某对甲航空公司仍有实质性利益，表现为从母公司股东、董事身份关系衍生而来的经济利益上的联系性以及公司经营管理权能，因此其虽与甲航空公司解除劳动关系，却不得就此涤除法定代表人登记。

三、公司股东会决议与章程、协议之间的内容冲突解决

其一，公司法定代表人的选任、变更及解除应属公司决议范畴。《中华人民共和国公司法》第十条以及《企业法人法定代表人登记管理规定》第七条的规定表明，公司法定代表人的选任、变更及解除应是公司意思自治事项，由公司依据相关法律规定及公司章程作出决定。一般情况下，公司作出决议是法定代表人变更的前提。本案中甲航空公司股东会并未作出解除李某某法定代表人职务的决议，缺乏法定代表人变更登记的前提条件。

其二，违反章程内容的公司决议在撤销前有效。公司决议瑕疵可导致决议无效、可撤销和不成立三种不同的法律后果。根据《中华人民共和国公司法》的规定，若股东会决议的召集程序、表决方式违反法律、行政法规或者公司章程，或者决议内容违反公司章程的，股东可以自决议作出之日起六十日内，请求人民法院撤销。

本案中，甲航空公司已经召开了股东会，并作出了不同意李某某解除法定代表人的决议。但由于公司章程规定法定代表人由经理担任，李某某已与公司解除劳动关系，不再担任经理，因此股东会决议与章程规定在内容上是有冲突的。公司决议的内容违反公司章程规定的，属于可撤销的瑕疵决议，权利人可以通过向法院请求撤销决议的方式进行救济，在撤销之前公司决议成立并生效。针对瑕疵决议的撤销权有六十日的除斥期间，本案中自决议作出已经超过六十日，李某某未请求撤销，其已丧失该请求权，公司决议有效。

其三，通过订立合同就公司决议范畴内事项进行约定的对公司不具有约束力。根据法律规定及章程约定，甲航空公司法定代表人解任属于公司决议范畴内的事项。从民事法律行为的视角分析，合同行为是双方法律行为，在不违反法律强制性规定的情况下，只要双方意思表示一致即可成就；而公司作为拟制人格，其决议采“多数决”，是一种特殊的民事法律行为，是同一内容的多数意思表示的合致，其核心是公司股东、董事等主体通过行使表决权独立地表达自己的意思，经由正当决议程序，最终形成对公司及成员具有约束力的公司意思。

李某某与甲航空公司签订合同约定“一方要求变更甲航空公司法定代表人身份的，另一方应予以配合”，一方面与甲航空公司股东会作出的反对李某某解任法定代表人身份的决议相悖，另一方面李某某与甲航空公司的双方法律行为不得对公司决议行为进行约束，否则将有违法人人格独立的制度基础。

四、法定代表人变更对债权人权益影响的审查

协议签订之时，李某某作为甲航空公司的法定代表人，可以代表公司从事民事活动。其与公司签订解除法定代表人职责相关的协议，法院需要慎重考虑

是否存在损害第三人利益的可能。

其一，商事外观主义下登记具有公示作用。“法定代表人”的真正含义在于其是设有法定公示系统的公司代理人。其身份的真正独特之处在于其配套的登记制度。交易相对人可以直接信赖登记所体现的公司代理人身份和伴随职务的代理权。[①] 为消除信息不对称、保护交易安全、提高交易效率以及维持已形成的交易秩序，在处理公司外部关系时应采商事外观主义，包括法定代表人登记在内的公司登记事项是具有公示作用的。即使公司内部形成了变更法定代表人决议，在没有变更登记的情况下，亦不得对抗善意第三人。本案中，甲航空公司并未作出变更法定代表人的决议，亦未办理变更登记，因此李某某作为其法定代表人的工商登记仍具有公示作用。

其二，法定代表人的变动对内影响公司的治理，对外则可能影响公司债权人的利益。公司并无作出变更法定代表人的意思表示，但法定代表人主张变更登记的，多为公司处于经营异常状态，法定代表人为避免被采取限制高消费等措施而提出此类诉请。此时法院应当考虑保护公司债权人的合法权益，审查法定代表人参与公司经营以及公司债务的情况，可以考察公司债务产生的时间、法定代表人是否参与、是否有相关诉讼等。本案中甲航空公司欠付黄某某工资款，时间在李某某担任法定代表人期间，且李某某已经被法院采取限制高消费措施，若贸然涤除其法定代表人身份，将损害债权人的合法权益。

编写人：广东省广州市中级人民法院　赵璐璐

广东省广州市越秀区人民法院　李嘉如

---

① 殷秋实：《法定代表人的内涵界定与制度定位》，载《法学》2017年第2期。

8

股东会对未出资或抽逃出资股东作出的除名决定是否有效

——某铸业公司诉林某某请求变更公司登记案

【案件基本信息】

1. 裁判书字号

江苏省盐城市中级人民法院（2022）苏09民终1620号民事判决书

2. 案由：请求变更公司登记纠纷

3. 当事人

原告（上诉人）：某铸业公司

被告（被上诉人）：林某某

第三人：杨某

【基本案情】

原告某铸业公司成立于2011年5月3日，注册资金为1000万元，股东为黄某某。2011年9月6日，林某某作为某铸业公司新股东向公司缴纳新增注册资金1900万元，次日即2011年9月7日，林某某又将该1900万元款项转出。截至2012年11月30日，某铸业公司收到林某某返还的投资款8109790元，林某某尚欠投资款10890210元。

2015年10月19日，原告的股东某渔业公司因股东出资纠纷起诉林某某、某铸业公司，江苏省盐城市中级人民法院经审理判决：林某某返还某铸业公司出资款10870210元、利息1202591元，合计12072801元，并承担10870210元自2013年4月19日起至实际给付之日止按中国人民银行同期同档贷款基准利率计算的利息；驳回某渔业公司的其余诉讼请求。林某某不服一审判决，上诉至江苏省高级人民法院，2016 年 5 月 20 日，江苏省高级人民法院作出（2016）苏民终 91 号民事判决，维持一审判决。

【案件焦点】

被告林某某是否符合股东除名条件。

【法院裁判要旨】

江苏省滨海县人民法院经审理认为：公司是企业法人，有独立的法人财产，享有法人财产权。公司以其全部财产对公司的债务承担责任。出资是股东对公司的基本义务，也是形成公司财产的基础。有限责任公司的股东未履行出资义务或者抽逃全部出资，经公司催告缴纳或者返还，其在合理期间内仍未缴纳或者返还出资，公司以股东会决议解除该股东的股东资格，该股东请求确认该解除行为无效的，人民法院不予支持。

就本案而言，原告某铸业公司请求对被告林某某的股东资格进行除名，而股东除名要符合“未履行出资义务”或者“抽逃全部出资”，根据查明的事实和之前判决，被告对于增资的 1900 万元，在抽逃后又履行了 8109790 元出资义务，故本案不符合未出资或者抽逃全部出资的要求，故原告要求对被告林某某股东除名的诉讼请求，本院不予支持。相应地，原告公司在此基础上要求被告林某某协助办理注册资本减资变更登记手续的请求，也不能成立，本院不予支持。

江苏省滨海县人民法院依据《中华人民共和国公司法》第二十八条、《最高人民法院关于适用〈中华人民共和国公司法〉若干问题的规定（三）》第十七条之规定，判决如下：

驳回原告某铸业公司的诉讼请求。

某铸业公司不服一审判决，提起上诉。江苏省盐城市中级人民法院经审理认为：本案已经查明，林某某对于增资的 1900 万元，在抽逃后又履行了 8109790 元的出资义务，故本案林某某不符合法律规定的解除股东的股东资格要求的“未出资或者抽逃全部出资”的要件，且对林某某剩余未补足出资

10870210 元，人民法院已经作出生效判决要求林某某补足，案件也已进入执行阶段，故在此情形下，某铸业公司再要求对林某某未能补足出资股权部分进行除名，其请求显然不能得到支持。综上所述，上诉人某铸业公司的上诉请求不能成立，应予驳回；一审判决认定事实清楚，判决结果正确，应予维持。

江苏省盐城市中级人民法院依照《中华人民共和国民事诉讼法》第一百七十七条第一款第一项之规定，判决如下：

驳回上诉，维持原判。

【法官后语】

本案所涉及的是股东除名制度，股东除名制度是化解公司内部矛盾冲突的一项重要机制。本案是适用《最高人民法院关于适用〈中华人民共和国公司法〉若干问题的规定（三）》（以下简称《公司法司法解释（三）》）第十七条关于对未出资股东予以除名的规定的典型案例，在个案争议解决基础上就股东除名制度进行了厘清。

一、股东除名制度的概念

所谓股东除名，是指公司基于特定的事由，依照法律规定的程序，将违反义务的股东从股东名册中删除，强制其退出公司，终止其与公司和其他股东关系的法律机制。《公司法司法解释（三）》第十七条第一款规定："有限责任公司的股东未履行出资义务或者抽逃全部出资，经公司催告缴纳或者返还，其在合理期间内仍未缴纳或者返还出资，公司以股东会决议解除该股东的股东资格，该股东请求确认该解除行为无效的，人民法院不予支持。"《最高人民法院民二庭负责人就〈关于适用《中华人民共和国公司法》若干问题的规定（三）〉答记者问》认为，上述规定"总体上确认了股东资格解除规则，并设定了相应的程序规范"。[1]

---

① 《最高人民法院民二庭负责人就〈关于适用《中华人民共和国公司法》若干问题的规定（三）〉答记者问》，载最高人民法院网，https：//www. court. gov. cn/shenpan/xiangqing/2501. html，2024 年 4 月 9 日访问。

二、股东除名的法定条件

根据《公司法司法解释（三）》第十七条规定，股东除名制度应当符合以下三个条件。第一，只适用严重违反出资义务的情形，即完全未出资和抽逃全部出资。除名属于股东违反出资义务最为严厉的手段，从根本上对股东权益产生了影响，因此应该严格谨慎，并保持谦抑性适用，只有在股东根本性违反出资义务时，才可以将其除名。因此，除名制度不适用部分缴纳或部分抽逃出资、未全面履行出资义务或抽逃出资行为已得到逐步改正的行为。第二，需履行前置程序即催告。对符合第一条除名事由的股东，公司仍要给予其弥补的机会，催告其在合理期限内缴纳或者返还出资。催告可以采用书面或者口头形式，内容包括适用除名的具体情形、不消除除名事由的后果、向公司申辩的权利等。第三，召开股东会，形成股东会决议。这里主要涉及被除名股东的表决权排除的问题。首先，如果允许未出资股东行使表决权，而该未出资股东又居于绝对控股地位，那么这个除名决议几乎不可能通过，这将导致股东除名制度被束之高阁；其次，出资义务是股东最基本的义务，股东表决权例外规则最主要的功能是防止大股东滥用权利损害公司和小股东利益，如果大股东未出资却能绝对控制公司表决权，该情形本身就是对公司、小股东利益的极大损害，因此，应当排除未出资股东的除名表决权。本案中，被告林某某对于增资的1900万元，在抽逃后又履行了8109790元的出资义务，故本案林某某不符合法律规定的解除股东的股东资格要求的“未履行出资义务或者抽逃全部出资”的要件，某铸业公司要求对林某某未能补足出资股权部分进行除名，其请求显然不能得到支持。

三、降低投资门槛不代表减轻投资主体的责任

《中华人民共和国公司法》在2013年修订时，就对成立有限公司的条件进行了放宽，如取消了法定最低注册资本制度，取消了股东货币出资最低限额的要求，设立公司时的出资额无须经过法定验资程序等。但是，降低投资门槛不代表股东可以不履行出资义务。对于股东认缴出资额、出资形式、实缴出资期限等内容，股东可以通过章程约定，但如果股东不履行约定出资义务，并且达

到对公司和其他股东利益造成严重损害的根本违约程度，其他股东可以追究未出资股东的法律责任，对于这种责任，有约定的从约定，没有约定的可以根据公司法、合同法进行追究。本案中，对被告林某某剩余未补足出资10870210元，人民法院已经作出生效判决要求林某某补足并承担利息，案件也已进入执行阶段，这也有助于维护公司正常运转和保护公司债权人利益、维系安全的市场交易环境。

编写人：江苏省盐城市滨海县人民法院　蒋晓明　蔺怡玮

9

失信被执行人的法定代表人请求涂除其作为法定代表人的市场主体登记，应证明其与公司之间已经排除实质关联且已穷尽公司内部救济手段

——柳某某诉某电影公司请求变更公司登记案

【案件基本信息】

1. 裁判书字号

重庆市第五中级人民法院（2022）渝05民终455号民事判决书

2. 案由：请求变更公司登记纠纷

3. 当事人

原告（上诉人）：柳某某

被告（被上诉人）：某电影公司

【基本案情】

某电影公司于2005年7月26日成立，公司现股东为某影业公司和某集团

公司。柳某某担任该公司法定代表人及董事长。该公司章程规定：董事长为公司的法定代表人，股东为某集团公司、某影业公司，出资比例分别为51%、49%。股东会由全体股东组成，是公司的权力机构，行使下列职权：决定公司的经营方针和投资计划；选举和更换非由职工代表担任的董事、监事，决定有关董事、监事的报酬事项；审议批准董事会的报告等。股东会会议由董事会召集，董事长主持；董事长因特殊原因不能履行职务，由董事长指定副董事长或董事主持。公司设董事会，由7人组成，某集团公司提名4人、某影业公司提名3人。董事每届任期为三年，任期届满，可连选连任。董事会设董事长1名，副董事长2名。董事长为公司法定代表人，由董事会七分之四以上董事同意选举产生或罢免。董事会对股东会负责，行使下列职权：召集股东会会议，并向股东会报告工作；执行股东会的决议；决定公司的经营计划或投资方案等。董事会会议由董事长召集或主持，董事长因特殊原因不能履行职务时，由董事长指定副董事长或其他董事召集和主持。董事会每年召开一次，实行一人一票。

一审审理中，柳某某举示“关于同意柳某某同志离职的通知”一份（系电子打印件）。该通知载明：根据柳某某同志个人自愿离职申请，经研究，同意柳某某同志于2019年5月1日正式离职。文件显示出具通知单位为某集团公司。某电影公司对该通知的真实性不认可。一审法院经审理查明，该证据系打印件，无原件予以核对，其真实性无法核实。

【案件焦点】

公司进入失信被执行人名单导致法定代表人被限高，法定代表人可否申请人民法院涤除其作为法定代表人的工商登记。

【法院裁判要旨】

重庆市渝中区人民法院经审理认为：柳某某以其已经从某影业公司离职为由，主张其不能履行法定代表人职责，请求涤除其法定代表人身份。首先，柳某某举示的离职通知系一份打印件，其真实性无法核实，不能据此认定其离职的事实。其次，柳某某系某电影公司的董事长，根据该公司章程的规定，董事长为公司的法定代表人，因此由柳某某担任公司法定代表人，符合章程规定。公司章程同时规定，股东会行使的职权包括选举和更换非由职工代表担任的董事，董事会会议由董事长召集和主持，股东会会议由董事会召集，董事长主持。依据上述规定，该公司股东会有权更换公司董事及法定代表人，其董事长可以通过董事会召集股东会会议，故柳某某作为某电影公司董事长，在其不愿意继续担任公司法定代表人的情况下，其可以通过召开股东会等公司自治途径作出变更法定代表人的决议，但柳某某并未按照公司章程的规定启动上述程序，而是直接提起民事诉讼，有违公司自治的基本原则。最后，即使如柳某某所主张，其已经自某影业公司离职，但是否离职并不影响其担任被告某电影公司董事长职务，且并无证据证明存在继续履行该公司法定代表人职责的障碍。综上，柳某某的请求不能成立，一审法院依法不予支持。因此，重庆市渝中区人民法院判决：驳回柳某某的诉讼请求。

柳某某不服一审判决，提起上诉。在其提起上诉至二审开庭审理期间，柳某某向董事会成员邮寄了某电影公司关于召开董事会的会议通知，要求董事会成员于 2021 年 11 月 25 日 9 点在某电影公司会议室开会，就柳某某不愿意担任公司董事长和法定代表人、推选新的董事长和新的法定代表人等事宜召开股东会。2021 年 11 月 25 日 9 点，在会议地点，柳某某的代理律师到场，柳某某通过腾讯视频会议形式召开董事会，董事会成员无一人参加。

重庆市第五中级人民法院经审理认为：变更法定代表人登记属于公司内部事务，应按照公司章程的规定由公司形成相关决议后向行政登记主管部门申请变更登记，司法权应尊重公司自治，谨慎保守地介入。本案柳某某请求涤除其作为法定代表人的工商登记，应证明其与公司之间已经排除实质性关联并且已经穷尽公司内部救济手段。在一审宣判后，柳某某虽向董事会成员邮寄了某电影公司关于召开董事会的会议通知，履行了召集董事会的程序，但是其作为某电影公司的控股股东公司的员工担任某电影公司的董事长兼法定代表人，曾实质性参与公司的经营管理。本案审理中，柳某某以自己已经从某影业公司离职为由，主张其不能履行法定代表人职责，其对此应承担举证证明责任。现柳某某举示的证据不足以证明其主张，应承担举证不能的法律后果，即因柳某某不能证明其与某电影公司之间已经排除了实质性关联，其请求司法介入涤除其作为法定代表人的登记事项的理由不能成立。

重庆市第五中级人民法院依照《中华人民共和国民事诉讼法》第一百七十条第一款第一项之规定，判决如下：

驳回上诉，维持原判。

【法官后语】

2015 年，最高人民法院修订了《最高人民法院关于限制被执行人高消费及有关消费的若干规定》，其第三条规定了被执行人为单位的，被采取限制消费措施后，被执行人及其法定代表人、主要负责人、影响债务履行的直接责任人员、实际控制人不得实施高消费及非生活和工作必需的消费行为。依据该条款，法院可以对被执行人的法定代表人采取限高的督促执行措施。因公司进入失信被执行人名单导致法定代表人被限高的情形广泛存在，法定代表人能否通过法院涤除其作为法定代表人的市场主体登记将产生广泛的影响。

涉及限高法定代表人涤除纠纷的处理，司法实务中存在争议，主要争点如下：(1) 涤除法定代表人登记是否属于人民法院的受案范围；(2) 法定代表人涤除登记是否以穷尽公司内部救济手段为前提；(3) 如果没有新的法定代表人是否应当成为涤除法定代表人登记事项的障碍。

从《中华人民共和国公司法》第三十二条、第三十四条和《中华人民共和国公司登记管理条例》第三十条的规定可知，若公司变更法定代表人，应由公司形成决议后向行政登记主管部门申请办理变更登记，实践中，有部分法院以此为由认为该争议不属于人民法院的受案范围，裁定驳回起诉。另有部分法院认为《中华人民共和国公司登记管理条例》第三十条的规定是公司办理法定代表人变更登记时所应遵循的公司内部程序，属于公司内部行为，与法定代表人是否有权主张涤除其作为法定代表人登记无涉，进而支持了原告的诉讼请求。笔者认为当事人来院起诉涤除其作为法定代表人的登记，其对此具有诉的利益，系平等主体之间的民事争议，属于人民法院的受案范围。

变更法定代表人登记属于公司内部事务，应按照公司章程的规定由公司形成相关决议后向行政登记主管部门申请变更登记，在特殊情况下，当事人起诉请求变更登记，司法权应尊重公司自治，谨慎保守地介入。当事人请求涤除其作为法定代表人的市场主体登记，应证明其与公司之间已经排除实质性关联并且已经穷尽公司内部救济手段。在考察原告有无穷尽公司内部救济手段时，笔者认为人民法院的审查标准不应过于严格，关于公司内部治理制度是否已经失灵的问题，在原告依据公司章程的规定提请召开董事会或股东会无果后，应认定其已经穷尽了公司内部救济手段。关于法定代表人因公司进入失信被执行人名单而被采取限高措施的内部逻辑是法定代表人对企业的债务履行负有直接责任，根源要回溯到法定代表人的定义上，即公司作为拟制人格，对外开展民事活动主要通过法定代表人进行。故，法定代表人请求涤除其作为法定代表人的市场主体登记应证明其与公司不存在实质性关联。

关于如果没有新的法定代表人是否应当成为涤除法定代表人登记事项的障碍的问题。笔者认为，具体由谁担任法定代表人属于公司的内部治理事项，无法通过法院指派、确定。如果公司未决议产生新的法定代表人，不应成为涤除法定代表人登记事项的障碍。如前所述，司法介入涤除登记已经非常谨慎保守了，如果因为无新的法定代表人，导致涤除障碍实际上是给涤除登记设置了新的前提，在公司内部治理制度已经失灵、法定代表人实质挂名等情形下对原告是不公平的。

编写人：重庆市第五中级人民法院　陈黎黎

10

公司内部治理形成僵局情形下被登记的公司法定代表人要求变更法定代表人登记的正确处理

——王某某诉某科技公司请求变更公司登记案

【案件基本信息】

1. 裁判书字号

山东省淄博市中级人民法院（2022）鲁03民再26号民事判决书

2. 案由：请求变更公司登记纠纷

3. 当事人

原告（上诉人、再审申请人）：王某某

被告（被上诉人、再审被申请人）：某科技公司

【基本案情】

2014年12月19日，甲公司与乙公司签署某科技公司章程，合资成立某科技公司，注册资本1200万元，甲公司占注册资本比例51%、乙公司占注册资本比例49%。章程第十三条约定：公司设立股东会，行使选举和更换董事、审议批准董事会的报告、修改公司章程等职权。第十五条约定：股东会会议每半年召开一次，由董事长召集和主持，召开会议应当于会议召开十五日以前通知全体股东。首次股东会由出资最多的股东召集和主持。其他情况下股东会会议由董事长召集、董事长主持。董事长因特殊原因不能履职时，由董事长指定的其他董事主持。第十九条约定：公司设董事会，成员三人，由全体股东选举产生，其中甲公司委派两名董事、乙公司委派一名董事。董事会设董事长一人，由董事会从甲公司委派的董事中选举产生。董事每届任期为三年，任期届满，可以

连选连任。董事在任期届满前，股东会不得无故解除其职务。第二十三条约定：公司设经理一名，由乙公司委派，由董事会聘任或解聘，对董事会负责。第二十七条规定：董事长为公司的法定代表人，行使主持股东会和召集、主持董事会会议等职权。董事长不能履行职务或者不履行职务时，由半数以上董事共同推举的一名董事行使董事长职权。

2014年12月31日，某科技公司注册登记成立，工商登记营业执照注明其企业类型为其他有限责任公司，法定代表人系王某某，职务董事长。2017年8月31日，某科技公司临时股东会决议：甲公司公开挂牌转让其持有的51%股权，乙公司自愿放弃优先购买权。后甲公司将股权转让给吴某。2019年4月26日，某科技公司召开股东会对股东章程进行了修改，王某某作为法定代表人签字。2018年10月18日，某科技公司第一届董事会第十四次会议决议：免去王某某公司总经理的职务。2018年12月4日，甲公司作出撤销王某某的董事任命决定。自2019年5月27日开始，王某某多次向某科技公司催办法定代表人变更事宜，均未果。2020年11月4日，王某某给某科技公司寄送律师函，要求某科技公司尽快办理董事长、经理及法定代表人变更登记手续。2021年1月28日，因案件执行，某科技公司被采取限制高消费措施，导致王某某作为法定代表人被限制高消费，王某某支付执行款项。王某某提起本案诉讼请求判令某科技公司在15日内办理企业法定代表人、董事长及经理的工商变更手续，并依法确认王某某不再担任某科技公司的法定代表人、董事长及经理。

【案件焦点】

某科技公司是否应当为原告王某某办理法人变更登记手续。

【法院裁判要旨】

山东省淄博高新技术产业开发区人民法院经审理认为：公司董事长、法定代表人任免由公司董事会决议，王某某虽提交甲公司撤销其董事任命决定，但相关决定不符合法律、行政法规规定的办理法定代表人、董事长变更登记要求。王某某作为申请变更登记一方，应当举证证明某科技公司已具备办理法定代表人变更登记条件和已通过公司章程规定的股东会决议、董事会决议等，否则应承担举证不能的法律后果。王某某提供的证据无法证明某科技公司作出法定代表人、董事长变更且无到工商局办理变更登记的必备公司文件，故其诉讼请求证据不足，不予支持。

山东省淄博高新技术产业开发区人民法院依照《中华人民共和国公司法》第十三条、《中华人民共和国民事诉讼法》第六十四条、《最高人民法院关于适用〈中华人民共和国民事诉讼法〉的解释》第九十条之规定，判决如下：

驳回原告王某某的诉讼请求。

王某某不服一审判决，提起上诉。山东省淄博市中级人民法院经审理认为：依据某科技公司章程规定，公司设董事会，董事由股东会选举产生，对股东会负责；董事会设董事长，董事长为公司法定代表人。因此，某科技公司董事的产生和免除均应经过公司股东会决议。王某某主张某科技公司已撤销其董事任命，但该撤销决定未经公司股东会决议，因此王某某董事资格未经公司章程规定程序加以免除，其主张某科技公司为其办理董事长、法定代表人变更登记，不具备变更条件。

山东省淄博市中级人民法院依照《中华人民共和国民事诉讼法》第一百七十条第一款第一项之规定，判决如下：

驳回上诉，维持原判。

王某某不服二审判决，申请再审。山东省高级人民法院裁定指令山东省淄博市中级人民法院再审本案。山东省淄博市中级人民法院经审理认为：法定代表人作为代表公司法人进行经营活动的负责人，理应实际参与公司的经营管理，且某科技公司章程亦详细规定了担任法定代表人的董事长应当行使的各项职权。根据王某某在本案中提交的证据及查明的事实，证明王某某担任某科技公司的董事系基于甲公司的委派，并依据某科技公司的章程被选举为董事长、担任法定代表人；甲公司将其股权全部转让后撤销了王某某的董事任命决定，某科技公司也就公司股东变更修改了公司章程；王某某不再参与某科技公司任何经营管理活动，且王某某从未与某科技公司签订劳动合同，亦未从该公司领取报酬。

本案诉讼前及诉讼中王某某多次向某科技公司及公司股东、董事发出通知，表明其不再担任公司董事、董事长、法定代表人的意愿，并请求按公司章程的规定免去其职务，但均未果；由于王某某被登记为某科技公司的法定代表人，其合法权益已因该公司所涉若干诉讼和执行被限制高消费实际受到影响。自 2014 年 12 月某科技公司登记成立、王某某成为该公司董事长、法定代表人，至王某某 2021 年 2 月提起本案诉讼已超过六年，根据某科技公司章程第十九条的规定，公司董事的任期已满两届，本案无证据证明某科技公司已按该条规定正常选举产生新一届公司董事、董事长及董事会。上述事实表明，王某某与某科技公司已不具实质性关联，从法律规定的层面来说，王某某已不具备成为某科技公司法定代表人的基本条件。王某某已多次明确表态其不愿继续任职并正常履职，某科技公司在涉案争议问题上已形成内部治理僵局，王某某要求免除其职务已不能通过公司章程规定的正常程序和途径解决，且其合法利益已因被登记为公司的法定代表人而受损。该情形下王某某只能通过诉讼来解决其变更法定代表人的诉求，如果法律不进行干预支持王某某的诉求，既不利于对王某某合法利益的保护，也不利于某科技公司的正常经营、管理和发展。法院认为，某科技公司在王某某多次要求变更法定代表人的情况下，怠于办理其相关手续，严重影响了王某某的合法权益。为保护王某某的合法权益，同时考虑某科技公司的实际情况，对王某某要求某科技公司至相关部门涤除其作为法定代表人的登记事项的诉求予以法律干预支持。就申请变更登记的程序，在本判决生效后给予某科技公司三十日的期间，某科技公司可于该期间内至相关部门申请变更法定代表人登记事项，王某某应予配合。三十日届满后，某科技公司如果未申请变更法定代表人登记，则视为王某某从本判决生效之日起不再担任某科技公司的法定代表人、董事长职务。某科技公司同时应承担公司法定代表人登记事项被涤除后的风险和不利后果。

山东省淄博市中级人民法院依照《中华人民共和国公司法》第十三条，《中华人民共和国民事诉讼法》第一百七十七条第一款第二项、第二百一十四条之规定，判决如下：

一、撤销山东省淄博市中级人民法院（2021）鲁03民终2283号民事判决和山东省淄博高新技术产业开发区人民法院（2021）鲁0391民初434号民事判决；

二、某科技公司于本判决生效之日起三十日内向原公司登记机关办理法定代表人变更登记。若逾期未变更，视为王某某从本判决生效之日起不再担任某科技公司的法定代表人、董事长职务。

【法官后语】

本案涉及的主要问题在于，在公司内部治理形成僵局的情形下，被登记的法定代表人起诉要求公司办理法定代表人变更登记的，人民法院应如何正确认定和处理。

实践中，因公司法人登记产生争议的主要是以下两种情形：原法人要求变更登记或不配合公司变更登记。该法人变更登记僵局会让公司经营处于不稳定状态，对外法律行为的效力无法得到确切保障，也不利于相对方的交易安全。同时，对原法定代表人自身权益也会产生相应影响，变更不得的法人还要继续承受公司相关法律行为的后果尤其是不利后果，不愿变更的法定代表人也要经受来自公司股东、董事的权利苛责与公司治理对抗，得不偿失。

依据市场监管部门相关规定，公司法人变更登记流程一般为：（1）公司的股东会、董事会作出申请变更登记的决议；（2）公司工作人员向市场监管部门申请变更登记；（3）向市场监管部门提交变更登记的相关材料；（4）市场监管部门审核通过后，作出变更决定并登记确认。由此可见，公司法人变更登记系公司内部治理或管理事宜，一般尊重公司股东会、董事会决议，只要提交的变更登记材料符合规定，市场监管部门便会予以变更登记。

在法定代表人变更登记案件中，依据法定代表人参与公司治理的程度，一般有冒名型、挂名型、持股型等分类，其中以挂名型居多，即公司员工或相关人员在公司中担任名义法人代表，公司事务由实际控制人管理运作。当然，实践中挂名型法人代表也很复杂，如登记的某法人代表因某种关联关系如员工、亲属等，在前期负责或部分参与公司经营，后因某种特定事由出现，导致其无法再具体负责公司事务，但公司又不予以变更登记或涤除，其只能作为挂名型法人代表。

目前，因法人代表变更涉及公司内部治理问题，属于商法自治范畴，故无较明确的司法裁判思路，一般依据公司法规定与法人代表登记条例，在对法律关系作全面实质性审查基础上，进行司法认定，有下述要素：(1) 法定代表人是否实际参与公司的经营管理，且与公司发展密切相关，如作出经营决策；(2) 担任法定代表人是否与公司有相应的关联关系，如系公司员工、控股股东委派、实际控制人安排等；(3) 法定代表人是否因担任职务获取相应利益，如工资、报酬等，即担任职务有相应的回报；(4) 特定人员担任法定代表人应有利于维护公司及股东、董事的合法权益，不得损害公司利益或形象；(5) 个人担任公司法人代表职务，除正常履职外，不应当因担任代表而损害其自身合法权益，如公司被执行债务，挂名法人代表被限制高消费，这就得不偿失了；(6) 公司章程规定的正常任职、履职与辞职流程是否履行；(7) 本人担任代表的个人意愿，要尊重法定代表人的职业选择。

本案中，公司法人为拟制人格，其法定代表人对外代表公司并承担权利与义务。《中华人民共和国公司法》第十条等也明确规定，公司法人代表公司进行经营活动，一般应当实际参与公司经营管理，同时被告章程也明确要求法定代表人与董事长及时行使相应的公司职权。(1) 从王某某担任公司法人代表起因看，其系基于甲公司委派，在被告处经公司流程选举为董事长并担任法定代表人，但甲公司已将其持有的股权全部转让，并撤销对王某某董事任命决定，加之被告已修改章程，不再让原告参与公司经营管理活动，此时再将原告登记为公司法人代表显属不当，也会对公司运营造成影响，甚至损害相对方权益。(2) 从王某某与被告公司本身关系看，双方未签订劳动合同，原告也未向公司领取任何报酬，本案诉讼前，原告也多次向公司及股东、董事表明其变更登记意愿，故王某某在公司任职仅基于甲公司委派，其从未在公司获取对等个人利益，自身也无在公司继续担任职务的意愿。(3) 从王某某责任看，因被告已被采取执行措施，其作为登记法人代表，亦被限制相关消费行为，自身权益受到损害，承担不应由其承担的责任。(4) 再从公司章程与运营看，该公司董事任期已满两届均未正常选举新一届公司董事会及董事长，王某某已与公司治理无实质性关联，在法人代表登记变更问题上早已是僵局。

综上，从王某某继续担任公司法人代表的可行性条件、王某某本人意愿与个人权益保护、公司治理架构、公司后续经营发展等方面看，王某某的变更请求有事实与法律依据，一、二审不予支持不当，再审纠正正确。

另外，为确保生效判决履行，在王某某已不具备担任公司实际法人情况下，被告应当主动履行变更登记手续，至相关部门涤除王某某登记事项。同时，若被告在判决生效后一定期限内拒不履行判决，可从再审判决生效之日起认定王某某不再担任公司法定代表人、董事长职务。上述相关判项可操作性强，既能确保公司履行判决义务的及时性，又能保障王某某诉讼请求解决的时效性，体现出较高的裁判水准，形成了良好的示范效应。

编写人：山东省淄博市中级人民法院　荣明潇　杨富元

11

未经所有股东同意的非同比例减资决议无效

——夏某某诉某呢绒公司等请求变更公司登记案

【案件基本信息】

1. 裁判书字号

江苏省无锡市中级人民法院（2021）苏 02 民终 7112 号民事判决书

2. 案由：请求变更公司登记纠纷

3. 当事人

原告（被上诉人）：夏某某

被告（上诉人）：狄某某、宿某某

被告：某呢绒公司

【基本案情】

某呢绒公司于2007年设立，注册资本50万元，股东为夏某兴、夏某某。

2018年11月15日，某呢绒公司形成股东会决议1份，载明：1. 夏某兴将其持有的某呢绒公司60%股权计30万元转让给夏某某，夏某某持有某呢绒公司100%股权。2. 某呢绒公司注册资本由50万元增至500万元，新股东狄某某增加出资400万元、宿某某增加出资50万元。增资后的情况为：狄某某出资400万元（持股80%），夏某某出资50万元（持股10%），宿某某出资50万元（持股10%）。3. 免去夏某兴的某呢绒公司执行董事职务，重新选举狄某某为某呢绒公司执行董事，夏某某仍为公司监事。4. 修改公司章程。夏某兴、夏某某、狄某某、宿某某均在该股东会决议上签字。

修改后的某呢绒公司章程显示：股东名称为狄某某、宿某某、夏某某，认缴出资额分别为400万元、50万元、50万元，狄某某、宿某某认缴期限均为2037年3月21日之前。后，在办理某呢绒公司股东变更登记过程中，狄某某、宿某某于2019年9月23日请求工商部门停止办理某呢绒公司股东变更手续，称其受到某呢绒公司、夏某兴、夏某某的隐瞒欺骗才增资。

因狄某某、宿某某不配合办理某呢绒公司增资以及股东变更事宜，夏某某向法院起诉请求：某呢绒公司、狄某某、宿某某共同办理变更公司股东名册、注册资本、法定代表人、住所的登记手续。

该案诉讼中，狄某某、宿某某于2021年9月20日在夏某某未参加股东会的情况下形成股东会决议1份，决议内容为："狄某某辞去公司执行董事、法定代表人职务；选举夏某某为公司新的执行董事、法定代表人；撤销某呢绒公司2018年11月15日股东会决议中关于将公司注册资本由50万元增加至500万元的决议，公司不增加注册资本，维持原注册资本50万元；撤销增资决议后，某呢绒公司的股东为夏某某，占股100%；公司章程做相应变更。"

【案件焦点】

1. 某呢绒公司于2018年11月15日作出的股东会决议是否有效；2. 狄某

某、宿某某应否履行配合变更登记义务。

【法院裁判要旨】

江苏省江阴市人民法院经审理认为：狄某某、宿某某主张增资的股东会决议无效，但未提供相应的证据证明，即使该增资确属为了帮助夏某兴获得银行贷款，该动机也不违反法律的强制性规定。因此，各方当事人于2018年11月15日签署的股东会决议在未经请求并被人民法院或仲裁机构变更或撤销的情况下，合法有效，夏某某有权要求狄某某、宿某某根据股东会决议进行法定代表人、股东以及公司注册资本的变更登记。

江苏省江阴市人民法院依照《中华人民共和国公司法》第七条、第十三条、第三十二条，《最高人民法院关于适用〈中华人民共和国公司法〉若干问题的规定（三）》第二十三条，《中华人民共和国公司登记管理条例》第四条、第十条、第十二条之规定，判决如下：

一、某呢绒公司应于判决发生法律效力之日起10日内将其法定代表人由夏某兴变更登记为狄某某；

二、某呢绒公司应于判决发生法律效力之日起10日内将其公司股东变更为狄某某、宿某某、夏某某；

三、某呢绒公司应于判决发生法律效力之日起10日内将其公司注册资本由50万元变更登记至500万元（其中狄某某、宿某某、夏某某认缴的出资额分别为400万元、50万元、50万元）；

四、狄某某、宿某某对于上述某呢绒公司的变更登记应予以配合；

五、驳回夏某某的其他诉讼请求。

狄某某、宿某某不服一审判决，提起上诉。江苏省无锡市中级人民法院经审理认为：第一，某呢绒公司于2018年11月15日作出的股东会决议由夏某兴、夏某某与狄某某、宿某某签字确认，系各方真实意思表示，在未被确认无效、撤销等情况下，合法有效。而且，增资的目的并不影响增资协议的效力。第二，狄某某、宿某某二审中提供的某呢绒公司2021年9月20日临时股东会决议中“狄某某、宿某某不增加注册资本”的内容，在原有增资决议有效的情况下，实际系二人减资。但是，该减资后的股权比例未经夏某某同意，违反了股权架构系各方合意结果的基本原则，且可能增加夏某某作为股东所承担的风险，在一定程度上损害了夏某某的利益。而且，临时股东会决议直接决定狄某某辞去某呢绒公司执行董事、法定代表人职务并选举夏某某作为执行董事及法定代表人，却未征得夏某某本人同意，不仅破坏了公司的组织架构，且与“公司与执行董事以及法定代表人之间系委托合同关系”的基本原则相悖。基于上述分析，上述临时股东会决议因违反法律规定而不发生法律约束力，不能成为某呢绒公司不履行2018年11月15日股东会决议的正当事由。

江苏省无锡市中级人民法院依照《中华人民共和国民事诉讼法》第一百七十七条第一款第一项之规定，判决如下：

驳回上诉，维持原判。

【法官后语】

一、公司“非同比例减资”之概念明晰

公司减资，即减少注册资本。根据公司减资是否按照股东出资或者持股比例实施，可分为“同比例减资”和“非同比例减资”两种情形。在“同比例减资”情形下，公司按照原有股东出资或者持股比例实施减资，在减资完成后，只是各股东的出资金额减少，但持股比例不变，整体股权架构并不调整。在“非同比例减资”情形下，公司定向减少某个（些）股东的出资金额，其他股东的出资金额不予减少，导致公司的股权架构及股东之间的利益格局发生重大调整，甚至还存在着控股股东利用其绝对控制权在公司出现财务困境时使自身安全退出的道德风险。

因此，“非同比例减资”对内牵扯中小股东权益的维护，并非按“一股一权”标准进行的减资，有可能损害未获得相同份额减资的股东利益；对外因减资本身涉及公司资本的流出，关涉公司、债权人的利益。故需要探讨“非同比减资”的行为应否被允许以及如实施“非同比例减资”应遵循何种股东会决议表决程序的问题。

二、公司"非同比例减资"之议事规则

依据《中华人民共和国公司法》(2018年修正)的相关规定,公司减资的法定程序为董事会制订减资方案、股东会决议通过、编制资产负债表及财产清单、一定期限内通知债权人,最后再以回购或其他方式进行减资。虽然,这仅是公司减资程序的一般性规定,但是司法实践普遍认为,公司"非同比例减资"行为本身并未被法律所禁止,公司可以实施。只不过,就"非同比例减资"所需的股东会决议的表决比例,存在着"三分之二以上决"和"全体股东一致决"的争议。前者认为,以往法律并未针对"非同比例减资"程序作出特别规定,应适用法律关于公司减资所需股东会决议的一般规则,即"经代表三分之二以上表决权的股东通过"即可,这也是对公司重要事项适用资本多数决原则的体现;后者认为,"非同比例减资"应贯彻有限责任公司"同股同权"的一般原则,应由全体股东一致同意,未经"全体股东一致决",则该决议无效。

事实上,"非同比例减资"的实质就是对于部分股东进行选择性的定向减资,若允许公司通过三分之二资本多数决的方式决定不同比例减资,将突破公司设立时各方经一致决所形成的股权分配比例,导致公司最高决策机关股东会的组织架构发生更替,违背股东设立公司的初衷、损害了部分股东的合理预期;违反"同股同权"的原则,容易造成多数股东压制、盘剥少数股东以图利自身,或是定向减免控股股东对公司的法定出资义务导致公司资本亏空等,实质性地导致每股项下的权益不对等。尤其是在公司亏损的状态下,实质上增加了少数股东所承担的风险,损害了其股东利益。如果在全体股东一致同意的情况下进行"非同比例减资",则不会违反公司股权架构系各股东合意结果的原则,也不会存在大股东利用资本多数决损害小股东利益的可能。

因而,《中华人民共和国公司法》(2023年修订)第二百二十四条第三款对非同比例减资作出了"原则禁止,例外允许"的规定。根据文义解释,除了法定情形下的减资外,"有限责任公司全体股东另有约定或者股份公司章程另有规定"时,可以实施"非同比例减资",这其实在一定程度上体现了股东意思自治的原则。其中，“全体股东另有约定”的材料应包含股东会决议、股东协议等，但实质指向的应是全体股东一致同意。

三、违反议事规则的“非同比例减资”决议效力之认定

既然前文已论述有限责任公司进行“非同比例减资”需经全体股东一致同意，那么对于未经全体股东一致同意的“非同比例减资”决议效力，应认定为不成立还是无效呢？持不成立说的观点认为，“非同比例减资”行为应经全体股东一致同意，如仅由三分之二以上有表决权的股东表决通过，则实际上同意决议事项的人数或者所持表决权数未达到法律或者章程规定人数或者所持表决权数，因而决议不成立。持无效说的观点认为，“非同比例减资”决议如未经全体股东一致表决同意，则因违反了法律规定而无效，如违反《中华人民共和国公司法》（2023 年修订）第二百二十四条第三款关于“全体股东另有约定”的规定。

笔者认为，将未经有限责任公司全体股东一致同意作出的“非同比例减资”决议认定为无效，更为妥当。如上所述，“非同比例减资”决议仅是按“同比例减资”事项由三分之二以上有表决权的股东表决通过，实际造成的后果就是大股东利用资本多数决，滥用股东权利损害小股东的利益，这不仅违反了《中华人民共和国公司法》（2023 年修订）第二百二十四条第三款的规定，还违反其第二十一条第一款关于“公司股东……不得滥用股东权利损害公司或者其他股东的利益”的规定，此时按照该法第二十五条关于“公司股东会、董事会的决议内容违反法律、行政法规的无效”的规定，应认定相应减资决议无效。

本案中，某呢绒公司召开股东会会议，不仅未通知小股东参加，且作出的减少大股东资本的决议未经小股东同意，改变了某呢绒公司的股权架构，直接损害了小股东的利益，违反了法律规定，该决议应为无效。

编写人：江苏省无锡市中级人民法院　王俊梅　李奇才

江苏省无锡市锡山区人民法院　戴文娜

三、股东出资纠纷

12

为特定项目设立的公司在项目不能实施时不免除股东的出资义务

——某电机公司诉甲科技公司股东出资案

【案件基本信息】

1. 裁判书字号

江苏省无锡市中级人民法院（2022）苏 02 民终 2151 号民事判决书

2. 案由：股东出资纠纷

3. 当事人

原告（被上诉人）：某电机公司

被告（上诉人）：甲科技公司

第三人：乙科技公司

【基本案情】

某电机公司、甲科技公司、某资源公司签订合作协议，约定三方共同出资 125 万元，成立 1 家项目公司，从事某户外用品公司生物质碳汽联产项目，某电机公司出资 75 万元、甲科技公司出资 25 万元、某资源公司出资 25 万元，各方出资需要在项目公司成立后 5 个工作日内实缴完毕等内容。某电机公司签章时间为2018年10月16日，甲科技公司签章时间为2018年10月10日，某资源公司签章时间不明。

某电机公司、甲科技公司、某资源公司签订补充协议，约定：由于项目情况发生了新的变化，就合作协议变更约定：三方共同出资158万元，成立1家项目公司，从事某户外用品公司生物质碳汽联产项目，某电机公司出资94.8万元、甲科技公司出资31.6万元、某资源公司出资31.6万元，某资源公司在项目公司的出资及股东义务由甲科技公司负责且其股东的权利由甲科技公司代持，甲科技公司、某资源公司保证不因双方的代持关系而产生任何影响项目公司经营顺利进行的事项。出资顺序约定如下：（1）甲科技公司、某资源公司出资由甲科技公司负责在环评公示结束之日后5个工作日或三方协商期限内实缴63.2万元；（2）某电机公司在环评公示结束后5个工作日或三方协商期限内实缴出资94.8万元等内容。某电机公司签章时间为2018年11月27日，甲科技公司签章时间为2018年11月22日，某资源公司签章时间不明。

2018年11月15日，案涉项目经过环评公示。

2018年11月23日，乙科技公司出具章程修正案，载明甲科技公司认缴出资额63.2万元、某电机公司认缴出资额94.8万元，认缴出资时间为2048年9月28日前。2018年12月3日，乙科技公司经金湖县市场监督管理局核准，将原注册资本125万元变更为158万元。

2018年12月3日、2019年1月9日，甲科技公司分别向乙科技公司汇入投资款31.6万元、15.8万元；2018年12月4日，某电机公司向乙科技公司汇入投资款94.8万元，上述出资经某会计师事务所出具验资报告。

2019年11月16日，乙科技公司与某户外用品公司签订《和解协议》，解除双方于2018年7月26日及2018年12月21日签署的《能源管理项目合同》。

因甲科技公司未能按约履行出资义务，某电机公司向江苏省无锡市滨湖区人民法院起诉请求：1. 甲科技公司向乙科技公司履行股东逾期出资义务，补缴15.8万元出资款；2. 甲科技公司向某电机公司支付逾期出资违约金（自2018年11月23日起至实际给付之日止，以15.8万元为基数，按全国银行间同业拆借中心公布的贷款市场报价利率计算)。甲科技公司主要辩称意见为：1. 依照章程规定，其出资期限为2048年9月28日前，目前出资期限尚未届至。2. 其已经履行了31.6万元出资义务，某电机公司诉请的15.8万元出资义务应由某资源公司履行。

【案件焦点】

甲科技公司应否向乙科技公司缴纳15.8万元的出资。

【法院裁判要旨】

江苏省无锡市滨湖区人民法院经审理认为：根据合作协议及补充协议，可以确定，虽约定某电机公司、甲科技公司、某资源公司对乙科技公司的出资分别为94.8万元、31.6万元、31.6万元，补充协议也记载了某资源公司的出资及股东义务由甲科技公司负责且其股东权利由甲科技公司代持及甲科技公司、某资源公司出资由甲科技公司负责在环评公示结束之日后5个工作日或三方协商期限内实缴63.2万元，该约定对出资义务的履行主体及金额明确具体，即甲科技公司对乙科技公司应当缴纳的出资为63.2万元，扣除已经履行的出资外，甲科技公司仍应按约对乙科技公司继续缴纳出资15.8万元。关于出资时间，较之章程修正案来说，补充协议约定的出资内容更为详尽具体，也更符合项目推进的正常要求，后续的已实际履行出资的行为也远早于2048年9月28日，可以认定应按补充协议约定的时间来履行出资义务，案涉项目环评公示结束之日为2018年11月22日，甲科技公司的出资期限已经届至。

江苏省无锡市滨湖区人民法院依照《中华人民共和国合同法》第六十条、《中华人民共和国民事诉讼法》第一百四十四条之规定，判决如下：

一、甲科技公司于判决生效后立即向第三人乙科技公司支付出资款15.8万元；

二、驳回某电机公司的其他诉讼请求。

甲科技公司不服一审判决，提起上诉，并增加事实与理由：乙科技公司的设立目的是投资某户外用品公司项目，现其与某户外用品公司的项目合作已经终止，无继续投资项目公司的必要。江苏省无锡市中级人民法院经审理认为：对于甲科技公司出资期限及出资数额同意一审意见，同时认为甲科技公司称乙科技公司与某户外用品公司已于2019年11月16日签订和解协议，结束项目合作，无继续出资必要，但乙科技公司的业务经营问题不影响股东履行出资义务，如认为乙科技公司已无存续必要可另行通过清算等方式解决，不能以此拒绝履行出资义务。

江苏省无锡市中级人民法院依照《中华人民共和国民事诉讼法》第一百七十七条第一款第一项的规定，判决如下：

驳回上诉，维持原判。

【法官后语】

一、股东的出资义务的免除须经法定减资程序

本案中，甲科技公司以乙科技公司为特定项目的实施而设立，而当前该项目合作已经终止为由，拒绝履行出资义务，实质是要求免除其作为股东的出资义务。在公司法上，在不损害债权人利益的前提下，股东可以通过重新达成协议、修改公司章程并减少注册资本的方式免除股东相应的出资义务。也就是说，股东提请免除自己的出资义务，必须经过减资程序合法进行，依照《中华人民共和国公司法》第二百二十四条的规定，公司必须编制公司资产负债表及财产清单，召开股东会，并就公司减资事宜形成股东会决议，公司应当自作出减少注册资本决议之日起十日内通知债权人，并于三十日内在报纸上或者国家企业信用信息公示系统公告，债权人要求公司清除债务或者提供相应担保的，公司应清除债务或者提供担保。减资程序的意义在于给予股东部分或全部退出公司权利的同时，保护外部债权人利益。本案中，甲科技公司要求免除其减资义务，但其既未与其他股东就合作协议及补充协议进行协商变更，也未召开股东会形成公司减资的决议，更未通知公司债权人，所以不符合免除出资义务的条件。甲科技公司与某电机公司、某资源公司签订的合作协议及补充协议虽然目的在于投资某户外用品公司项目，而该项目事实上已经落空，但考虑到在乙科技公司成立之后基于经营行为可能产生债权债务，即使股东已无继续经营意愿，为

保护外部债权人的利益，也应由股东补齐出资之后进行清算。

二、如公司设立目的不能实现，应允许股东通过公司解散之诉退出公司

关于股东可以提请公司解散的事由，依照《中华人民共和国公司法》第二百二十九条、第二百三十一条规定，包括：(1) 公司章程规定的营业期限届满或者公司章程规定的其他解散事由出现；(2) 股东会决议解散；(3) 因公司合并或者分立需要解散； (4) 依法被吊销营业执照、责令关闭或者被撤销；(5) 公司经营管理发生严重困难，继续存续会使股东利益受到重大损失，通过其他途径不能解决的。对于“公司章程规定的其他解散事由”，实践中通常包括公司的设立目的不能实现或公司失去持续经营能力，公司的主营业务无法继续展开且开展其他主营业务尚不具备条件，公司设立时既定的营业任务或项目全部完成等情形。本案中，乙科技公司的情形比较特殊，其在合作协议中虽明确了乙科技公司的设立目的是投资某户外用品公司项目，但是并未明确约定如该项目终止，则乙科技公司应当解散。笔者认为，依照《中华人民共和国民法典》第五百六十三条第一款第一项规定，因不可抗力致使不能实现合同目的，当事人可以解除合同。股东投资公司所签署的投资协议或公司章程，均属合同范围，因此可以适用《中华人民共和国民法典》该条之规定，本案中甲科技公司有另行提起公司解散之诉的救济途径。至于如何认定公司设立的目的不能实现，笔者认为可以分两个层次进行审核，本案中甲科技公司、某电机公司、某资源公司设立乙科技公司的目的在于投资某户外用品公司项目，但实际上在实施过程中，乙科技公司与某户外用品公司已经签署项目终止协议，三位股东对于乙科技公司的既定项目已经结束属于明知，但鉴于本案中其他股东尚有经营公司之意愿，所以可以进一步审核其他股东是否提出将要开展其他投资或业务，能否提供证据证明公司具备开展其他业务的条件和能力，如其他股东未能明确或未提供充分的证据，则应认定符合公司解散的条件。

编写人：江苏省无锡市中级人民法院　费益君　尹慧　刘英

13

股东以土地使用权等实物出资，市场主体登记显示未全面履行出资义务的，应按照原协议约定补足出资

——某器材公司诉某村委会股东出资案

【案件基本信息】

1. 裁判书字号

北京市第三中级人民法院（2022）京03民终14123号民事判决书

2. 案由：股东出资纠纷

3. 当事人

原告（上诉人）：某器材公司

被告（被上诉人）：某村委会

第三人（被上诉人）：某火柴厂

【基本案情】

某火柴厂成立于1993年9月8日，注册资本500万元。1993年8月，某工业公司与某火柴厂签订《联合建立某火柴厂合同书》，主要约定：某工业公司以场地、厂房（包括生产厂房、配套厂房、仓库等）、部分维修设备以及水、电、汽等设施作价投入。某火柴厂以生产设备、辅助设备、检测仪器以及部分维修设备和车辆等作价投入。双方投资额根据各自初步估算，某工业公司为689.9万元、某火柴厂为466万元。双方准确投资额待工程全部完成后，以双方商定的公证部门作出的评估报告为准。1996年6月7日，某会计师事务所作出资产评估报告，对某工业公司准备投入联营企业的资产进行评估，评估结果为：资产评估总值694.56万元。其中房屋建筑物649.01万元（房屋338.39万

元，土地征用开发成本310.62万元），机器设备22.86万元，低值易耗品0.65万元，无形资产22.04万元。

1999年6月，某物业公司作为甲方、某工业公司作为乙方，签订《投资协议书》，确认：甲方投入某火柴厂的全套火柴生产设备及部分无形资产；乙方投入符合生产条件需要的现有厂房及土地；经某会计师事务所评估，甲方投资210万元，占42%；乙方投资290万元，占58%。2009年12月，某物业公司将其在某火柴厂的出资210万元转让给新股东某器材公司。

后某工业公司变更为某农工商联合公司，划归某镇政府主管范围，后该镇政府出具证明信，证明某工业公司为某镇农工商总公司下属非法人单位，实际出资人为某村委会。2020年，某村委会提起股东资格确认纠纷之诉，北京市通州区人民法院做出（2020）京0112民初10427号民事判决书，认定某工业公司投入某火柴厂的资产总值为694.56万元，其中，土地征用开发成本费310.62万元，判决某村委会持有某火柴厂58%的股份。

因某火柴厂所在区域腾退、搬离，负责土地开发的某住总公司依据工商登记确认：某村委会实际投入某火柴厂的集体土地面积为14300平方米，计21.45亩；与原承诺出资的41亩土地相比，相差19.55亩。某器材公司提起本案诉讼，要求某村委会按照土地一级开发标准每平方米200万元向第三人补足出资并赔偿因出资不到位给第三人造成的经济损失（以前述区位19.55亩集体土地对应的年使用费为基数，自1993年9月8日起计至被告实际补足出资之日止）。

某火柴厂认可某住总公司实际交付及使用土地面积均为41亩，现工商局出具的经营场所使用证明显示某工业公司所有的房产产权14300平方米以投资形式提供给某火柴厂使用，14300平方米即折合土地21.45亩。并表示因工商登记事宜是由某住总公司一手操办，后扩建的土地并未进行注册。现因土地开发，某住总公司实际补偿的面积为14300平方米，土地补偿标准为每亩地200多万元，因涉及本案纠纷，拆迁腾退协议尚未签署。

【案件焦点】

1. 股东以土地使用权出资，工商登记显示股东未按约定交付足额土地，股东是否需履行土地出资义务；2. 因涉案地块所在区域发生腾退补偿，股东是否应按照土地一级开发标准补足出资。

【法院裁判要旨】

北京市通州区人民法院经审理认为：股东可以用货币出资，也可以用实物、知识产权、土地使用权等可以用货币估价并可以依法转让的非货币财产作价出资。但是，法律、行政法规规定不得作为出资的财产除外。对作为出资的非货币财产应当评估作价，核实财产，不得高估或者低估作价。法律、行政法规对评估作价有规定的，从其规定。有限责任公司成立后，发现作为设立公司出资的非货币财产的实际价额显著低于公司章程所定价额的，应当由交付该出资的股东补足其差额；公司设立时的其他股东承担连带责任。本案中，根据已查明的事实，1993 年 9 月 8 日第三人成立时，根据相关约定，某工业公司投入第三人的资产包括土地征用开发成本 310.62 万元，即 41 亩土地每亩开发成本 8 万元，年修正系统为 0.947。结合第三人工商登记的实际经营面积为 14300 平方米的事实，可以认定被告存在出资不实的情形。在此情形下，对于原告要求被告向第三人补足 19.55 亩土地对应的土地征用开发成本的诉讼请求，理由正当，证据充分，本院依法予以支持；对于其过高主张，没有事实及法律依据，本院不予支持。被告所述的有权对火柴厂实际占用土地相关费用进行追偿的问题，与本案并非属于同一法律关系，本案不宜处理，双方可以另行解决。

北京市通州区人民法院依据《中华人民共和国公司法》第二十七条、第三十条之规定，判决如下：

一、被告某村委会向第三人某火柴厂补足出资 1481108 元，于本判决生效之日起七日内执行清；

二、驳回原告某器材公司的其他诉讼请求。

某器材公司不服一审判决，提起上诉。北京市第三中级人民法院同意一审法院裁判意见。

北京市第三中级人民法院依照《中华人民共和国民事诉讼法》第一百七十七条第一款第一项之规定，判决如下：

驳回上诉，维持原判。

【法官后语】

一、代持股协议中的权利义务关系

代持股协议是指委托人委托受托人代为持有股份，委托人实际享有股权的委托协议书。实际出资人基于隐藏实际权利人身份或是通过代持人实现入股的商业目的等种种因素的考量，决定隐身于幕后、委托他人成为名义上的股东。

隐名股东显名化有以下三种途径：一是明示同意，经其他股东半数以上同意，请求公司变更股东、签发出资证明书、记载于股东名册、记载于公司章程并向公司登记机关办理登记；二是默示同意，过半数的其他股东知道实际出资人的实际出资事实，且对其实际行使股东权利未曾提出异议的，实际出资人可请求登记为公司股东；三是诉讼方式，实际出资人与名义股东因投资权益的归属发生争议，实际出资人以其实际履行了出资义务为由向名义股东主张权利的，人民法院应予支持。

本案中，某农工商联合公司（原某工业公司）与某器材公司的《投资协议书》中隐含着某农工商联合公司与某村委会之间的代持股法律关系，某村委会通过股东资格确认纠纷之诉，实现其由隐名股东显名化的路径。

二、股东瑕疵出资责任

股东瑕疵出资责任存在两种情形：一是出资不足，指股东以货币形式出资的，货币未足额存入公司账户；股东以非货币财产出资的，未能办理财产权转移手续。二是出资不实，针对的是非货币财产过高估价的情形。在出资不足的情形下，未足额出资的股东存在三种责任形式：一是对公司承担补足出资的责任；二是对债权人在未出资本息范围内对公司不能清偿的债务承担补充赔偿责任，而补充赔偿责任具有补充性、有限性和一次性的特征；三是对其他足额缴纳出资的股东承担违约责任。在出资不实情形下，虚假出资股东亦应承担上述第一、二种责任，针对承担资产评估、验资或者验证的机构因其出具的评估结果、验资或者验证证明不实的，导致债权人损失，除能够证明自己没有过错外，在其评估或者证明不实的金额范围内承担赔偿责任。

本案中，涉案土地因征地引发某器材公司要求某村委会承担出资不足责任的纠纷，某器材公司认为涉案土地经某开发公司征地确认的集体土地面积为14300平方米，计21.45亩，而某村委会原承诺投入土地的面积为41亩，故认为某村委会出资不足。因双方均未就实际出资情况向法庭提交证据，按照“商事外观主义”原则，法院以工商登记的实际经营面积认定某村委会构成出资不实，现该地块被征收，致使原土地使用权出资形式已经转化为现金出资形式，即使某器材公司要求某村委会履行土地出资义务，也仅能要求某村委会补足相应出资款。对于某器材公司依照某火柴厂与某开发公司口头约定每平方米200万元的补偿标准要求某村委会承担出资不足的补偿责任，缺乏事实和法律依据，故法院未予支持。

编写人：北京市通州区人民法院　陈明山　刘晓静

14

登记股东在未履行出资义务情况下是否应对公司不能清偿的债务承担责任

——某房地产发展公司诉蒲某某等股东出资案

【案件基本信息】

1. 裁判书字号

四川省遂宁市中级人民法院（2022）川09民终539号民事判决书

2. 案由：股东出资纠纷

3. 当事人

原告（被上诉人）：某房地产发展公司

被告（上诉人）：蒲某某、李某某、段某

【基本案情】

2019年11月20日，某实业公司在上海市嘉定区市场监督管理局登记成立，注册资本800万元。发起人（股东）为段某、李某某，段某的认缴出资额为760万元，出资比例为95%；李某某的认缴出资额为40万元，出资比例为5%。二人的出资方式均为货币，出资时间均为2040年11月1日前，实缴出资均为0元。法定代表人为段某。

2020年8月7日，段某与蒲某某签订《股权转让协议》，约定："一、段某将所持有标的公司95%股权，合计760万元，作价0元转让给蒲某某。二、附属于股权的其他权利和义务随股权的转让而转让。三、因段某转让的股权尚未全部缴付，所以蒲某某应当按照有关法律法规和标的公司章程的规定，承担段某原应履行的相应出资义务。"同日，某实业公司作出股东会决议："一、同意段某将持有的本公司95%的股权，作价0元转让给蒲某某，其他股东放弃优先购买权。二、股权转让后，公司股东的出资情况如下：蒲某某出资额760万元，出资比例95%；李某某出资额40万元，出资比例5%。三、附属于股权的其他权利和义务随股权的转让而转让。"并于同日办理了工商变更登记，某实业公司法定代表人由段某变更为蒲某某，股东由段某、李某某变更为蒲某某、李某某。

2020年6月4日，上海市长宁区人民法院立案受理某房地产发展公司起诉某实业公司房屋租赁合同纠纷一案，并于2021年1月28日作出（2020）沪0105民初11158号民事判决书，判决："一、原告某房地产发展公司与被告某实业公司于2019年12月6日签署的《房屋租赁合同》于2020年4月15日解除；二、被告某实业公司于本判决生效之日起十日内向原告某房地产发展公司支付租金646387元；三、被告某实业公司应于本判决生效之日起十日内向原告某房地产发展公司支付迟延支付租金的违约金，其中第一期本金为398887元，自2019年12月21日起按日万分之三为标准计算至实际支付之日止。第二期本金为247500元，自2020年1月29日起按日万分之三为标准计算至实际支付之日止；四、被告某实业公司应于本判决生效之日起十日内向原告某房地产发展公司支付违约金82500元；五、被告某实业公司应于本判决生效之日起十日内向原告某房地产发展公司支付房屋使用费220000元。如果未按本判决指定的期间履行给付金钱义务，应当依照《中华人民共和国民事诉讼法》第二百五十三条之规定，加倍支付迟延履行期间的债务利息。案件受理费17440.5元，由被告某实业公司负担11782.9元。”后某实业公司向上海市第一中级人民法院提起上诉，因未缴纳诉讼费用，上海市第一中级人民法院于2021年5月24日作出（2021）沪01民终4732号民事裁定书，裁定：本案按上诉人某实业公司自动撤回上诉处理，一审判决自本裁定书送达之日起发生法律效力。上海市长宁区人民法院作出的（2020）沪0105民初11158号民事判决现已生效。

2021年6月10日，某房地产发展公司依（2020）沪0105民初11158号民事判决向上海市长宁区人民法院申请执行，要求某实业公司支付租金646387元及违约金、解约违约金82500元、房屋使用费220000元、案件受理费11782.9元及加倍支付迟延履行期间的债务利息。

2021年9月17日，上海市长宁区人民法院作出（2021）沪0105执2807号执行裁定书，载明因某实业公司名下无可供执行的财产，裁定“终结本次执行程序”。

另查明，蒲某某与李某某系夫妻关系，二人之子蒲某勇与杨某群系夫妻关系，段某与杨某群相识。

【案件焦点】

蒲某某、李某某、段某是否应在其未履行出资义务范围内对某实业公司不能清偿的债务承担责任。

【法院裁判要旨】

四川省遂宁市船山区人民法院经审理认为：首先，在注册资本认缴制下，股东依法享有期限利益。目前仅有《中华人民共和国企业破产法》第三十五条和《最高人民法院关于适用〈中华人民共和国公司法〉若干问题的规定（二）》第二十二条第一款规定了在公司破产与解散的情形下股东出资加速到期。法理在于出资义务的对象是公司，公司破产或者解散清算后将终止存续，如果不能要求股东提前缴付出资，股东将逃避出资义务，损害公司债权人和其他股东的正当利益。故，公司一旦破产或者强制清算，则视为章程规定的出资期限届至，加速到期。此外，《全国法院民商事审判工作会议纪要》“6.【股东出资应否加速到期】”进一步规定了公司在非破产与解散情形下股东出资加速到期的两种例外情形，其中“公司作为被执行人的案件，人民法院穷尽执行措施无财产可供执行，已具备破产原因，但不申请破产的”，因其结果与《中华人民共和国企业破产法》第二条规定的公司资产不足以清偿全部债务或者明显缺乏清偿能力完全相同，故此种情形下比照《中华人民共和国企业破产法》第三十五条的规定，股东未届期限的认缴出资加速到期。

本案中，某房地产发展公司提供的民事判决书、执行裁定书等生效法律文书足以证明，与某实业公司房屋租赁合同纠纷一案，其依人民法院生效判决申请执行，执行法院已经穷尽执行措施，但因某实业公司名下无可供执行的财产而裁定终结本次执行程序，符合“公司作为被执行人的案件，人民法院穷尽执行措施无财产可供执行”的情形。再结合审理查明的事实，可以认为某实业公司已经具备法定的破产原因：第一，根据《中华人民共和国企业破产法》第二条第一款以及《最高人民法院关于适用〈中华人民共和国企业破产法〉若干问题的规定（一）》第一条的规定，公司破产原因包括两种情形：一种是不能清偿到期债务+资产不足以清偿全部债务；另一种是不能清偿到期债务+明显缺乏清偿能力。第二，《最高人民法院关于适用〈中华人民共和国企业破产法〉若干问题的规定（一）》第二条规定：“下列情形同时存在的，人民法院应当认定债务人不能清偿到期债务：（一）债权债务关系依法成立；（二）债务履行期限已经届满；（三）债务人未完全清偿债务。”本案中，某实业公司向某房地产发展公司所负债务已经生效判决确定，且生效判决确定的金钱给付义务到期后，经人民法院强制执行，某实业公司所负到期债务均未清偿，符合“不能清偿到期债务”法定情形。第三，《最高人民法院关于适用〈中华人民共和国企业破产法〉若干问题的规定（一）》第四条规定：“债务人账面资产虽大于负债，但存在下列情形之一的，人民法院应当认定其明显缺乏清偿能力……（三）经人民法院强制执行，无法清偿债务……”本案中，某实业公司经人民法院采取强制措施仍不能偿债，显然已经丧失清偿能力。

其次，即使蒲某某、李某某提交了某实业公司与案外人签订的《软件技术开发（委托）合同》《商标申请担保注册委托协议》等大量证据，拟证明某实业公司一直处于正常经营状态，并未丧失债务清偿能力。而被告的该抗辩意见不能成立，理由如下：第一，蒲某某、李某某提交的合同等均系复印件，无法确认真实性，也无法核实履行状况。第二，某实业公司章程载明，股东出资方式均为货币，并无实物等其他出资。而从公司设立至今，股东并未实际出资，意味着公司名下没有资产，蒲某某、李某某也认可该事实。某实业公司作为独立享有民事权利和承担民事义务的组织，没有资产则不具备经营的基础条件。况且，上海市长宁区人民法院（2021）沪 0105 执 2807 号执行裁定书载明“2021 年 8 月 9 日，对被执行人公司注册地进行调查，已不在注册地经营”，与蒲某某、李某某主张事实不符。第三，公司的经营状况不是判断是否具备破产原因的标准，即使进入破产程序，公司也可以继续经营。综上，某实业公司已具备破产原因，但未申请破产，债权人某房地产发展公司有权要求未届出资期限的股东在未出资范围内对某实业公司不能清偿的债务承担责任。

最后，关于蒲某某、李某某、段某是否系股东责任承担主体的问题。本案中，三被告均辩称其系替案外人蒲某勇或杨某群代持股份，并非某实业公司的股东，不应承担股东责任。根据《中华人民共和国公司法》第三十二条第三款“公司应当将股东的姓名或者名称向公司登记机关登记；登记事项发生变更的，应当办理变更登记。未经登记或者变更登记的，不得对抗第三人”以及《最高人民法院关于适用〈中华人民共和国公司法〉若干问题的规定（三）》第二十六条第一款“公司债权人以登记于公司登记机关的股东未履行出资义务为由，请求其对公司债务不能清偿的部分在未出资本息范围内承担补充赔偿责任，股东以其仅为名义股东而非实际出资人为由进行抗辩的，人民法院不予支持”之规定，公司工商登记信息对外具有公示效力，即使存在股权代持关系，亦不能以显名股东与隐名股东之间的约定为由对抗债权人对显名股东主张的正当权利。因此，被告蒲某某、李某某、段某作为某实业公司登记在册的股东，应当依法承担股东责任。

综上，根据《最高人民法院关于适用〈中华人民共和国公司法〉若干问题的规定（三）》第十三条第二款“公司债权人请求未履行或者未全面履行出资义务的股东在未出资本息范围内对公司债务不能清偿的部分承担补充赔偿责任的，人民法院应予支持”之规定，某房地产发展公司请求某实业公司股东蒲某某、李某某在未出资范围内对某实业公司不能清偿的债务承担补充赔偿责任的诉讼请求，事实和法律依据充分，本院予以支持。

同时，在某房地产发展公司与某实业公司之间已经发生债权债务纠纷并诉诸人民法院的情况下，段某仍将其持有的某实业公司股权以0元对价转让给蒲某某，其行为具有故意逃避出资义务的恶意，侵害了债权人某房地产发展公司的合法权益。根据《最高人民法院关于适用〈中华人民共和国公司法〉若干问题的规定（三）》第十三条第三款规定：“股东在公司设立时未履行或者未全面履行出资义务，依照本条第一款或者第二款提起诉讼的原告，请求公司的发起人与被告股东承担连带责任的，人民法院应予支持；公司的发起人承担责任后，可以向被告股东追偿。”段某作为某实业公司的发起人之一，应当对蒲某某、李某某的出资义务承担连带责任，故对于某房地产发展公司主张段某承担连带责任的诉讼请求，本院予以支持。段某承担责任后，可以向蒲某某、李某某追偿。由于诉讼费用的收取主体为人民法院，故生效判决确定由某实业公司承担的案件受理费不属于其向某房地产发展公司所负债务，由某房地产发展公司自行向人民法院申请退费。

四川省遂宁市船山区人民法院判决如下：

一、被告蒲某某在未实缴出资的760万元范围内，对（2020）沪0105民初

11158号民事判决确定的某实业公司向原告某房地产发展公司所负债务不能清偿的部分承担补充赔偿责任；

二、被告李某某在未实缴出资的40万元范围内，对（2020）沪0105民初11158号民事判决确定的某实业公司向原告某房地产发展公司所负债务不能清偿的部分承担补充赔偿责任；

三、被告段某就本判决第一项和第二项判决内容承担连带责任；

四、驳回原告某房地产发展公司的其他诉讼请求。

蒲某某、李某某、段某均不服一审判决，提出上诉。四川省遂宁市中级人民法院经审理认为，二审的争议焦点为：蒲某某、李某某是否应在其未履行出资义务范围内对某实业公司不能清偿的债务承担责任以及段某是否应当对蒲某某、李某某的出资义务承担连带责任。

首先，蒲某某、李某某、段某上诉主张不能以一份执行裁定书即认定股东出资加速到期。第一，《最高人民法院关于适用〈中华人民共和国公司法〉若干问题的规定（三）》第十三条第二款“公司债权人请求未履行或者未全面履行出资义务的股东在未出资本息范围内对公司债务不能清偿的部分承担补充赔偿责任的，人民法院应予支持”的规定，系赋予公司个别债权人的请求权，无关公司债务的多少。第二，关于公司在非破产与解散情形下股东出资应否加速到期，《全国法院民商事审判工作会议纪要》“6.【股东出资应否加速到期】”作出了专门规定，一审法院对本案是否符合纪要规定的特殊情形，即“公司作为被执行人的案件，人民法院穷尽执行措施无财产可供执行，已具备破产原因，但不申请破产的”，进行了详细叙理且依据充分，本院不再赘述。

其次，蒲某某、李某某、段某主张某实业公司正常经营，其具有可预期的偿债能力。我国公司制度的主要功能是保护公司、股东和债权人三方的合法权益以及市场交易安全和社会经济秩序的稳定。公司有义务随着生产经营的展开不断充实公司资本，在公司的运营过程中避免出现无法清偿债务的情况。当公司出现了不能清偿债务的情况时，法律应予以制止，要求股东缴纳未实缴的财产，保持公司资产充足和债务清洁。《最高人民法院关于适用〈中华人民共和国公司法〉若干问题的规定（三）》第十三条第二款规定了债权人可请求股东在未出资本息范围内对公司不能清偿的债务承担补充赔偿责任，就是为了平衡股东与债权人的利益冲突。因为相对股东而言，债权人处于天然的弱势地位，难以了解公司经营的真实状况。本案中，即使某实业公司能够正常经营，其不能清偿到期债务的事实已存在；蒲某某、李某某、段某亦未举证证明某实业公司名下资产足以清偿案涉债务。故，某实业公司已具备《最高人民法院关于适用〈中华人民共和国企业破产法〉若干问题的规定（一）》第一条规定的破产原因，蒲某某、李某某、段某的该上诉主张不能成为某实业公司不具备破产原因的理由。

再次，段某主张其不应当作为发起人对蒲某某、李某某的出资义务承担连带责任。如前所述，蒲某某、李某某的出资义务应加速到期。某房地产发展公司依据《最高人民法院关于适用〈中华人民共和国公司法〉若干问题的规定（三）》第十三条第三款规定请求某实业公司发起人段某对股东的出资义务承担连带责任应当得到支持。段某的该项上诉理由不成立，本院不予支持。

最后，蒲某某、李某某、段某主张《全国法院民商事审判工作会议纪要》不应当作为判决依据。一审法院仅在叙理部分引用该纪要，并未将该纪要作为裁判依据进行援引，符合最高人民法院对该纪要应用范围的规定。同时，对于本案案由，一审法院的认定亦并无不当。债权人既可以选择在执行过程中申请追加未履行出资义务的股东为被执行人，亦可以选择提起股东出资纠纷诉讼。

综上所述，蒲某某、李某某、段某的上诉请求不成立，本院不予支持；一审判决认定事实清楚，适用法律正确，应予维持。

四川省遂宁市中级人民法院依照《中华人民共和国民事诉讼法》第一百七十七条第一款第一项之规定，判决如下：

驳回上诉，维持原判。

【法官后语】

在注册资本认缴制下，股东依法享有期限利益。目前仅有《中华人民共和国企业破产法》第三十五条和《最高人民法院关于适用〈中华人民共和国公司法〉若干问题的规定（二）》第二十二条第一款规定了在公司破产与解散的情形下股东出资加速到期。此外，《全国法院民商事审判工作会议纪要》“6.【股东出资应否加速到期】”进一步规定了公司在非破产与解散情形下股东出资加速到期的两种例外情形，其中“公司作为被执行人的案件，人民法院穷尽执行措施无财产可供执行，已具备破产原因，但不申请破产的”，因其结果与《中华人民共和国企业破产法》第二条规定的公司资产不足以清偿全部债务或者明显缺乏清偿能力完全相同，故此种情形下比照《中华人民共和国企业破产法》第三十五条的规定，股东未届期限的认缴出资加速到期。本案例中，某房地产发展公司提供的民事判决书、执行裁定书等生效法律文书足以证明，与某实业公司房屋租赁合同纠纷一案，其依人民法院生效判决申请执行，执行法院已经穷尽执行措施，但因某实业公司名下无可供执行的财产而裁定终结本次执行程序，符合“公司作为被执行人的案件，人民法院穷尽执行措施无财产可供执行”的情形。再结合本案审理查明的事实，某实业公司已经具备法定的破产原因，但未申请破产，债权人某房地产发展公司有权要求未届出资期限的股东在未出资范围内对某实业公司不能清偿的债务承担责任。

关于登记股东责任承担主体的问题。《中华人民共和国公司法》第三十二条规定：“公司登记事项包括……（六）有限责任公司股东、股份有限公司发起人的姓名或者名称。公司登记机关应当将前款规定的公司登记事项通过国家企业信用信息公示系统向社会公示。”第三十四条规定：“公司登记事项发生变更的，应当依法办理变更登记。公司登记事项未经登记或者未经变更登记，不得对抗善意相对人。”《最高人民法院关于适用〈中华人民共和国公司法〉若干问题的规定（三）》第二十六条第一款规定：“公司债权人以登记于公司登记机关的股东未履行出资义务为由，请求其对公司债务不能清偿的部分在未出资本息范围内承担补充赔偿责任，股东以其仅为名义股东而非实际出资人为由进行抗辩的，人民法院不予支持。”本案例中，蒲某某、李某某均辩称其系替案外人蒲某勇或杨某群代持股份，并非某实业公司的股东，不应承担股东责任。公司工商登记信息对外具有公示效力，即使存在股权代持关系，亦不能以显名股东与隐名股东之间的约定为由对抗债权人对显名股东主张的正当权利。因此，被告蒲某某、李某某作为某实业公司登记在册的股东，应当依法承担股东责任。

关于发起人应否承担连带责任的问题。《最高人民法院关于适用〈中华人民共和国公司法〉若干问题的规定（三）》第十三条第三款规定："股东在公司设立时未履行或者未全面履行出资义务，依照本条第一款或者第二款提起诉讼的原告，请求公司的发起人与被告股东承担连带责任的，人民法院应予支持；公司的发起人承担责任后，可以向被告股东追偿。"本案例中，在某房地产发展公司与某实业公司之间已经发生债权债务纠纷并诉诸人民法院的情况下，段某仍将其持有的某实业公司股权以0元对价转让给蒲某某，其行为具有故意逃避出资义务的恶意，侵害了债权人某房地产发展公司的合法权益。段某作为某实业公司的发起人之一，依法应当对蒲某某、李某某的出资义务承担连带责任。

编写人：四川省遂宁市船山区人民法院　刘翾　杨欢

15

出资期限届满后修改公司章程延长的股东会决议无效

——张某某诉刘某某股东出资案

【案件基本信息】

1. 裁判书字号

福建省泉州市中级人民法院（2022）闽05民终4763号民事判决书

2. 案由：股东出资纠纷

3. 当事人

原告（被上诉人）：张某某

被告（上诉人）：刘某某

第三人：某实业公司

【基本案情】

某实业公司于2014年6月5日注册成立，注册资本1亿元，刘某某担任公司董事长、法定代表人。2014年5月30日，某实业公司章程记载：刘某某认缴出资5000万元，出资时间2014年5月30日，持股比例50%。2016年9月28日，某实业公司章程记载：股东的初次出资为10000万元，公司股东约定认缴资本余额于2016年9月28日缴清，刘某某认缴出资额2800万元、初次出资2800万元、出资时间2016年9月28日，持股比例28%，余额缴付期限2016年9月28日。2016年9月28日，刘某某将9%股权转让给苏某某，将5%股权转让给李某基。同日，修改公司章程，记载刘某某认缴出资2800万元，出资时间2016年9月28日。2019年11月15日，李某基将5%股权转让给张某某。2019年11月18日，苏某某将7%股权转让给张某某。同日，某实业公司对章程进行修改，其中刘某某的出资方式、出资额和出资时间未予修改。2019年12月10日，股东会决议同意通过修改后的《某实业公司章程》（2019年12月10日），某实业公司原章程作废，使用新章程进行登记备案。该公司章程确认张某某的股东资格及持股比例，并在市场监督管理部门登记备案，但并未规定未足额出资的违约责任承担。某实业公司2014年5月30日、2016年9月28日、2019年12月10日的三份章程均规定："修改本章程，由股东会作出决定，股东通过的有关章程的修改，补充条款，均为本章程的组成部分，经公司登记机关登记备案后生效。"某实业公司、张某某、刘某某在庭审中共同确认：某实业公司注册成立后，未进行验资，也未向股东签发出资证明书。刘某某的出资款合计26458920元。刘某某未积极履行出资义务，故张某某诉至法院，要求刘某某履行出资义务完毕，向公司支付所欠出资款及利息，并赔偿因未履行出资义务而带来的经济损失。

另查明，刘某某提供2021年7月8日通过的新修改的公司章程复印件，其中规定出资期限延长至2023年12月10日。张某某向贵州省铜仁市碧江区人民法院的起诉时间是2021年6月28日，刘某某自认该公司章程的通过时间为2021年7月8日，且未在市场监督管理部门备案。

【案件焦点】

在无正当事由的情况下，通过召开股东会修改章程延长出资期限，该股东会决议及公司章程是否具有法律效力。

【法院裁判要旨】

福建省永春县人民法院经审理认为：某实业公司在贵州省铜仁市碧江区市场监督管理局备案的2014年5月30日、2016年9月28日、2019年12月10日三份章程均明确载明出资期限为2016年9月28日。张某某于2021年6月28日提起本案诉讼，而刘某某在未举证证明存在需要延长出资期限的正当事由的情况下，于2021年7月8日召集股东会延长出资期限，明显有违诚信原则。某实业公司存在相关的债务并未厘清，在此情况下，刘某某召集股东会延长出资期限，明显属于滥用股东权利，损害公司利益和公司债权人利益。某实业公司2014年5月30日、2016年9月28日、2019年12月10日的三份章程均进行了备案登记，均明确约定修改章程必须要到公司登记机关进行备案登记才生效，而刘某某提交的延长出资期限的股东会决议及公司章程均没有经过备案登记，不具有法律效力。刘某某作为某实业公司的股东，其出资期限已经到期。

刘某某作为某实业公司的发起股东，在公司注册出资中认缴出资额5000万元，故刘某某应缴纳的出资款为5000万元。刘某某在2016年9月28日分别与苏某某、李某基签订的《股份转让合同》中均确认了其对所转让的股权的出资义务。刘某某作为某实业公司的发起股东，在公司注册出资中认缴出资额5000万元，在章程约定的出资期限到期后，其应当履行的出资款为5000万元。刘某某尚未足额缴纳出资款。

根据《中华人民共和国公司法》第二十八条规定：股东应当按期足额缴纳公司章程中规定的各自所认缴的出资额。股东以货币出资的，应当将货币出资足额存入有限责任公司在银行开设的账户；以非货币财产出资的，应当依法办理其财产权的转移手续。股东不按照前款规定缴纳出资的，除应当向公司足额缴纳外，还应当向已按期足额缴纳出资的股东承担违约责任。刘某某作为某实业公司的发起股东，在公司注册出资中认缴出资5000万元，但其向公司实际缴付出资 26458920 元，未全面履行出资义务的，在出资期限到期后，应当予以补缴。

福建省永春县人民法院依照《中华人民共和国公司法》第二十八条，《最高人民法院关于适用〈中华人民共和国公司法〉若干问题的规定（三）》第十三条第一款、第二十条，《中华人民共和国民事诉讼法》第六十七条第一款之规定，判决如下：

一、刘某某应于本判决生效之日起十日内向某实业公司支付认缴出资款 13291080 元；

二、驳回张某某的其他诉讼请求。

刘某某不服一审判决，提出上诉。福建省泉州市中级人民法院经审理认为：张某某于 2021 年 6 月 28 日提起本案诉讼，而刘某某在未举证证明存在需要延长出资期限的正当事由的情况下，于 2021 年 7 月 8 日召集股东会延长出资期限，明显有违诚信原则。此外，根据张某某二审提交的证据 1 中的相关判决书、裁定书，某实业公司存在相关的债务并未厘清，在此情况下，刘某某召集股东会延长出资期限，明显属于滥用股东权利，损害公司利益和公司债权人利益。根据某实业公司 2014 年 5 月 30 日、2016 年 9 月 28 日、2019 年 12 月 10 日备案登记的三份章程的规定，出资期限应为 2016 年 9 月 28 日，故本院依法认定刘某某作为某实业公司的股东其出资期限已经到期。本案中，刘某某作为某实业公司的发起股东，未全面履行出资义务，在出资期限到期后，应当予以补缴。故一审法院依据张某某的诉讼请求，判令刘某某应向某实业公司支付认缴出资款 13291080 元，具有事实和法律依据。

福建省泉州市中级人民法院依照《中华人民共和国民事诉讼法》第一百七十七条第一款第一项之规定，判决如下：

驳回上诉，维持原判。

【法官后语】

该案例涉及在有限责任公司章程规定的出资期限届满后，通过召开股东会决议修改公司章程的方式延长出资期限是否有效的问题。公司注册资本改为认缴登记制后，股东的出资期限由公司章程自行约定，原则上不作限制，股东实缴出资义务在一定程度上虚化。2023年，新修订的《中华人民共和国公司法》（以下简称《公司法》）增加“全体股东认缴的出资额由股东按照公司章程的规定自公司成立之日起五年内缴足”这一规定，使股东不再受期限利益的保护。股东可通过制定公司章程约定出资期限，是公司章程自治权的体现。当意思自治原则与诚实信用原则冲突时，究竟如何取舍，是该案例的重要意义。本案是将社会主义核心价值观融入裁判文书释法说理的典型案例，阐明了诚实信用原则对意思自治原则的限制和有限否定，有助于制定资本市场诚信准则，维护诚信秩序。

《公司法》第四十九条规定：“股东应当按期足额缴纳公司章程规定的各自所认缴的出资额。股东以货币出资的，应当将货币出资足额存入有限责任公司在银行开设的账户；以非货币财产出资的，应当依法办理其财产权的转移手续。股东未按期足额缴纳出资的，除应当向公司足额缴纳外，还应当对给公司造成的损失承担赔偿责任。”股东对公司的出资是公司法人财产的重要组成部分，构成公司独立承担责任的基础。

《公司法》规定的注册资本认缴制，允许股东通过公司章程约定在一定期限内向公司出资，无须在公司设立或增资时即将认缴出资全部缴足，为股东出资赋予了更多的灵活性和自主性。

股东在公司章程中约定的出资数额、出资时间构成对公司和公司债权人所作认缴出资的承诺，并已通过公司章程对外进行公示，公司债权人基于该章程公示的内容产生信赖和预期利益。因此，注册资本认缴制并不意味着股东的出资义务可以当然或变相免除。特别是在可能存在公司股东利用注册资本认缴制逃避出资义务、损害债权人权益等道德风险时，应当对股东在宽泛条件下出资行为的合法性、合理性严格审查、从严把握。

股东出资纠纷案件适用一般举证规则，由原告提出对股东履行出资义务产生合理怀疑的证据后，再由股东就其已履行出资义务进行举证。在证明标准上原告只需初步证明达到产生“合理怀疑”的程度即可。本案中，某实业公司经过工商登记确认的公司章程明确载明出资期限为 2016 年 9 月 28 日，具有公示公信效力。刘某某在出资期限届满时未足额缴纳出资，张某某于2021 年6 月28 日提起本案诉讼。刘某某在未举证证明其存在需要延长出资期限的正当事由的情况下，于 2021 年 7 月 8 日召集股东会将出资期限延长至 2023 年 12 月 10 日。某实业公司存在相关的债务并未厘清，在无证据证明某实业公司具有债务清偿能力的情况下，刘某某的上述行为客观上对公司债权人债权的实现产生不利影响。因此，刘某某作为某实业公司的股东其出资期限已经到期，其在出资期限届满后，通过修改公司章程恶意延长出资期限，构成瑕疵出资，理应承担相应的民事责任。

编写人：福建省永春县人民法院　曾琼婷　康丁岚

四、股东知情权纠纷

16

股东行使知情权范围及于分公司

——张某诉某工程公司股东知情权案

【案件基本信息】

1. 裁判书字号

广西壮族自治区南宁市中级人民法院（2021）桂01民终12588号民事判决书

2. 案由：股东知情权纠纷

3. 当事人

原告（被上诉人）：张某

被告（上诉人）：某工程公司

【基本案情】

某工程公司成立于2002年3月7日，成立时股东为张某及陈某、陆某某，2018年9月17日，某工程公司股东变更为张某及陈某、陆某某、蓝某某。2021年1月7日，张某向某工程公司提交《关于查看公司2017—2020年度经营状况的申请》，内容为：为了解本公司2017年4月19日以来的经营状况，本人申请公司提供2017年5月至2020年12月底的经营状况，书面提供相关材料。某工程公司员工签收该份申请。但某工程公司至今未提供2017年5月至2020年12

月底的公司经营状况报告，张某遂诉至法院。

【案件焦点】

1. 公司股东能否行使知情权查阅、复制分公司相应资料；2. 张某请求查阅的材料的范围如何界定。

【法院裁判要旨】

广西壮族自治区南宁市西乡塘区人民法院经审理认为：第一，关于原告要求被告提供2017年4月19日以来经营状况的诉讼请求。《中华人民共和国公司法》第三十三条规定："股东有权查阅、复制公司章程、股东会会议记录、董事会会议决议、监事会会议决议和财务会计报告。股东可以要求查阅公司会计账簿。股东要求查阅公司会计账簿的，应当向公司提出书面请求，说明目的。公司有合理根据认为股东查阅会计账簿有不正当目的，可能损害公司合法利益的，可以拒绝提供查阅，并应当自股东提出书面请求之日起十五日内书面答复股东并说明理由。公司拒绝提供查阅的，股东可以请求人民法院要求公司提供查阅。"原告在《关于查看公司2017—2020年度经营状况的申请》中要求查阅的内容，超出了法律规定的股东知情权的查阅范围，故本院对原告的该项诉讼请求不予支持。

第二，关于原告要求被告提供利润分配计划的诉讼请求。被告未召开股东会形成过关于利润分配计划的决议，故原告要求查阅的该项内容并不存在，本院对原告的该项诉讼请求不予支持。

第三，关于原告要求被告提供年度营收状况及2017年4月19日以来被告公司财务收支情况的诉讼请求。原告在庭审中明确其诉请的"年度营收状况"是指被告的财务收支情况，包括公司账户的银行流水情况和其他收支，因此本院认为这两项诉讼请求实质为同一项内容，本院一并进行处理。根据《中华人民共和国公司法》第三十三条的规定，原告可以查阅的范围包括被告的财务会计报告、会计账簿，原告诉请查阅的2017年4月19日以来被告财务收支情况应当属于被告的财务会计报告及会计账簿中的一部分内容，故本院对原告的该项诉讼请求予以支持。

第四，关于原告要求被告提供2017年8月21日以来某工程公司第一分公司及2018年1月26日以来某工程公司第三分公司的财务收支状况的诉讼请求。以上两个分公司属于被告设立的分支机构，不具有独立法人资格，没有独立财产，其财务收支状况应当列入总公司的财务会计报告及会计账簿范围，故本院对原告的该两项诉讼请求予以支持。上述材料由原告在正常营业时间内到被告办公场所内查阅，查阅时间不得超过十五个工作日。

被告辩称原告行使股东知情权具有不正当目的，且根据《公司股东经营合作协议》约定，三名股东的业务各自独立、互不干涉，但该协议中并未约定每名股东分别经营哪家分公司，被告公司章程及该协议中也未约定分公司可不受总公司的约束，因此原告作为总公司的股东，有权行使对分公司的知情权。原告已说明其查阅被告及以上两家分公司财务收支情况的目的是了解公司经营状况，该目的与维护股东权利或地位密切联系，属于正当目的，被告也未举证证明原告查阅会计账簿目的不正当或各个分公司就哪个具体项目存在利益冲突，且原告参与经营的分公司亦属于总公司的分支机构而非独立于被告的其他公司。因此，本院对被告的上述辩解意见不予采信。

广西壮族自治区南宁市西乡塘区人民法院根据《中华人民共和国公司法》第十四条第一款、第三十三条，《最高人民法院关于适用〈中华人民共和国公司法〉若干问题的规定（四）》第十条，《最高人民法院关于适用〈中华人民共和国民事诉讼法〉的解释》第九十条之规定，判决如下：

一、限被告某工程公司于本判决生效之日起十日内提供自2017年4月19日起至实际提供之日止的被告某工程公司的财务收支情况给原告张某查阅；

二、限被告某工程公司于本判决生效之日起十日内提供自2017年8月21日起至实际提供之日止的某工程公司第一分公司的财务收支情况给原告张某查阅；

三、被告某工程公司于本判决生效之日起十日内提供自2018年1月26日起至实际提供之日止的某工程公司第三分公司的财务收支情况给原告张某查阅；

四、上述资料由原告张某在被告某工程公司正常营业时间内查阅，查阅时间不得超过十五个工作日，查阅地点为被告某工程公司办公场所内；

五、驳回原告张某的其他诉讼请求。

某工程公司不服一审判决，提起上诉。广西壮族自治区南宁市中级人民法院经审理认为：关于公司股东能否行使知情权查阅、复制分公司相应资料的问题，本院认可一审法院的意见。分公司为法人的分支机构，不具备独立的法人资格，其民事责任由总公司承担。分公司经营的业务系经总公司授权，在总公司经营范围内开展的业务，因此，分公司和总公司之间不存在业务竞争的关系，分公司的经营状况亦属于总公司经营状况的一部分。《中华人民共和国公司法》未禁止公司股东查阅分公司经营情况等材料，因此，公司股东有权通过行使股东知情权了解公司及其分公司的经营状况。本案中，张某为某工程公司的股东，有权依照公司章程和《中华人民共和国公司法》的相关规定行使股东知情权，请求查阅、复制某工程公司及其下属分公司的相关经营材料。某工程公司以张某与其他股东已达成《股东经营合作协议》，约定对公司名下的分公司分别承包经营、互不干涉为由拒绝张某的查阅请求，本院经审查认为，上述协议为某工程公司股东就分公司的经营达成的内部约定，是其公司经营的内部分工，协议内容不涉及股东行使知情权的内容。即便该公司股东之间就分公司的经营达成分别承包、互不干涉的约定，也不会改变分公司之间亦同属于总公司的分支机构的身份，分公司之间、分公司与总公司之间也非业务竞争的关系，因此不影响张某作为公司股东依照《中华人民共和国公司法》第三十三条的规定行使知情权查阅、复制公司及其分公司的相关资料。某工程公司的该项主张，本院不予支持。某工程公司诉称张某的查阅请求侵害股东陈某的个人利益，无事实和法律依据，亦非提出该抗辩的适格主体，本院不予认可。主张张某曾向分公司收取管理费用，因此其查阅相关经营材料有可能损害公司利益，但在庭审中又认可张某曾为其分公司提供了技术劳务和培训，分公司向其支付费用，前后矛盾，本院不予认可。主张张某已出具《张某的承诺书》《承诺书》承认本案一审判决的内容已实际履行，不应重复判决执行，如前文所述，本院不予认可。

综上，本案中某工程公司主张张某行使股东知情权请求查阅相关材料有不正当目的，可能侵害公司利益，但其所举证据不足以证明张某存在《最高人民法院关于适用〈中华人民共和国公司法〉若干问题的规定（四）》第八条规定的情形，应承担举证不能的后果。

关于张某请求查阅的材料的范围问题。一审法院认为张某请求查阅指定期间内某工程公司、某工程公司第一分公司、某工程公司第三分公司的财务收支情况属于公司的财务会计报告及会计账簿的内容，并判决予以支持，本院对此予以认可，但一审判项对此未予明确，应当在二审中予以纠正。关于财务会计报告、会计账簿的范围，根据《中华人民共和国会计法》第十五条、第二十条的规定，会计账簿包括总账、明细账、日记账和其他辅助性账簿，财务会计报告包括会计报表、会计报表附注和财务情况说明书。因此，张某可以查阅的某工程公司、某工程公司第一分公司、某工程公司第三分公司的财务收支情况的具体范围为财务会计报告（包括会计报表、会计报表附注和财务情况说明书）、会计账簿（包括总账、明细账、日记账和其他辅助性账簿）。综上，某工程公司的上诉请求不成立。一审判决认定事实清楚，适用法律正确，但部分判项不明确。

广西壮族自治区南宁市中级人民法院依照《中华人民共和国民事诉讼法》第一百七十七条第一款第二项的规定，判决如下：

一、维持南宁市西乡塘区人民法院（2021）桂0107民初2037号民事判决第五项；

二、撤销南宁市西乡塘区人民法院（2021）桂0107民初2037号民事判决第四项；

三、变更南宁市西乡塘区人民法院（2021）桂0107民初2037号民事判决第一项为：限某工程公司于本判决生效之日起十日内提供自2017年4月19日起至实际提供之日止的某工程公司的财务会计报告及会计账簿给张某查阅；

四、变更南宁市西乡塘区人民法院（2021）桂0107民初2037号民事判决第二项为：限某工程公司于本判决生效之日起十日内提供自2017年8月21日起至实际提供之日止的某工程公司第一分公司的财务会计报告及会计账簿给张某查阅；

五、变更南宁市西乡塘区人民法院（2021）桂0107民初2037号民事判决第三项为：某工程公司于本判决生效之日起十日内提供自2018年1月26日起至实际提供之日止的某工程公司第三分公司的财务会计报告及会计账簿给张某查阅；

六、上述资料由张某在某工程公司正常营业时间内查阅，查阅时间不得超过十五个工作日，查阅地点为某工程公司办公场所内。

【法官后语】

本案争议的焦点在于公司股东能否行使知情权查阅、复制分公司相应资料，以及请求查阅的材料的范围。股东知情权是股东的基本权利，其具有固有性与共益性。股东知情权的正确行使有利于股东了解公司经营状况和财务状况，参与公司管理并行使其他权利，平衡股东之间、股东与公司之间的利益。但在公司治理实践中，股东知情权的行使并不理想。股东之间产生纠纷后，公司在大股东或实际控制人的控制下，往往以各种理由拒绝其他股东行使股东知情权。本案中，某工程公司以各方签订的《公司股东经营合作协议》、张某与某工程公司有实质竞争关系、张某具有不正当目的为由，拒绝张某行使股东知情权，在此情况下，股东张某可以依据《中华人民共和国公司法》（以下简称《公司法》）（2023年修订）第五十七条之规定以向法院起诉的方式行使其股东知情权。

第一，公司股东有权通过行使股东知情权了解分公司的经营状况。

公司按照其内部管辖系统所处的地位不同，可以分为总公司与分公司。《公司法》（2023年修订）第十三条第二款规定："公司可以设立分公司。分公司不具有法人资格，其民事责任由公司承担。"上述规定阐释了分公司与总公司的关系和地位：分公司具有一定的独立性，但其不具有独立法人资格，无论是其名称和组织机构，还是其可以支配和使用的财产或经费，都是总公司的组成部分；其从事相应的民事活动受其经营业务或总公司授权范围的限制；其民事责任亦由总公司承担。总公司有权对分公司的经营、资金调度、人事安排等进行管辖和统一指挥。[①] 本案中，某工程公司与其各分公司经营、收支等状况，均可能影响各股东在公司的利润分配，在公司治理方面，某工程公司也可以统一调度本公司与其各分公司的资金用于建设和经营。若仅将股东知情权的行使限制在总公司，将不利于股东全面了解公司的经营、收支等情况，进而不利于股东参与公司的利润分配，维护自身合法权益。

第二，股东知情权的行使应排除约定适用或限制。

《公司法》（2023年修订）第五十七条和第一百一十条关于股东知情权的规定，均未出现"公司章程另有规定的除外""全体股东另有约定的除外"的立法表述。[②] 可见，股东知情权的权利渊源来自法律，属于固有权，是强制性法律规范。公司不得通过内部约定剥夺或不合理限制股东知情权的行使。[③] 法律规定由股东承担公司经营的风险，但在现代公司治理过程中，股东的所有权与经营权往往相分离，若通过约定限缩知情权的行使，将会导致股东的权责严重失衡。另外，中小投资者在公司章程制定、经营管理、监督过程中处于弱势地位，若通过约定限制其知情权的行使，不利于保护中小投资者的合法权益，与现代公司法的理念相悖。本案中，即便《公司股东经营合作协议》就分公司的经营达成分别承包、互不干涉的约定，也不会改变分公司的运营状况是总公司整体运营情况的组成部分这一客观事实，股东张某依然有权对包括分公司在内的公司的整体经营情况进行了解。

第三，股东知情权纠纷裁判应当秉承"司法权力审慎介入"的理念，以寻求保护股东知情权正当行使与保护公司合法权益特别是商业秘密之间的价值平衡。

首先，审查股东提起知情权之诉是否满足前置条件。需要明确的是，并非

① 徐强胜：《公司纠纷裁判依据新释新解》，人民法院出版社2014年版，第46页。

② 参见最高人民法院民事审判第二庭编著：《最高人民法院关于公司法解释（四）、清算纪要理解与适用》，人民法院出版社2016年版，第215~217页。

③ 参见最高人民法院民事审判第二庭编著：《最高人民法院关于公司法解释（三）、清算纪要理解与适用》，人民法院出版社2016年版，第266页。

所有股东知情权之诉都需要审查其是否符合法律规定的前置条件。例如，股东提起诉讼请求查阅、复制公司章程、股东会会议记录、董事会会议决议、监事会会议决议和财务会计报告，无须前置条件。《公司法》（2018 年修正）第三十三条仅对股东提起公司会计账簿查阅权诉讼设定了前置条件，即股东应向公司书面申请说明查阅的目的（形式要件），但实践中，存在权利行使不畅（遭到拒绝或者漠视）的可能。《公司法》（2023 年修订）第五十七条规定的前置条件与旧法相同，但增加了会计凭证查阅权。本案中，张某在庭审中明确查阅的内容是财务收支情况，包括公司账户的银行流水情况和其他收支情况。财务会计报告、会计账簿、会计凭证是反映公司财务状况的资料，第一项属于当然可查的范围，法律规定并不要求审查其是否具备形式要件和实质要件。后两项属于附条件可查的范围，需要法院审查其诉讼请求是否符合前置条件，此为正常的审理情况。实践中的例外是，为减少当事人诉累，股东起诉要求查阅公司会计账簿、会计凭证之前并未履行向公司书面提请并说明目的的程序，直接在诉状中提出，且公司应诉明确表示反对的，可以视为其通过法院履行了对公司的前置程序，而不应简单地以其未履行形式要件而驳回其诉讼请求。值得注意的是，《公司法》（2023 年修订）与《公司法》（2018 年修正）均未对有限责任公司股东的持股时长与持股比例进行限制，但《公司法》（2023 年修订）对股份有限公司股东行使特定资料（会计账簿、会计凭证）的查阅权以及上市公司股东查阅、复制相关材料进行限制①，有助于避免股东滥用知情权损害公司利益②。

---

① 《中华人民共和国公司法》（2023 年修订）第一百一十条规定："股东有权查阅、复制公司章程、股东名册、股东会会议记录、董事会会议决议、监事会会议决议、财务会计报告，对公司的经营提出建议或者质询。连续一百八十日以上单独或者合计持有公司百分之三以上股份的股东要求查阅公司的会计账簿、会计凭证的，适用本法第五十七条第二款、第三款、第四款的规定。公司章程对持股比例有较低规定的，从其规定。股东要求查阅、复制公司全资子公司相关材料的，适用前两款的规定。上市公司股东查阅、复制相关材料的，应当遵守《中华人民共和国证券法》等法律、行政法规的规定。"

② 李建伟：《股东知情权研究：理论体系与裁判经验》，法律出版社 2018 年版，第 52 页。

其次，关于股东是否具有“不正当目的”的审查，应从形式与实质两个方面入手。形式审查方面，即股东是否提出书面请求并说明其目的，该目的从文义理解是否具有明显的不正当性；实质审查方面，即透过形式探寻股东行使知情权的真正动机，该审查应结合相关证据审查股东与公司是否存在《最高人民法院关于适用〈中华人民共和国公司法〉若干问题的规定（四）》（以下简称《公司法司法解释（四）》）第八条规定的四种情形。在具体个案中，应从实然角度对各方原告股东、被告公司、第三方公司之间的关系进行细致考察，不可仅凭两公司登记的经营范围存在一定程度重合就武断地判决原告股东与被告公司之间存在实质性竞业关系①。

最后，关于股东行使知情权具有“不正当目的”的举证责任分配问题，应由主张股东具有“不正当目的”的一方即公司承担举证责任。本案中，张某已书面向某工程公司提出申请，说明其查阅相关资料的目的，符合形式审查要件。某工程公司主张张某行使股东知情权请求查阅相关材料具有不正当目的，可能侵害公司利益，应对此承担证明责任。但其所举证据不足以证明张某存在《公司法司法解释（四）》第八条规定的情形，应承担举证不能的后果。

编写人：广西壮族自治区南宁市青秀区人民法院　陈玉洁

---

① 王毓莹：《新公司法二十四讲——审判原理与疑难问题深度解释》，法律出版社2024年版，第303页。

17

民办非企业单位举办者行使知情权可类推适用《公司法》有关规定

——某投资公司诉某学院股东知情权案

【案件基本信息】

1. 裁判书字号

北京市第三中级人民法院（2022）京 03 民终 3406 号民事判决书

2. 案由：股东知情权纠纷

3. 当事人

原告（被上诉人）：某投资公司

被告（上诉人）：某学院

【基本案情】

2012 年 11 月 6 日，某学院经北京市民政局核准登记设立，社会组织类型为民办非企业单位。

2012 年 10 月 10 日形成的某学院《章程》载明：本单位的举办者是某投资公司、Q 公司、R 公司。举办者享有下列权利：（一）了解本单位经营状况和财务状况；（二）推荐理事和监事；（三）查阅理事会会议记录和本单位财务会计报告。

2020 年 11 月 26 日，某投资公司向某学院发送《公函》，要求查阅全部理事会决议及会议记录、财务会计报告、财务账册及会计凭证等。某学院收到函件后未予回复。某投资公司以行使股东知情权为由提起本案诉讼，要求某学院提供登记档案、理事会决议及会议记录、财务会计报告及财务账册等供某投资公司查阅、复制。

【案件焦点】

某投资公司作为举办者是否享有知情权以及享有知情权的范围。

【法院裁判要旨】

北京市朝阳区人民法院经审理认为：某投资公司系某学院的举办者，根据某学院《章程》的规定，某投资公司享有了解某学院经营状况和财务状况、查阅理事会会议记录和财务会计报告的权利。举办者在合理范围内的知情权应当予以保护，法律虽然没有专门针对民办非企业单位的举办者知情权进行规定，但某学院具有法人性质，可类推适用公司法的相关规定。某投资公司要求查阅、复制某学院自设立之日起至判决生效之日止的理事会决议及会议记录、财务会计报告，查阅财务账册，属于法律规定以及某学院《章程》规定的举办者知情权范围，法院依法予以支持。某投资公司主张的其他事项，超出了知情权范围，法院依法不予支持。

北京市朝阳区人民法院判决：

一、被告某学院于本判决生效之日起十日内置备自2012年11月6日起至本判决生效之日止的本单位理事会决议及会议记录、财务会计报告供原告某投资公司查阅、复制；

二、被告某学院于本判决生效之日起十日内置备自2012年11月6日起至本判决生效之日止的本单位财务账册供原告某投资公司查阅；

三、驳回原告某投资公司的其他诉讼请求。

某学院不服一审判决，提出上诉。北京市第三中级人民法院经审理认为：依据公司章程，某投资公司系某学院的举办者，其依据章程享有了解本单位经营状况和财务状况的权利。章程中并未明确具体权利范围。某学院称本案应适用《民办非企业单位登记管理暂行条例》之规定。某学院作为民办非企业单位，确应适用该条例，但该条例中对于举办者的知情权范围及内容亦无规定。一审法院通过某学院的经营情况、业务范围并结合公司章程的内容综合判断本案应类推适用公司法及相关司法解释中关于股东知情权的相关规定并无不当。

北京市第三中级人民法院依照《中华人民共和国民事诉讼法》第一百七十七条第一款第一项之规定，判决如下：

驳回上诉，维持原判。

【法官后语】

国务院1998年10月25日颁布的《民办非企业单位登记管理暂行条例》以及民政部1999年颁布的《民办非企业单位登记暂行办法》对民办非企业单位的定义以及三种单位类型进行了规定。2016年，为了更准确地反映社会服务机构的定位和属性、与《中华人民共和国慈善法》的表述相衔接，“民办非企业单位”名称变更为“社会服务机构”。

举办者作为出资设立“从事非营利性社会服务活动社会组织”的人，理应有权了解相关资金的使用情况以及社会服务开展情况。这既符合权利义务对等原则，也对社会服务机构的健康发展具有裨益。《民办非企业单位登记管理暂行条例》《民办非企业单位登记暂行办法》作为登记管理方面的规范，并未对举办者享有的权利作出具体规定。在《中华人民共和国民法典》（以下简称《民法典》）施行前，有关举办者的权利散见于效力层级较低的地方政府文件中，如2004年颁布的《浙江省民办非企业单位管理暂行办法》第二十二条等。2021年施行的《民法典》对捐助人（对应此前规范中“举办者”的表述）的权利作出明确规定，至此举办者依法享有知情权的命题不再存有争议。《民法典》第九十四条第一款规定：“捐助人有权向捐助法人查询捐助财产的使用、管理情况，并提出意见和建议，捐助法人应当及时、如实答复。”但与《中华人民共和国公司法》（以下简称《公司法》）规定的股东知情权不同，《民法典》未对捐助人可具体查阅的文件类型、前置程序等作出明确规定。

“无救济即无权利”，法律既然赋予举办者知情权，那么举办者在行使知情权受限时则必须有相应的救济途径。在法无明文规定之争议案件中，应当比附援引与其具有类似性的案件之规定。按照《最高人民法院关于加强和规范裁判文书释法说理的指导意见》第七条的规定，民事案件没有明确的法律规定作为裁判直接依据的，法官应当首先寻找最相类似的法律规定作出裁判。2020 年发布的《最高人民法院关于统一法律适用加强类案检索的指导意见（试行）》第二条亦规定，人民法院办理缺乏明确裁判规则或者尚未形成统一裁判规则的案件，应当进行类案检索。

从最相类似的法律规定角度审查，民办非企业单位是法人单位，与公司法人具有高度相似性，而《公司法》是规范有限责任公司和股份有限公司（均为法人）的组织法。从“类案同判”的角度审查，现可以检索到相关类推适用案例，如最高人民法院（2021）最高法民申 4197 号民事裁定。在该裁定中，最高人民法院认为“在法律对于筹设中法人型民办非企业单位的举办人责任没有明确规定时，根据类推适用原则，应参照与该纠纷性质最相类似的《中华人民共和国公司法》及其相关规定”。基于以上因素，人民法院在处理有关民办非企业单位举办者知情权纠纷时，可以类推适用《公司法》及其相关规定，对当事人的具体权利义务作出认定。

编写人：北京市朝阳区人民法院　赵鑫

18

股东知情权之查阅会计凭证的证成与限度

——某投资公司诉 B 公司股东知情权案

【案件基本信息】

1. 裁判书字号

福建省泉州市中级人民法院（2022）闽 05 民终 2750 号民事判决书

2. 案由：股东知情权纠纷

3. 当事人

原告（被上诉人）：某投资公司

被告（上诉人）：B公司

【基本案情】

B公司系经工商登记的有限责任公司（中外合资），某投资公司自2015年12月28日起系B公司的股东之一。2018年9月10日，B公司董事之一由陈某某变更为庄某某。2021年8月12日，某投资公司的法定代表人由臧某某变更为庄某某，肖某某系某投资公司的股东及监事、联络员。

某会计师事务所审计了B公司2016年至2018年净资产及损益情况，于2019年12月25日出具了《净资产及经营损益内部审计报告》。

2020年10月27日，庄某某委托陈某某参加B公司举行的第二届第二次董事会，并形成董事会决议，其中一项决议为：由董事庄某某负责2019年度至2020年度内部审计工作。据此，B公司与某税务师事务所厦门分公司签订《经营审计约定书》。该事务所于2021年7月16日出具《尽职调查报告》，指出B公司经营中可能存在的问题。

2021年9月3日，某投资公司委托某律师事务所发出律师函，要求查阅、复制从2016年1月1日起的公司章程等材料（与本案诉求内容一致）。该律师函寄给B公司的员工黄某某，次日由B公司保安室代收。

2021年10月14日，某投资公司起诉要求B公司、胡某返还其已作废的公章、法定代表人私章、财务章、营业执照、开户许可证等资料。在该案审理过程中，即2021年11月15日，双方就公章、法定代表人私章、财务章、营业执照等进行移交。后某投资公司撤回起诉。

2021年7月，就陈某某等人至B公司搬走4个保险柜事项，B公司向惠安县公安局城关派出所报警。该所侦查后于2021年9月10日以没有违法事实为由终止B公司被扰乱单位秩序案的调查。B公司向惠安县人民政府提起行政复议。

2021年12月1日，B公司向法院提起诉讼，要求陈某某、王某某、庄某某等人赔偿其因保险柜被抢夺而无法申请办理专利质押贷款贴息所造成的损失。

2022年1月6日，B公司向法院提起诉讼，要求解除与某税务师事务所厦门分公司签订的《经营审计约定书》，以及某税务师事务所厦门分公司、某税务师事务所、王某某返还审计的 2019 年至 2020 年全部财务资料等。

【案件焦点】

某投资公司行使股东知情权是否具有不正当目的，其行使股东知情权的范围是否及于会计凭证以及股东知情权的行使方式。

【法院裁判要旨】

福建省惠安县人民法院经审理认为：股东知情权是股东依法行使资产收益、参与重大决策和选择管理者等权利的基础性权利。只要目的合理，股东知情权应依法予以保障。而公司排除股东行使知情权的前提是公司有合理根据认为股东具有不正当目的，可能损害公司合法利益。根据《最高人民法院关于适用〈中华人民共和国公司法〉若干问题的规定（四）》第八条的规定，认定股东行使知情权是否具有不正当目的，通常从“是否存在同业竞争行为”“股东是否存在向他人通报有关信息查阅公司会计账簿的目的”“股东是否三年内曾向他人通报有关信息损害公司合法利益”等因素综合判定。而对不正当目的的解释应当严格限制在通过行使股东知情权而获得的公司信息对公司合法利益造成损害等范围内，不应作扩大解释。结合全案证据，B 公司所提供的证据不足以证明某投资公司行使股东知情权存在前述司法解释规定的情形，故无法证明某投资公司行使股东知情权具有不正当目的。

关于股东知情权的行使范围及方式。根据 B 公司的章程，B 公司不设股东会、监事会，故某投资公司要求行使股东知情权的范围依法应为有权查阅、复制公司章程、董事会会议决议和财务会计报告；有权查阅公司会议账簿。另，《尽职调查报告》指出 B 公司经营中可能存在的问题。根据《中华人民共和国会计法》的规定，“会计账簿登记，必须以经过审核的会计凭证为依据……会计账簿包括总账、明细账、日记账和其他辅助性账簿”。会计账簿并不包括原始凭证和记账凭证，股东查阅与公司会计账簿记载内容有关的总账、明细账、日记账和其他辅助性账簿亦应认定为公司股东知情权内容的组成部分；而查阅和复制的财务会计报告应包括会计报表、会计报表附注、财务情况说明书。某投资公司主张其在行使上述权利时可以委托会计师、律师辅助进行，依法有据，应予支持。股东及相关辅助人员应负有保密义务，且应对经营效率、经营秩序等公司权益未形成不利影响。故应对查阅的时间、地点予以明确。鉴于查阅并非对公司财务的全面审计，查阅应确定在公司正常的业务时间内且不超过十五个工作日，查阅的方便地点应在B公司。

B公司不服一审判决，提起上诉。福建省泉州市中级人民法院同意一审法院裁判意见。

福建省泉州市中级人民法院依照《中华人民共和国民事诉讼法》第一百七十七条第一款第一项之规定，判决如下：

驳回上诉，维持原判。

【法官后语】

本案审结时，适用的是《中华人民共和国公司法》（2018年修正）。彼时，会计凭证能否纳入股东知情权的行使范围，是一个存在争议的问题。《中华人民共和国公司法》（2023年修订）第五十七条、第一百一十条采用列举的方式明确规定股东知情权的客体范围，并将会计凭证纳入其中。但如何动态平衡好股东知情权和公司利益保护两者的关系、行权边界在哪里、法院审查要素是什么，亦是司法实践中的难题。另外，法律制定的滞后性必然导致其不能穷尽市场交易中的所有客体，诉讼中股东亦常常就其他文件材料主张知情权，有些材料明显超出法律规定范围，有些则在性质上存在争议，知情权边界仍待进一步界定。

依法保护股东知情权的有效行使，兼顾查阅的合理性与必要性，平衡股东知情与公司保密之间的关系，应是审理股东知情权纠纷的核心问题。以会计凭证为例，结合本案裁判，可以从中借鉴对会计凭证查阅的限制，以及非法定材料能否纳入查阅范围的证成方法。

第一，笔者在对全国各地法院股东知情权纠纷裁判文书进行分析研究后发现，在《中华人民共和国公司法》2023年修订之前，法院支持股东关于会计凭证的知情权诉求，大多是结合立法目的、扩大解释“会计账簿”、将会计凭证作为会计账簿的组成部分。扩大解释虽常常用于法律没有明文规定的情形，但笔者认为，此处并不妥当。依据《中华人民共和国会计法》之规定，会计账簿并不包括原始凭证和记账凭证，《中华人民共和国公司法》（2018年修正）第三十三条规定的“会计账簿”并无歧义，也没有被“扩大解释”为会计凭证的空间。即股东能否据此查阅会计凭证，实质上并不涉及法律解释问题，而涉及法律的类推适用。所谓类推适用，是把一条法律规则类推适用于一种并不为该规则的词语所涉及的，但却被认为属于构成该规则之基础的原则范围之内的事实情形，契合“法律适用的正义”，现代民法并不禁止。当然，类推适用毕竟对法的安定性有所影响，所以应当是谨慎的，其中一个重要场景就是用于填补法律漏洞。对于目前仍不属于《中华人民共和国公司法》（2023年修订）规定的知情权客体范围，但可能与法定客体存在高度关联的材料，是否采用类推适用的方式来填补漏洞以促成股东与公司之间的权利平衡，笔者认为应遵循以下思路：首先，公司章程对查阅程序和范围作出明确规定的，根据《最高人民法院关于适用〈中华人民共和国公司法〉若干问题的规定（四）》第七条的规定依章程的规定进行审查。其次，公司章程未明确规定的，应审慎审查以下两个方面：一是查阅目的；二是知情权的行使是否超出股东了解公司经营状况的合理范畴，特别是在已经查阅法定材料的前提下，再要求查阅非规定材料的必要性、所要求查阅材料与待印证法定材料的关联性、查阅行为是否损害公司的合法权益等。

第二，会计凭证与会计账簿毕竟有所不同，会计凭证虽然已被列入法定材料范围，但笔者认为应予以一定限制。首先应当证成：如果股东能够提出某种理由，让人对会计账簿可信度抱有合理怀疑态度，那么此时仅仅让其查阅账簿而不允许查阅会计凭证，就可能会使查阅目的落空。至于这种理由是否足以支撑起股东查阅会计凭证的请求，则应当坚持个案的衡平判断。由于商业实践的复杂性，难以简单地对“适当理由”进行抽象定义，可能是管理层的恶意经营，可能是既往的财务造假史，可能是财务数据的不合理、不真实。因此，法院应当审查股东查阅会计凭证的具体理由，结合案件事实综合动态地判断其行权必要性，并在裁判文书中对此展开分析论证。不仅如此，基于防止公司商业秘密、信息泄露，影响公司利益的考虑，后者对于股东行权的证据要求、理由充分度、准许的难度应该更高。而且，查阅的范围、方式应当具体明确且与其查阅目的相匹配，以确保对股东知情权的保护力度与对公司经营产生的不利影响合乎恰当比例。因此，在充分查明股东行权的理由及其必要性的基础上，法院应当基于个案为股东“量身定做”其可以查阅的会计凭证范围，包括时间范围的限制、种类范围的限制、查阅方式的限制等。

编写人：福建省惠安县人民法院　黄钕婷

19

股东查阅会计凭证的正当性分析

——葛某诉某空调设备公司股东知情权案

【案件基本信息】

1. 裁判书字号

安徽省蚌埠市中级人民法院（2022）皖03民终4409号民事判决书

2. 案由：股东知情权纠纷

3. 当事人

原告（被上诉人）：葛某

被告（上诉人）：某空调设备公司

【基本案情】

2000年2月3日，某空调设备公司办理注册登记手续，法定代表人为葛甲，注册资本为550万元。葛甲于2021年8月30日去世。2021年9月22日，葛某、葛乙、杨某以朱某、葛丙为被告向本院提起继承纠纷之诉，要求继承葛甲持有的某空调设备公司的股权。本院于2021年11月26日作出（2021）皖0303民初5035号民事判决书，朱某、葛丙对该判决不服并提起上诉，经蚌埠市中级人民法院调解，作出（2021）皖03民终970号民事调解书，调解书内容第一项为："葛某、葛乙、杨某在某空调设备公司每人占股10%；葛某、葛乙、杨某不再享有某空调设备公司剩余70%的股份。"

某空调设备公司2021年度报告中载明了企业电子邮箱、企业联系电话、企业通信地址，公司股东为葛甲（实缴出资金额300万元）、朱某（实缴出资金额250万元）。2022年5月31日，葛某向某空调设备公司邮寄《股东查阅通知函》，2022年6月1日，该邮件投递信息为未妥投，备注"拒收"，之后邮件退回。2022年5月31日，葛某向朱某邮寄《股东查阅通知函》，2022年6月1日11：41：14，由收件人取走，2022年6月1日17：27：36，投递员收回邮件，投递结果反馈为未妥投，备注"拒收"，之后邮件退回。

【案件焦点】

股东知情权纠纷案件中，会计原始凭证是否属于股东可查询的范围。

【法院裁判要旨】

安徽省蚌埠市蚌山区人民法院经审理认为：股东知情权是股东了解公司经营信息的基本权利，《中华人民共和国公司法》通过赋予股东知悉公司必要信息的权利，从而保障股东的正当利益。原告作为被告的股东，有权查阅、复制相关公司材料，本案的争议焦点在于原告可以查阅、复制的材料范围。

首先，根据《中华人民共和国公司法》第三十三条第一款的规定，股东有权查阅、复制公司章程、股东会会议记录和财务会计报告。而公司章程包含修正章程，财务会计报告由会计报表、会计报表附注和财务情况说明书组成，会计报表应当包括资产负债表、利润表、现金流量表及相关附表。故原告要求查阅、复制被告公司的股东会决议（含修正章程）、董事会决议以及财务会计报告（包括会计报表、会计报表附注、财务情况说明书、资产负债表、利润表、现金流量表及相关附表）的诉请，应予支持。

其次，根据《中华人民共和国公司法》第三十三条第二款的规定，股东可以要求查阅公司会计账簿。《中华人民共和国会计法》第十五条明确规定会计账簿包括总账、明细账、日记账和其他辅助性账簿。因此，原告要求查阅被告会计账簿（含总账、明细账、日记账和其他辅助性账簿）的诉讼请求，于法有据，应予支持。公司的具体经营活动只有通过查阅原始凭证才能充分知晓，原始凭证、记账凭证是会计账簿的记录和登记依据，会计账簿只有通过原始凭证、记账凭证才能反映出来，若不允许股东查阅会计凭证，则股东很难充分了解公司的实际情况。

最后，股东在查阅会计账簿时，对其内容的真实性、完整性的判断，必然要借助会计凭证的查阅才能实现，不查阅会计凭证及原始凭证，股东可能无法准确知晓公司真实完整的经营状况，股东知情权就不能得到实质性的保护，故查阅会计账簿的范围，应具体涵盖总账、明细账、日记账、其他辅助性账簿以及记账凭证、原始凭证、作为原始凭证附件入账备查的有关资料。故原告可以查阅被告自公司成立之日起至判决生效之日止的会计账簿（含总账、明细账、日记账、往来账、固定资产明细表、其他辅助性账簿以及记账凭证、原始凭证、作为原始凭证附件入账备查的有关资料）。原告还要求复制上述财务资料，根据《中华人民共和国公司法》相关规定，股东仅有权查阅会计账簿、记账凭证，无权复制，故针对原告要求复制会计账簿、记账凭证的诉讼请求，本院不予支持。

另外，根据《最高人民法院关于适用〈中华人民共和国公司法〉若干问题的规定（四）》第十条第二款的规定，股东依据人民法院生效判决查阅公司文件材料的，在该股东在场的情况下，可以由会计师、律师等依法或者依据执业行为规范负有保密义务的中介机构执业人员辅助进行。故，原告查阅、复制被告公司系案涉文件材料的，可以由其委托的律师和会计师辅助进行。关于查阅地点，本院认为便于涉案义务顺利履行，以被告住所地为宜。被告辩称原告未说明查账目的，亦未收到《股东查阅通知函》，但原告已举证证明其通过邮寄的方式向被告送达《股东查阅通知函》，故本院对被告该抗辩意见不予采信；根据《中华人民共和国公司法》的相关规定，由公司举证证明股东查阅会计账簿具有不正当目的、可能损害公司利益，但本案被告未举证证明原告查阅会计账簿有不正当目的、可能损害公司利益，因此本院对被告该抗辩意见不予采信。

安徽省蚌埠市蚌山区人民法院依照《中华人民共和国公司法》第三十三条，《中华人民共和国会计法》第九条第一款、第十四条第一款、第十五条第一款、第二十条，《最高人民法院关于适用〈中华人民共和国公司法〉若干问题的规定（四）》第十条第二款之规定，判决如下：

一、被告某空调设备公司应于本判决生效之日起三十日内提供自 2000 年 2 月 3 日起至本判决生效之日止的全部公司股东会决议（含修正章程）、董事会决议以及财务会计报告（包括会计报表、会计报表附注、财务情况说明书、资产负债表、利润表、现金流量表及相关附表），供原告葛某查阅、复制；

二、被告某空调设备公司应于本判决生效之日起三十日内提供自 2000 年 2 月 3 日起至本判决生效之日止的全部公司会计账簿和记账凭证（含总账、明细账、日记账、往来账、固定资产明细表和其他辅助性账簿，以及记账凭证、原始凭证、作为原始凭证附件入账备查的有关资料），供原告葛某查阅；

三、驳回原告葛某的其他诉讼请求。

某空调设备公司不服一审判决，提出上诉。安徽省蚌埠市中级人民法院经审理认为：第二审人民法院应当对上诉请求的有关事实和适用法律进行审查。针对上诉请求和理由，综合双方当事人的诉辩意见，本案的争议焦点为：其一，会计原始凭证是否属于股东可查询的范围；其二，葛某行使股东知情权是否存在前置程序瑕疵；其三，葛某查阅材料的目的是否正当。本院综合分析评判如下：

关于争议焦点一，会计原始凭证是否属于股东可查询的范围问题。《中华人民共和国公司法》第三十三条第二款规定，股东可以要求查阅公司会计账簿。股东要求查阅公司会计账簿的，应当向公司提出书面请求，说明目的。公司有合理根据认为股东查阅会计账簿有不正当目的，可能损害公司合法利益的，可以拒绝提供查阅，并应当自股东提出书面请求之日起十五日内书面答复股东并说明理由。公司拒绝提供查阅的，股东可以请求人民法院要求公司提供查阅。本案中，葛某系某空调设备公司股东，依法享有公司经营、决策等情况的知情权。原始凭证、记账凭证是会计账簿的记录、登记依据，会计账簿只有通过原始凭证、记账凭证才能反映出是否具有客观全面性。股东在查阅会计账簿时，对于会计账簿内容的真实性、完整性的判断，必然要借助会计凭证的查阅才能实现，不查阅会计凭证及原始凭证，股东可能无法准确知晓公司真实完整的经营状况，股东知情权就不能得到实质性的保护，故查阅会计账簿的范围，应涵盖原始凭证，以及作为原始凭证附件入账备查的有关资料。一审法院认定会计原始凭证属于股东可查询的范围并不违反法律规定，应当予以支持。某空调设备公司认为会计凭证属于不可公开的资料，缺乏法律依据，本院不予支持。

关于争议焦点二，葛某行使股东知情权是否存在前置程序瑕疵的问题。《中华人民共和国公司法》第三十三条第二款规定，股东可以要求查阅公司会计账簿。股东要求查阅公司会计账簿的，应当向公司提出书面请求，说明目的。本案中，葛某已分别通过快递以及电子邮件的方式向公司注册地址、注册邮箱发送查询通知函，虽然快递被拒收，但能够证明葛某已尽到向公司提出书面申请的义务，故某空调设备公司辩称自己未收到申请，缺乏事实依据，本院不予支持。

关于争议焦点三，葛某查阅材料的目的是否正当的问题。葛某在《查询公司记录、报告及会计账簿通知函》上已明确查询的目的是了解公司经营状况，具有合理性、正当性。某空调设备公司认为葛某查询目的具有不正当性，但未举证证明，故该项辩解缺乏证据支撑，本院不予采信。根据《最高人民法院关于适用〈中华人民共和国公司法〉若干问题的规定（四）》第十条第二款“股东依据人民法院生效判决查阅公司文件材料的，在该股东在场的情况下，可以由会计师、律师等依法或者依据执业行为规范负有保密义务的中介机构执业人员辅助进行”的规定，葛某可以委托会计师、律师等依法或者依据执业行为规范负有保密义务的中介机构执业人员辅助进行。

安徽省蚌埠市中级人民法院依照《中华人民共和国民事诉讼法》第一百七十七条第一款第一项之规定，判决如下：

驳回上诉，维持原判。

【法官后语】

本案争议焦点比较多，笔者重点分析股东能否查阅会计凭证这一司法实践中的重难点问题。

关于股东可查阅会计凭证的主张，存在广义说和狭义说。广义说主张对股东可查阅的会计账簿作扩张解释，将范围扩大至原始凭证等资料。有观点认为，相对于会计账簿而言，会计原始凭证造假难度较大，其对于有效保护股东的合法权益具有实质意义。[①] 狭义说主张会计账簿的概念并不包含会计凭证，股东账簿查阅权的对象只能是会计账簿。

笔者认为，从历次《中华人民共和国公司法》（以下简称《公司法》）修改以及实际判例来看，股东知情权行权边界的勘定，主要是面临股东与公司的信息利益保护之间的衡量问题。从《公司法》（2018 年修正）的条文看，并未将会计凭证纳入股东可查阅的范围。但是，从法律适用的角度来说，当仅查阅会计账簿无法保证股东知情权时，就出现了法律漏洞，应当采用类推适用的方法，允许股东查阅会计凭证。另外，《公司法》（2023 年修订）第五十七条股东知情权的规定中，明确将会计凭证纳入可查阅的范围，可谓一锤定音。因此，笔者支持广义说。一旦明确股东关于会计凭证的行权请求，股东可以查阅会计凭证的正当性问题就值得进一步探讨。笔者主要从以下三点做进一步的考量：

一、从立法目的的角度看，《公司法》设立股东知情权制度旨在保护股东权利。现代公司治理中所有权与经营权常处于分离的状态，股东虽然是公司的所有者，但往往不直接经营管理公司。该案例就是如此，股东基于继承权获得的股权，并不实际参与经营管理。为了保障股东尤其是中小股东了解、掌握公司的必要信息，《公司法》自 1993 年颁布之时便赋予有限公司股东查阅公司相

---

① 孙晓洁：《浅议股东查账权》，载《中国农业会计》2007 年第 2 期。

关材料的权利，只是彼时股东知情权的范围较为狭窄，仅限于股东会会议记录和公司财务会计报告。此后《公司法》历经5次修正修订，股东知情权的客体范围逐渐扩张到公司章程、股东会会议记录、董事会会议决议、监事会会议决议、财务会计报告以及会计账簿。此外，《最高人民法院关于适用〈中华人民共和国公司法〉若干问题的规定（四）》的出台，进一步为股东行使知情权提供了较为完善的制度保障。可见，从《公司法》的立法、司法沿革来看，股东知情权的客体范围呈现逐渐扩大的趋势，法律对股东权利的保护力度也越来越大。现实中，一些中小股东与公司之间存在信息不对称的客观情况，如果股东仅能查阅会计账簿而不能查阅背后的原始会计凭证等基础性材料，则股东未必能准确、全面获知公司经营状况，股东行使知情权的目的将会落空，这显然不符合《公司法》保护股东知情权的立法精神。

二、从逻辑关系的角度看，允许股东查阅会计凭证是允许股东查阅会计账簿的逻辑必然。会计凭证与会计账簿在会计学上虽是不同的概念，但两者之间具有内容上的牵连性，不能完全割裂。《中华人民共和国会计法》第九条第一款规定："各单位必须根据实际发生的经济业务事项进行会计核算，填制会计凭证，登记会计账簿，编制财务会计报告。"第十四条第一款规定："会计凭证包括原始凭证和记账凭证。"第十五条第一款规定："会计账簿登记，必须以经过审核的会计凭证为依据……"可见，会计账簿的登记是以会计凭证为基础，会计凭证的填制，需要以公司实际发生经济业务事项为基础。会计账簿侧重于摘要式地记录每一项经济活动内容，其完整性只有通过原始凭证才能客观反映出来。若不允许股东查阅会计凭证等基础性材料，股东很难真正了解公司的实际情况，股东知情权制度的现实意义将会大打折扣。从证据学角度来说，会计凭证是会计账簿所载内容的原始材料，属于原始证据，是会计账簿得以成立的客观依据，公司应当提供，否则可能导致会计账簿内容真实性在发生争议时无法作出判定。从会计学角度来说，会计账簿是由财会人员根据会计凭证对经济业务进行记录和核算形成的具有一定格式的簿籍，其形成不可避免地会带有财会人员的主观取舍，甚至会出现受人干扰和支配的情形，容易出现会计舞弊，如不允许股东查阅会计凭证等基础性材料，不利于股东真实了解公司的客观财务状况。

三、从公司治理角度看，允许股东查阅原始会计凭证是适应我国现阶段公司治理现状的适应性举措。现代公司制度“两权分离”的目的在于使股东利益最大化，满足股东向公司出资的预期。允许股东查阅公司会计账簿，目的是在信息不对称的情况下保障股东的合法权益。当股东知情权的客体及于会计凭证时，未实际参与经营管理的股东才能拥有足以制衡公司经营管理层的手段，股东利益与公司自主经营权才可以达到良性的实质平衡。

编写人：安徽省蚌埠市蚌山区人民法院 曹根超

20

瑕疵股东知情权的认定

——刘某某诉某电子商务公司股东知情权案

【案件基本信息】

1. 裁判书字号

福建省泉州市中级人民法院（2022）闽05民终3263号民事判决书

2. 案由：股东知情权纠纷

3. 当事人

原告（被上诉人）：刘某某

被告（上诉人）：某电子商务公司

【基本案情】

某电子商务公司成立于2014年4月2日，注册资本为100万元，企业类型为有限责任公司，股东及发起人为刘某某、刘某聪。法定代表人为刘某聪，并担任某电子商务公司执行董事兼经理职位，刘某某担任某电子商务公司监事职位。某电子商务公司刘某聪与刘某某各认缴出资50万元，各占注册资本的50%。

2017年10月25日，某电子商务公司将公司章程第五章第十条股东出资数额、出资方式修改为：1. 股东刘某聪，认缴注册资本95万元人民币，占注册资本95%，以货币方式出资，于公司变更登记前已缴足。2. 股东刘某真，认缴注册资本5万元人民币，占注册资本5%，以货币方式出资，于公司变更登记前已缴足。

2021年1月20日，泉州市市场监督管理局向某电子商务公司出具了一份泉市监二罚字〔2020〕102号行政处罚决定书，载明：某电子商务公司未实际召开股东会讨论此次变更备案登记，刘某聪、刘某真未向刘某某支付股权转让费。某电子商务公司向泉州市工商行政管理局鲤城分局申请变更备案登记时提供的《股东会决议》和《股权转让协议》中，“刘某某”的签名经刘某某本人确认非其本人所签或授权委托他人所签，也不是其真实思表达，且经鉴定其中“刘某某”的签名也与样本不符，当事人的行为已构成《中华人民共和国公司法》第一百九十八条规定的提交虚假材料取得公司登记的行为。并对某电子商务公司进行了处罚。

2021年12月21日，刘某某作为申请人向某电子商务公司申请查阅自公司成立起至今全部的公司章程、股东会决议、执行董事决定、监事决定、财务会计报告、会计账簿和会计凭证。同日，刘某某以EMS特快专递方式向某电子商务公司邮寄《查阅申请书》，EMS物流信息显示，某电子商务公司于2021年12月22日收到该邮件。

2022年1月3日，某电子商务公司向刘某某出具一份《关于对〈查阅公司财务会计账簿申请书〉的回复》，载明：你发送给本公司的落款时间为2021年12月21日的《查阅公司财务会计账簿申请书》已收到。由于你没有实际出资，且未实际参与公司的经营，因此本公司认为你的请求不符合要求。该回复系按刘某某邮寄申请书的地址寄回给刘某某，庭审中，刘某某确认收到该回复。

2022年1月10日，某电子商务公司向刘某某出具了一份《关于催缴出资的通知》，通知刘某某在收到本通知的5日内将应缴的出资50万元汇入以下账户……该通知于2022年1月11日邮寄至刘某某的户籍地，物流信息显示邮件于2022年1月12日签收。

2022年1月21日，某电子商务公司向刘某某出具了一份《临时股东会会议的通知》，通知载明了临时股东会会议的议题及会议召开的时间、地点。该通知于同日邮寄至刘某某的户籍地，物流信息显示邮件于2022年1月22日签收。

2022年2月9日，某电子商务公司于前述通知的会议地点召开了临时股东会，到会人员仅有刘某聪及其委托代理人。同日，某电子商务公司作出了（编号：20220201）《股东会决议》，载明：刘某某不享有利润分配请求权、剩余财产分配请求权。另某电子商务公司还作出了（编号：20220202）《股东会决议》，载明：1. 解除刘某某的股东资格。2. 刘某某认缴的50万元出资由刘某聪缴纳，公司注册资本为100万元，公司股东变更为刘某聪一个股东，刘某聪占公司100%的股权，公司变更为一人有限责任公司。

2022年2月10日，某电子商务公司作出一份《股东决定》，载明：根据2022年2月9日第20220202号某电子商务公司股东会决议，某电子商务公司为一人有限公司，股东刘某聪占100%的股权，股东刘某聪决定如下：一、刘某聪任公司法定代表人、执行董事、任期三年；二、免去刘某某监事职务，决定由林某清任监事，任期三年。

【案件焦点】

1. 刘某某是否具有某电子商务公司的股东资格；2. 刘某某是否享有知情权；3. 刘某某请求的查阅事项是否合理。

【法院裁判要旨】

福建省泉州市鲤城区人民法院经审理认为：股东知情权是法律赋予股东通过查阅公司的财务会计报告、会计账簿等有关公司经营、决策、管理的相关资料以及询问与上述有关的问题，实现了解公司运营状况和监督公司高级管理人员业务活动的权利。股东知情权诉讼不是股东身份确认之诉，对当事人股东资格的审查应以形式审查为一般标准。除非有足以动摇股东身份的证据。本案中，刘某某作为某电子商务公司发起股东向本院提交的《内资企业登记基本情况表》、某电子商务公司工商登记信息、行政处罚决定书经审查从证据形式上能证明刘某某在起诉时为某电子商务公司股东。某电子商务公司在刘某某起诉后，召开临时股东会，并在仅有持股比例50%的股东刘某聪参与的情况下，作出解除刘某某的股东资格并将刘某某认缴出资转由刘某聪缴纳，刘某聪占公司100%的股权，公司变更为一人有限责任公司的股东会决议。对此，一方面，股东资格确认诉讼、股东出资诉讼及公司决议纠纷与本案的股东知情权诉讼不属于同一法律关系，不属于本案的审理范围；另一方面，《中华人民共和国公司法》对瑕疵出资的股东知情权行使并无禁止性规定，股东瑕疵出资的行为并不必然导致其股东资格的丧失，就股东资格是否存在，或股东对公司是否存在出资瑕疵的情形，均可通过其他的纠纷解决方式予以救济，不影响以现有证据对股东知情权的审查；再者，某电子商务公司作出的上述股东会决议，系在刘某某提起本案诉讼之后，刘某某请求查阅的系2015年至起诉之日其担任某电子商务公司股东期间的材料，根据《最高人民法院关于适用〈中华人民共和国公司法〉若干问题的规定（四）》第七条的规定，本案中，根据刘某某提供的《行政处罚决定书》，可以证明某电子商务公司提交虚假材料将刘某某名下的股份变更到他人名下，明显损害了刘某某的合法权益，刘某某据此也有权查阅其持股期间的公司文件材料。故本院对某电子商务公司的上述该抗辩理由不予采纳，对刘某某主张其依法享有股东知情权予以支持。根据《中华人民共和国公司法》第三十三条的规定，股东有权查阅、复制公司章程、股东会会议记录、董事会会议决议、监事会会议决议和财务会计报告。股东可以要求查阅公司会计账簿。股东要求查阅公司会计账簿的，应当向公司提出书面请求，说明目的。公司有合理根据认为股东查阅会计账簿有不正当目的，可能损害公司合法利益的，可以拒绝提供查阅，并应当自股东提出书面请求之日起十五日内书面答复股东并说明理由。公司拒绝提供查阅的，股东可以请求人民法院要求公司提供查阅。本案中，刘某某于2021年12月21日向某电子商务公司提出要求查账的书面申请，某电子商务公司于2022年1月3日作出回复，以刘某某未实际出资，且未实际参与公司的经营为由，认为刘某某的请求不符合要求。刘某某已履行了股东知情权的前置程序，故其向法院起诉符合法律规定，其对《中华人民共和国公司法》第九十七条规定范围的资料有权查阅。法律赋予股东知情权的目的和价值在于保障股东权利的充分行使，但这一权利的行使也应在权利平衡的机制下进行，即对于经营效率、经营秩序等公司权益未形成不利影响。因此，刘某某行使股东知情权在查阅的时间和地点上应接受相应的限制，即查阅应在公司正常的业务时间内且不超过15个工作日，查阅的地点应在公司经营场所。刘某某查阅上述公司文件材料时，可根据《最高人民法院关于适用〈中华人民共和国公司法〉若干问题的规定（四）》第十条第二款的规定，在刘某某在场情况下，由会计师、律师等依法或者依据执业行为规范负有保密义务的中介机构执业人员辅助进行。

福建省泉州市鲤城区人民法院依照《中华人民共和国公司法》第三十三条、第四十三条、第九十七条、第一百六十四条第一款、第一百七十条，《中华人民共和国会计法》第九条、第十三条第一款、第十四条第一款、第十五条第一款、第二十条第二款，《最高人民法院关于适用〈中华人民共和国公司法〉若干问题的规定（四）》第七条、第十条，《中华人民共和国民事诉讼法》第六十七条第一款，《最高人民法院关于适用〈中华人民共和国民事诉讼法〉的解释》第九十条之规定，判决如下：

一、某电子商务公司应于本判决生效之日起十日内置备该公司自2015年1月1日起至2022年1月31日止的公司章程、股东会会议记录、董事会会议决议、监事会会议决议和财务会计报告（包括会计报表、会计报表附注和财务情况说明）在某电子商务公司的经营场所内，于正常营业时间内供刘某某查阅、复制，查阅、复制时间不得超过十五个工作日；

二、某电子商务公司应于本判决生效之日起十日内置备该公司自2015年1月1日起至2022年1月31日止的会计账簿（含总账、明细账、日记账和其他辅助性账目）和会计凭证（含记账凭证、相关原始凭证和作为原始凭证附件入账备查的有关材料）在某电子商务公司的经营场所内，于正常营业时间内供刘某某查阅，查阅时间不得超过十五个工作日；

三、查阅、复制上述材料由刘某某或在刘某某在场的情况下，可由会计师、律师等依法或者依据执业行为规范负有保密义务的中介机构执业人员辅助进行；

四、驳回刘某某的其他诉讼请求。

某电子商务公司不服一审判决，提出上诉。福建省泉州市中级人民法院同意一审法院裁判意见。

福建省泉州市中级人民法院依照《中华人民共和国民事诉讼法》第一百七十七条第一款第一项之规定，判决如下：

驳回上诉，维持原判。

【法官后语】

现代公司契约理论认为，公司是股东之间所缔结的契约。但由于现代公司所有权与经营权相分离，公司的日常经营、管理、决策等经营事务由管理层掌权。相比之下，大多数股东无法参与公司日常经营决策且信息获取渠道少，因而常常处于信息严重不对称的弱势地位。然而信息是股东评估投资风险，及时监督公司经营管理行为的重要依据。信息不对称直接影响股东作出合理决策以及有效行使股东权利，提高对公司业务经营的监督成本。法律赋予股东知情权，股东通过对公司决议事项及相关经营状况进行全面客观的了解，能够有效防止因利益冲突和目标不一致导致的管理层侵害公司或股东利益的情况。然而若对公司股东知情权盲目扩张又极易导致股东权利滥用，实践中存在股东恶意利用知情权侵害公司商业秘密造成公司利益严重受损的情形，严重地影响了公司的高效有序经营。因此如何对两者进行平衡，一直是实践中较难把握的问题。

在本案审理过程中，对于应否支持原告的诉讼请求产生了如下分歧：第一种意见，股东只有履行了出资义务才能具有股东资格，并享有股东权利，若查明原告瑕疵出资，应驳回原告的起诉。第二种意见，在被告的公司章程、股东名册、工商局登记材料中均载明原告为股东，公司章程及股东名册、工商局登记材料具有公示力，据此可以认定原告为公司股东。只要具有股东资格，不论其是否实际出资，就应享有知情权，故应判决支持原告的诉讼请求。

对上述分歧，理论界的多数学者持肯定的态度。认为股东知情权与其出资是否存在瑕疵属于两个不同的法律关系，并且由不同的法规进行规制。

笔者认为，解决以上分歧，需要明确两种关系：一是股东瑕疵出资与股东资格确认；二是股东瑕疵出资与股东权利。在 2005 年《中华人民共和国公司法》修订之前，对于瑕疵出资的“股东”是否具有股东资格，存在争议，但随着 2005 年修订的《中华人民共和国公司法》第二十六条第一款、第八十一条第一款确立了授权资本制度，争议得到解决，出资只是股东的主要义务而不是确认股东资格的必要条件，违反出资义务并不直接导致否认其股东资格，尚未出资的人同样是公司股东，具有股东资格。而且瑕疵出资的股东应当补缴出资，向其他股东承担违约责任，认定瑕疵出资股东具备股东资格正是其履行出资义务的前提。因此，股东瑕疵出资并不能否定其股东资格，而且这种做法在审判实践中被认可。2013 年修订的《中华人民共和国公司法》更是进一步放宽了公司注册资本登记条件，取消对公司设立时全体股东的首次出资额和缴足剩余出资期限等的限制。2018 年修订的《中华人民共和国公司法》沿用了该规定，但由于对认缴出资年限未作限制，导致部分有限责任公司股东可以通过无限延长出资期限的方式来逃避出资责任，同时还造成一些有限责任公司注册资本明显失真的状况。追究股东出资责任纠纷、股权转让过程中出资责任承担纠纷也时有发生。因此 2023 年新修订的《中华人民共和国公司法》第四十七条第一款取消了完全的、无限制的认缴制，五年缴足认缴出资额的限制，将更好地规范有限责任公司股东的出资责任，以及对于注册资本的理性选择。

在确认原告具有股东资格的前提下，原告就一定能够行使股东知情权吗？这就需要明确第二种关系，即股东瑕疵出资与股东权利的关系。根据权利与义务相一致原则，股东未履行出资义务，其股东权利必然受到限制，但问题是限制范围有多大？根据《最高人民法院关于适用〈中华人民共和国公司法〉若干问题的规定（三）》第十六条的规定，股东未履行或者未全面履行出资义务或者抽逃出资，公司根据公司章程或者股东会决议对其利润分配请求权、新股优先认购权、剩余财产分配请求权等股东权利作出相应的合理限制。而依照法理，根据权利行使目的之不同，股东权利可分为自益权和共益权。自益权是指股东为自己从公司获取财产利益而享有的一系列权利。共益权是指股东为公司利益而参与公司决策、经营、管理、监督和控制而享有的一系列权利。自益权以获取经济收益为主要内容，特别是其中的利润分配请求权、剩余财产分配请求权、新股认购权等，因而这些权利与股东的实际出资直接关联，故上述司法解释第十六条也只是对这几项股东权利进行限制。而共益权则没有直接的财产内容，它是以参与公司管理为内容，与股东是否具有股东身份联系密切，而与股东是否实际出资联系较少，有学者认为，共益权一般都属于股东固有权，不应被限制和剥夺。从权利性质来看，股东知情权是一种共益权，只要具有股东身份就可以行使此项权利，应不受股东是否实际出资的限制。

因此，股东知情权作为股东的一项重要权利，是行使其他股东权利的基础和前提，股东知情权的行使不仅直接关系到股东自身利益的实现，而且与公司经营活动密切相关。根据2023年新修订的《中华人民共和国公司法》第五十条、第五十一条、第五十二条的规定，股东瑕疵出资的，可依法补足，给公司或者第三人造成损害的应承担相应的违约责任，故而公司不能仅以股东瑕疵出资为由否定其行使股东知情权。

此外，对于原告在起诉时丧失股东资格的情形，《最高人民法院关于适用〈中华人民共和国公司法〉若干问题的规定（四）》第七条第二款规定："公司有证据证明前款规定的原告在起诉时不具有公司股东资格的，人民法院应当驳回起诉，但原告有初步证据证明在持股期间其合法权益受到损害，请求依法查阅或者复制其持股期间的公司特定文件材料的除外。"这意味着丧失股东身份即丧失参与经营管理权，原股东不再享有股东知情权。但实践中经常出现公司做假账或恶意隐瞒公司经营和财务状况，导致股东以非正常低价转让股权或者以其他方式导致股东丧失股东身份的情形。如果法院对于此类情形一律予以否定，将严重助长公司财务造假排挤股东、侵害股东利润分配权利等不公正行为。另，为了防止权利的滥用，股权转让后的原股东向公司提起股东知情权之诉应受到诉讼时效的限制，诉讼时效自股权转让后原股东对自身利益遭受侵害产生合理怀疑时起算，诉讼时效的期间为三年。原股东还应承担举证责任证明自己在担任股东期间股东权益遭受侵害，转让股权前已尽到合理的注意义务。必要时还可以要求原告股东提供财产担保，对知情权诉讼加以制约，以避免诉权的滥用。

本案中，某电子商务公司的实际控制人存在提交虚假材料将刘某某名下的股份变更到他人名下的行为，明显损害了刘某某的合法权益，据此，应准许刘某某查阅其持股期间的相关公司文件材料。

编写人：福建省泉州市鲤城区人民法院　陈莉

21

因继承而获得的股东权利应受遗嘱内容限制

——王某3诉某建材公司股东知情权案

【案件基本信息】

1. 裁判书字号

重庆市第五中级人民法院（2022）渝05民终5937号民事判决书

2. 案由：股东知情权纠纷

3. 当事人

原告（上诉人）：王某3

被告（被上诉人）：某建材公司

【基本案情】

王某3系罗某与王某某之子，系非婚生子女。2020年11月6日，王某某立下遗嘱，主要内容为：一、继承人：妻子刘某及儿子王某1、继女涂某某、女儿王某2、儿子王某3，其他人无继承权。二、分配方式：（一）所有财产刘某及王某1、涂某某继承50%，王某2继承25%，王某3继承25%。（二）王某1、涂某某大学毕业或年满25周岁之前，其所继承财产由刘某代管，其股权经量化后权益必须登记在该继承人名下，不能进行处分和出售。（三）王某3大学毕业或年满25周岁之前，其所继承财产由王某2代管（股权经量化后权益必须登记在王某3名下），当该权益发生异动时，由陈某与王某3共同参与处置。2021年1月20日，基于前述《遗嘱》及其他继承人的合意，某建材公司（1998年10月9日成立）的股东变更为王某3、王某2，各自出资比例为50%。

本案受理时，王某3系在校学生，尚未满18周岁。王某3的法定代理人罗某以王某3名义起诉，要求某建材公司向王某3提供：自2013年1月1日起至判决生效之日止的公司章程、股东会会议记录、董事会会议决议、监事会会议决议和财务会计报告、公司会计账簿和会计凭证。

【案件焦点】

1. 案涉《遗嘱》是否排除了王某3对某建材公司的股东知情权；2. 王某3的股东权利应否受遗嘱内容限制。

【法院裁判要旨】

重庆市永川区人民法院经审理认为：《遗嘱》中“王某3大学毕业或年满25周岁之前，其所继承财产由王某2代管”是王某某对涉及王某3继承财产的特别限制，是对王某2代管王某3所继承财产的概括性授权。本案涉及的股东知情权不应单独排除，王某3应通过王某2代为行使股东知情权，王某3提起本案诉讼直接向某建材公司主张权利，有违王某某生前所立《遗嘱》的特别限制和真实目的。

重庆市永川区人民法院依照《中华人民共和国公司法》第三十三条和《中华人民共和国民事诉讼法》第六十七条、第一百四十五条之规定，判决如下：

驳回王某3的诉讼请求。

王某3不服一审判决，提起上诉。重庆市第五中级人民法院经审理认为：股东知情权作为股东固有的基础性权利，是股东了解公司运营状况、参与公司决策的重要手段，也是股东行使其他权利的基础。公司不得以公司章程、股东间协议等方式，剥夺股东的法定知情权。遗嘱指定王某 2 代管王某 3 的财产，实际系对王某 3 所继承遗产的代为管理，即使包括权益发生异动时的处置，也推导不出财产代管有排除股东知情权的内容。王某 2 代管财产和王某 3 行使股东知情权，二者并非非此即彼的排斥关系。王某 3 依法合理地行使股东知情权并不会影响王某 2 对财产的代管，甚至会在一定程度上督促王某 2 在管理王某 3 财产时更加尽职尽责。

基于王某 3 未成年人的身份，审查王某 3 能否行使股东知情权的问题实际上系审查罗某能否代王某 3 行使股东知情权的问题。王某某《遗嘱》中明确载明除刘某、王某 1、涂某某、王某 2、王某 3 外的“其他人无继承权”，且对于同为未成年人的王某 1、涂某某指定的财产代管人为其监护人刘某，而对王某 3 指定的财产代管人却并非其法定监护人罗某，而系其同父异母的姐姐王某 2。显然该《遗嘱》是为了排除罗某对王某 3 所继承财产进行干预，亦排除了罗某对某建材公司的经营管理。王某 3 明确表示拒绝委托王某 2 行使股东知情权，坚持由其本人以及法定代理人共同行使该权利，该要求与王某某《遗嘱》的特别限制与真实目的相悖，不应得到支持。

重庆市第五中级人民法院依照《中华人民共和国民事诉讼法》第一百七十七条第一款第一项之规定，判决如下：

驳回上诉，维持原判。

【法官后语】

基于人们对于遗产处理和财产代管等方面的现实需求，《中华人民共和国民法典》新增了遗产管理人制度，明确了遗产管理人的产生方式、职责和权利义务等内容。实践中，为妥善处理类似案件，需要综合法律的基本原则、现行法律规定及当事人意思自治内容进行综合评判。

股东知情权是法定权利，非经严格程序不应予以限制或排除。《中华人民共和国公司法》第五十七条第一款、第二款规定：“股东有权查阅、复制公司章程、股东名册、股东会会议记录、董事会会议决议、监事会会议决议和财务会计报告。股东可以要求查阅公司会计账簿、会计凭证……”《最高人民法院关于适用〈中华人民共和国公司法〉若干问题的规定（四）》第九条规定，公司章程、股东之间的协议等实质性剥夺股东依据《中华人民共和国公司法》第五十七条、第一百一十一条规定查阅或者复制公司文件材料的权利，公司以此为由拒绝股东查阅或者复制的，人民法院不予支持。股东知情权作为股东固有的基础性权利，是股东了解公司运营状况、参与公司决策的重要手段，也是股东行使其他权利的基础。由此可见，股东知情权作为法定权利不能随意以协议等形式进行排除。遗嘱虽然指定王某2代管王某3的财产，但“财产代管”不论从文义解释、目的解释角度分析，还是参照《中华人民共和国民法典》第四十三条关于财产代管的规定，都无法得出“财产代管”排除了王某3股东知情权的结论。“财产代管”并非概括性排斥权利人的一切权利，而应当以遗嘱目的实现为基本原则，更好地保障继承人的财产权利。依法合理地行使股东知情权不仅不会影响财产代管，甚至可以在一定程度上更好地督促代管人更加尽职尽责管理财产。

通常来讲，一方面，股东可以自己名义行使股东知情权，并无法律意义上的障碍。但是，从另一方面讲，基于继承而获得的权利不应违背立遗嘱人的真实意愿。由于王某3系在校学生，也是未成年人，其实施民事法律行为应由其法定代理人代理或者经其法定代理人同意、追认。本案中，基于王某3的未成年人及学生身份，其根本无法自行参与公司的经营管理。王某某在遗嘱中明确指定“王某3大学毕业或年满25周岁之前，其所继承财产由王某2代管”，明确排除了王某2之外的其他人包括王某3的法定代理人罗某对王某3财产的管理。王某3的股权基于王某某的遗嘱而获得，其作为继承人也应受到遗嘱的特别限制，其坚持通过被明显排除在外的罗某实现其股东知情权明显有悖王某某所立遗嘱的特别限制和真实目的，不应得到支持，这也有利于公司的持续正常运营。此外，基于股东知情权的重要意义，王某3在成年后可以自己名义行使股东知情权。

编写人：重庆市第五中级人民法院　邓筱茜　王璐野

五、股权转让纠纷

22

“对赌”回购之债承担方式的认定

——郁某某、刘某诉徐某某等股权转让案

【案件基本信息】

1. 裁判书字号

广东省深圳市中级人民法院（2022）粤 03 民终 523 号民事判决书

2. 案由：股权转让纠纷

3. 当事人

原告（被上诉人）：郁某某、刘某

被告（上诉人）：徐某某

被告：某文化公司、甲科技公司、乙科技公司

【基本案情】

2019 年 7 月，郁某某、刘某作为投资方，徐某某、某文化公司、甲科技公司作为标的公司股东，被告乙科技公司作为标的公司，签订《增资合同书》，约定郁某某、刘某以总额 500 万元投资标的公司，取得标的公司 12.5%的股权。增资完成后，标的公司的股权结构为徐某某持股比例 21%、某文化公司持股比例 0.875%、甲科技公司持股比例 60.155%、案外人丙科技有限公司持股比例

5.47%、郁某某持股比例7.5%、刘某持股比例5%。

各方同时签订《增资合同书之补充协议》，约定，原股东/实际控制人共同向投资方承诺，2019会计年度公司完成净利润800万元。在下列情况下，公司股东在投资方书面要求下，应确保投资方的股权得以全部被回购或被收购，且公司股东中的各人对此回购义务承担连带责任：投资完成后，公司于2019会计年度净利润低于协议第一条约定承诺净利润的50%。合同落款处乙方（原股东）有徐某某、某文化公司、甲科技公司签字或盖章，案外人丙科技公司未签章。

2019年7月22日至8月13日，郁某某向乙科技公司转账300万元，用途投资款；刘某向乙科技公司转账200万元，用途投资款。乙科技公司的工商登记信息显示，郁某某持股比例7.5%、刘某持股比例5%。

另查明，2020年6月乙科技公司作出《资产负债表》及《利润表》，其中《利润表》载明本期净利润-3175520.96元。

2020年12月，郁某某、刘某向徐某某、某文化公司、甲科技公司邮寄《股权回购通知》。之后郁某某、刘某代理人朱某组建“德某方股份案”微信群，徐某某等人沟通涉案股权回购事宜。2021年2月5日，微信名“James×××”发送：“关于上次你的意见，我和股东们沟通过，大家有两个反馈，第一，去年因为碰到特殊情况，对整个公司业务的运营产生了极其大的影响，公司没倒闭是股东们很努力地借钱出来撑着……第二，同时我们也会各自去寻找新的买家……”

又查明，被告乙科技公司章程第十三条第二款规定，全体股东确认，为了公司更快更好地发展，公司需要进行若干轮股权融资，各股东都同意按比例稀释股权；若回购股权，则按比例回购。

郁某某、刘某提出诉讼请求：1. 判令被告徐某某对郁某某、刘某持有公司股权进行回购；2. 判令某文化公司、甲科技公司、徐某某承担连带责任。

【案件焦点】

“对赌”回购之债在原股东之间为连带债务还是按份债务。

【法院裁判要旨】

广东省深圳市福田区人民法院经审理认为：涉案《增资合同书》及补充协议，实质上是投资人与融资方关于目标公司股权附条件回购、金钱补偿等对目标公司的估值进行调整的"对赌协议"，未违反法律、行政法规效力性强制性规定，合法有效，各方均应依约履行。综合双方提交的证据及查明事实，该院认为协议约定的回购条件已成就。

关于徐某某的责任，增资协议及补充协议均约定作为股东的徐某某、某文化公司、甲科技公司对回购义务承担连带责任，两人以上依法承担连带责任的，权利人有权请求部分或全部连带责任人承担责任。郁某某、刘某有权要求徐某某承担回购义务，受让郁某某、刘某持有的目标公司股权，并支付股权转让款。郁某某、刘某要求徐某某按购股本金与年利率10%之和支付股权转让价款及收益，符合合同约定，予以支持。前述款项付清后，郁某某、刘某与徐某某应办理相应的工商变更登记。某文化公司、甲科技公司作为目标公司股东与原告签订的增资协议及补充协议，应依约对股权回购义务承担连带责任。至于徐某某提出的依公司章程规定按比例回购股权的抗辩，因公司章程是对公司内部关系进行规范的规则，对投资人向目标公司增资的行为不具有约束力，故不予采信。

广东省深圳市福田区人民法院依照《中华人民共和国合同法》第五十条、第六十条、第一百零七条，《中华人民共和国担保法》第十八条、第二十一条，《最高人民法院关于适用〈中华人民共和国民法典〉时间效力的若干规定》第一条第二款，《中华人民共和国民事诉讼法》第六十七条之规定，判决如下：

一、被告徐某某应于本判决生效后十日内向原告郁某某支付股权转让款300万元及收益，前述款项付清后，郁某某与徐某某应办理相应的工商变更登记；

二、被告徐某某应于本判决生效后十日内向原告刘某支付股权转让款200万元及收益，前述款项付清后，原告刘某与被告徐某某应办理相应的工商变更登记；

三、被告某文化公司、甲科技公司对被告徐某某的上述第一项、第二项债务承担连带清偿责任。

徐某某不服一审判决，提起上诉。广东省深圳市中级人民法院经审理认为：关于徐某某提出的其应按比例回购股权的主张，案涉协议已经对原股东承担连带回购义务的方式进行了明确的约定。故对于股权回购款的给付均应承担连带给付责任。公司章程实质上是股东之间缔结的契约，只能约束各股东之间内部关系，原股东与外部投资人刘某、郁某某之间的关系应受其签订的合同内容调整，一审对此认定无误，予以确认。

广东省深圳市中级人民法院依照《中华人民共和国民事诉讼法》第一百七十七条第一款第一项之规定，判决如下：

驳回上诉，维持原判。

【法官后语】

公司融资中，存在投资方与目标公司或其股东通过“对赌”进行投资的方式，由此引发“对赌协议”纠纷。《全国法院民商事审判工作会议纪要》一方面在合同法意思自治原则下明确了与公司及股东“对赌协议”有效，另一方面在公司法资本维持原则下对“对赌协议”的履行进行规制。此后“对赌协议”效力之争尘埃落定，“对赌协议”如何履行成为该类纠纷中的焦点和难点。本案中，“对赌协议”约定目标公司股东对投资方承担连带责任，而公司章程规定对于公司融资各股东按出资比例回购，各股东之间对投资方按什么方式承担回购义务是案件审理焦点。司法实践中应按照投资方与原股东之间是否存在约定的不同情形区分处理：

一、投资方与原股东之间就回购方式在“对赌协议”中有约定时，按照约定方式履行，原股东仅以公司章程作出不同规定为由抗辩的，不予支持。

首先，从公司章程对投资方的约束力来看，公司章程为股东之间关于治理公司制定的规范，对股东具有约束力，对债权人不具有约束力，投资方具有目标公司的股东及债权人的双重身份，受章程约束的期限取决于其身份。简言之，在投资方成为公司股东之前，不受公司章程的约束；在加入公司后，理应受公司章程的约束，但其加入协议对公司章程作出排除、限制或变更的除外。

其次，从公司章程和“对赌协议”在投资人与原股东之间“效力层级”来看，“对赌协议”为投资方与原股东意思自治的结果，与章程相较而言，协议属于对双方之间“对赌”权利义务关系的专门约定，属于特殊约定与一般约定的关系，应当优先适用。

本案中，原告在加入公司时约定原股东对回购义务承担连带责任，虽然公司章程规定按出资比例回购，但该条款在原股东之间具有约束力，原股东不得以此为由对投资方作出抗辩。

二、投资方与原股东之间就回购方式没有约定的，原股东之间应按出资比例承担按份回购责任

（一）认定股东之间承担按份回购责任法律依据

首先，《中华人民共和国民法典》第五百一十七条及第五百一十八条规定，债务可以分为按份债务和连带债务，连带债务只有在法律明确规定或当事人明确约定时可以设定，在当事人没有明确约定的情况下，不能当然推定承担连带责任。

其次，回购之债具有受让股权和支付股权转让款的双重义务，不同于担保之债。对于审判中常常出现的原股东共同签署“对赌协议”的情形，有观点认为中小股东的回购义务相当于连带担保，共同签名行为推定股东同意承担协议约定的意思表示。虽然原股东回购股权具有为投资方向公司投资提供担保的功能，但回购之债的性质有别于担保之债，且《中华人民共和国民法典》实施后，对于保证方式没有约定或约定不明，按一般保证承担保证责任。

《中华人民共和国民法典》关于连带之债与按份之债的规定及对于未明确担保方式的推定，均体现以“明确约定”作为债权人权利保护与多数债务人债务承担之间的平衡点，故在投资方与原股东之间没有约定时，认定原股东承担按份责任，是体系解释的应有之义。

（二）认定股东承担按份回购债务的法理基础

首先，从股权的权利性质来看，股权具有财产权和身份权复合属性，在未作出特殊约定的情况下，股东按持股比例行使表决权，并由此形成公司决策，

公司治理遵循“资本多数决”原则。股东持股比例决定了表决权的大小进而影响股东对公司的控制程度。根据原股东持股比例按份回购能够实现在投资方退出时，原股东持股比例恢复到投资方进入公司之前的状态，避免因回购股权而引发的公司治理结构变化。

其次，基于权利义务的镜鉴观察，虽然公司法未明确规定股东之间如何履行股权回购义务，但对于股东之间优先购买权如何行使，《中华人民共和国公司法》第八十四条第二款明确规定两个以上股东行使优先购买权的，协商不成按出资比例行使，以协调股东之间的权利冲突。根据权利义务相一致原则，“对赌”纠纷中，在原股东对于回购义务承担比例协商不成的情况下，原股东按出资比例承担回购义务符合“同股同权、同股同责”的公司法基本原则。

综上，回购“对赌”股权时，投资方与原股东之间对于承担回购责任方式、责任份额有约定的，应按照约定方式履行，协议与公司章程约定不一致时，应依照协议约定；没有约定的，原股东之间应按出资比例承担按份回购责任。

编写人：广东省深圳市福田区人民法院　柏慧　罗娜

23

代持无效后的股权收益分配应遵循公平原则

——余某诉程某股权转让案

【案件基本信息】

1. 裁判书字号

北京市第一中级人民法院（2021）京 01 民终 10630 号民事判决书

2. 案由：股权转让纠纷

3. 当事人

原告（反诉被告、上诉人）：余某

被告（反诉原告、被上诉人）：程某

【基本案情】

2009年7月31日，证监会受理某科技公司的首次公开发行股票申请。2009年8月25日，余某与程某签订《股权转让协议》，约定余某以450万元购买程某持有的某科技公司100万股股份，购买后的股票挂于程某名下，在相关法律、法规允许的情况下变现，余某按照股东出资比例进行利润分配，如转让则所有收入归余某所有。余某已向程某支付上述450万元转让款。后某科技公司在深圳证券交易所创业板上市。程某为该公司董事、总经理和核心技术人员，全面负责公司的日常经营管理工作。余某签订协议时在某科技公司的子公司担任总经理，后担任某科技公司常务副总经理。经多次资本公积金转增配股，上述100万股已增至500万股，累计取得分红收益132万元。上述收益程某未支付给余某。

2016年，余某起诉程某，主张确认程某持有的某科技公司股票中500万股归余某所有，某科技公司协助办理登记。北京市海淀区人民法院判决确认程某持有的某科技公司500万股股票归余某所有，某科技公司协助办理上述股票的变更登记手续。程某不服，提起上诉，北京市第一中级人民法院驳回上诉，维持原判。

2018年7月10日，经强制执行程序，程某名下的500万股某科技公司股票过户至余某名下。余某支付了过户登记的手续费10000元及印花税54850元。2018年7月11日至2019年8月29日，余某陆续将上述500万股股票全部售出，出售价款共计54722557.64元。

程某申请再审，北京市第一中级人民法院经过再审，判决撤销上述一、二审判决，程某与余某于2009年8月25日签订的《股权转让协议》无效。

本案中，余某主张上述500万股股票出售款归其所有；程某主张余某返还股票出售款及利息损失。

【案件焦点】

《股权转让协议》被确认无效，股票已售出不能返还，交易标的所涉财产利益（包括余某购买股份支付的股份转让款、股票权属、股票出售前的增值收益、分红收益）如何处理。

【法院裁判要旨】

北京市海淀区人民法院经审理认为：《股权转让协议》从形式上看包括股份转让和股份代持两层关系，但不影响对合同整体无效的认定。《股权转让协议》被确认无效后，程某应将余某支付的450万元股份转让款返还给余某，某科技公司股票应归程某所有。但该股票已售出不能返还，应当折价补偿，数额应当以股票出售价款扣减变现成本计算。案涉协议虽系无效协议，但在被生效判决确认无效前已得以履行。诉争某科技公司股份的收益，包括分红以及因上市而发生的大幅增值，应当适用公平原则酌情处理。关于具体的分配比例，法院考虑到上市公司隐名代持下双方的过错程度、双方对投资收益的贡献程度以及投资风险的交易安排，酌情确定余某应当分得收益中较多部分，程某可以分得收益的小部分。

北京市海淀区人民法院依照原《中华人民共和国民法总则》第一百四十三条、第一百五十三条，原《中华人民共和国合同法》第五十二条、第五十八条，《最高人民法院关于适用〈中华人民共和国民法典〉时间效力的若干规定》第一条，《最高人民法院关于人民法院执行工作若干问题的规定（试行）》第六十五条、第六十六条之规定，判决如下：

一、确认原告余某持有的某科技公司500万股股票出售款中的38534395.35元归原告余某所有；

二、反诉被告余某于本判决生效之日起十日内返还反诉原告程某16123312.29元及利息（利息以16123312.29元为基数，按照全国银行间同业拆借中心公布的一年期贷款市场报价利率，自2019年12月27日计算至实际付清之日）；

三、驳回原告余某的其他诉讼请求；

四、驳回反诉原告程某的其他反诉请求。

余某不服一审判决，提起上诉。北京市第一中级人民法院经审理认为：《股权转让协议》已经生效判决认定整体无效，但标的股权已经再次转让变现，无法直接返还。针对标的股权的增值部分，一审判决综合案涉协议无效的原因，双方当事人对于协议无效的过错程度、双方对投资收益的贡献和投资风险的交易安排等多方面因素，对余某应分得的股票分红收益进行了酌定，该认定结论无不当之处。

北京市第一中级人民法院依照《中华人民共和国民事诉讼法》第一百七十七条第一款第一项之规定，判决如下：

驳回上诉，维持原判。

【法官后语】

《股权转让协议》被确认无效，根据《中华人民共和国民法典》的相关规定，无效合同财产利益的处理旨在恢复原状和平衡利益，即优先恢复到合同订立前的财产状态，不能恢复原状的需要折价补偿。关于股票出售前的增值收益、分红收益，并非合同订立前的原有利益，而是合同履行之后新增的利益，不属于恢复原状之适用情形。目前法律、司法解释对股权收益的处理未作明确规定。

本案中，人民法院以公平原则为基础，综合考虑双方的过错程度、对投资收益的贡献程度、对投资风险的交易安排等因素，采用“比例分担”规则，合理确定分配比例。

一、“比例分担”规则的确定

股权代持合同无效，当委托人和代持人对于代持合同的违法性均属明知时，将代持股份的收益全额判给任何一方都会导致不公平。为了避免双方的利益失衡，司法实践中发展出了“比例分担”规则，对于股权的增值或贬值在当事人之间合理确定分配或分担比例。最高人民法院在《全国法院民商事审判工作会议纪要》中亦对财产增值或贬值的情况下如何确保返还、折价补偿的公平性的相关观点作出了阐述，即返还时要充分考虑财产增值或者贬值的因素，综合考虑市场因素、受让人的经营或者添附等行为与财产增值或者贬值之间的关联性，在当事人之间合理分配或者分担，避免一方因合同无效而获益。折价时，应当以当事人交易时约定的价款为基础，同时考虑当事人在标的物灭失或者转售时的获益情况综合确定补偿标准。对获益高于或者低于价款的部分，也应当在当事人之间合理分配或者分担。因此，本案确定适用“比例分担”规则，综合考量确定股权收益的分配。

二、分配或分担比例的考虑因素

首先，考虑双方过错程度。在上市公司隐名代持的情况下，对公共秩序及公共利益造成损害的最直接行为是上市主体的不实信息披露及代持人的刻意隐瞒行为。本案中，代持人作为公司最主要信息披露主体，不向监管层披露公司股权真实结构，系导致案涉协议无效的主要过错方。委托人没有及时结束违规代持关系，对协议无效也需承担部分责任。

其次，考虑双方对投资收益的贡献程度。一方面，按照“谁投资、谁收益”原则，将收益主要分配给承担了投资成本的一方。本案委托人支付了投资诉争股份的资金，实际承担了长期以来股份投资的机会成本与资金成本。另一方面，本案代持人负责公司的日常经营管理等，为投资增值亦做出了贡献。

最后，考虑对投资风险的交易安排。按照“收益与风险相一致”原则，将收益主要分配给承担了投资风险的一方。虽然案涉协议无效，但协议中关于利润分配和出让收入分配的内容仍体现了双方的真实意思。根据约定，代持人须根据委托人的指示处分股份，并向其及时交付全部收益，可见作出投资决策和承担投资后果的系委托人。

综上，人民法院酌情确定委托人应分得的股票分红收益为92.4万元（总分红132万元×0.7），应分得的股票增值收益为35110395.35元［（售出款54722557.64元-交易价款450万元-变现成本64850元）×0.7］。同理，如果股权出现贬值的，也应按照相同的规则在双方之间合理确定分担比例。

编写人：北京市海淀区人民法院　金子文　库颜鸣

24

未届出资期限股权转让后的出资责任归属及权利主张路径

——陈某某诉张某某股权转让案

【案件基本信息】

1. 裁判书字号

福建省厦门市中级人民法院（2022）闽 02 民终 7371 号民事判决书

2. 案由：股权转让纠纷

3. 当事人

原告（上诉人）：陈某某

被告（被上诉人）：张某某

【基本案情】

2018 年 8 月 4 日，张某某与陈某某签订涉案协议一，约定：陈某某以每股 8800 元的价格购买张某某持有的某教育咨询公司 18%的股份，共计 158400 元；另因某教育咨询公司处于起步阶段，陈某某需另行投入包括办公室费用、校区升级运作费用、校区收购费用、房租等各项费用在内的启动资金共计 41598 元。综上，截至 2018 年 8 月 4 日，陈某某共应支付给张某某 199998 元等。

2018 年 8 月 15 日，陈某某与张某某为办理工商登记签订一份落款时间缺失的《补充协议》和落款时间为 2018 年 8 月 10 日的涉案协议二（亦为《补充协议》文字打印部分），《补充协议》与涉案协议二的文字打印版本内容完全一致，均约定：张某某同意将某教育咨询公司 18%的股权（认缴注册资本 90000 元，实缴注册资本 0 元）以 158400 元的价格转让给陈某某，所转让的某教育咨询公司 18%的股权中尚未到资的注册资本 90000 元由陈某某按章程规定如期到资，陈某某同意按此价格和条件购买该股权。但在《补充协议》最后，留有陈某某手写的“补充协议，陈某某持有某教育咨询公司18%的股权，其中尚未到资的90000元由张某某承担”。

此后，某教育咨询公司向工商登记部门申请股东变更登记，并提供由张某某签字的《股东会决议》及涉案协议二。某教育咨询公司完成股东变更登记，张某某、陈某某分别持有某教育咨询公司38%、18%的股权。

2022年5月14日，某教育咨询公司做出决议，全体股东同意于2022年5月14日解散某教育咨询公司。截止到本案起诉时，某教育咨询公司尚未开展公司解散清算活动，张某某、陈某某等股东均未向公司实缴任何资本。

另查明，2022年3月17日，陈某某与张某某微信沟通股权转让及出资款承担事宜，张某某表示“你记不记得和我签了两份合同”“然后第二份是我们所有股东一起在办公室签的，财务也在场”“那份是写未到资本90000元由甲方（张某某）承担，这个是变更的统一模板”“我们之间的交易是以第一份为主，后面是为了方便变更”。此后陈某某打电话给张某某，张某某表示“然后就全部都重签了，然后又补了那个‘实缴由甲方（张某某）来承担’这一句话，这是第二次签的”，陈某某追问“第二份我们就有补充一条协议，就是‘未实缴的部分，由甲方你承担’，是因为在第一份的时候，我已经把实缴的费用给你了啊”，张某某回复“嗯对，你第一份确实是已经给我了，所以第二份的实缴就是变更的一个形式而已，真正买卖的价格就是第一份的价格”。

【案件焦点】

股权转让合同中出资责任的权利主张主体如何认定。

【法院裁判要旨】

福建省厦门市思明区人民法院经审理认为：本案的争议焦点一，陈某某与张某某是否已就《补充协议》中的补充条款达成合意。根据张某某与陈某某的微信聊天记录、电话记录及庭审询问，可以看出张某某明确知道《补充协议》真实存在，确认系在所有股东在场的情况下对陈某某所持股份的实缴出资做出的承诺。张某某抗辩其知道该补充条款但不予同意，但《补充协议》和涉案协议二关于实缴出资主体约定冲突系两份协议的最大争议，而张某某并未提供相应的证据证明其在知晓《补充协议》后提出任何异议或予以回收，应承担举证不能的后果。因此，《补充协议》中的手写补充条款系陈某某与张某某的真实意思表示，双方已就陈某某持有的某教育咨询公司18%的股权尚未到资的注册资本90000元由张某某负担达成合意，张某某应当依据《补充协议》的补充条款约定承担相应的出资义务。

本案的争议焦点二，陈某某是否有权要求张某某支付其持有的某教育咨询公司18%的股权尚未到资的注册资本90000元。股东应当按期足额缴纳公司章程中规定的各自所认缴的出资额，股东对于公司具有全面缴纳出资的义务。公司股权转让时，股权出让方和受让方有权对未届出资期限的股份出资义务进行约定，但是实缴出资缴付的对象为公司，而非股权交易方。本案中，某教育咨询公司自成立至今，工商登记的股东出资均为认缴，股权交易方对此公示信息应当明知。陈某某与张某某签订的涉案协议已明确约定158400元为股权转让款，并未包含未实缴的注册资本90000元，而是双方通过《补充协议》约定该注册资本由张某某另行负担，因此陈某某关于涉案协议一中的股权转让款158400元包含注册资本90000元的主张缺乏事实及法律依据，本院不予支持。因此，张某某应当依据《补充协议》约定向某教育咨询公司缴纳陈某某持有的某教育咨询公司18%的股权尚未到资的注册资本90000元，出资缴付对象应当是某教育咨询公司。现某教育咨询公司已经各股东同意协议解散，但是并未进入清算程序，陈某某亦未代替张某某向某教育咨询公司缴纳案涉18%股权的出资，陈某某主张依据委托关系要求张某某向其支付注册资本90000元的主张，缺乏事实及法律依据，本院不予支持。

福建省厦门市思明区人民法院依照《中华人民共和国民法典》第五百零九条第一款、《中华人民共和国公司法》第二十八条第一款、《中华人民共和国民事诉讼法》第六十七条第一款之规定，判决如下：

驳回原告陈某某的全部诉讼请求。

陈某某不服一审判决，提起上诉。

福建省厦门市中级人民法院依照《中华人民共和国民事诉讼法》第一百七十七条第一款第一项之规定，判决如下：

驳回上诉，维持原判。

【法官后语】

认缴制实行以来，股权转让交易双方往往对未届出资期限的出资责任做出约定，但是实践中往往因股权转让款与股东出资款的混淆，而导致公司出资责任归属及权利主张途径出现分歧。

一、股权转让款与股东出资款的联系与区别

股权转让款是指公司股东通过出让股权而获得的对价款，股东出资款是公司股东认缴公司股份而支付给公司的款项。股权转让款与股东出资款的联系体现在股东出资款是股权转让款价值的重要参考因素。然，股权转让款与股东出资款又具有本质的区别。

1. 交易主体不同。股权转让关系的主体为股权转让的出让人与买受人，目标公司并非股权交易的主体，无须对此承担责任。股东出资关系的主体是出资股东与目标公司，股权出资是股东获得股东权利，参与公司管理、运营、获得股权收益的对价。

2. 款项性质不同。股权转让款是股权交易方约定的价值，也是股东获取股权经济价值的体现，属于股东的个人财产利益；股东出资款是公司资本，是企业法人财产的重要组成部分，公司以其全部财产对公司债务承担责任，其本质上是脱离了股东个人属性的公司财产，也是法定的义务。

3. 责任范围不同。股东若需要收回其投资款，只能通过股权转让、法定减资或公司解散清算等法定程序进行，股权转让是股东退出公司经营的重要方式。股东的出资责任属于股东的法定义务，其实际上是对公司及公司债权人的承诺，使公司债权人对公司的偿债能力产生合理的期待，为维护交易安全，经过市场主体登记的股东出资义务并非随着股东退出公司经营而结束，尤其是在违规出资、瑕疵减资或是恶意转让股权的情况下，发起人或股东仍然要在出资范围内承担补充赔偿责任。

本案中，对于是否要将股权转让款与股东出资款进行区分的问题，陈某某与张某某签订的涉案协议一明确约定158400元为股权转让款，并未包含未实缴的注册资本90000元，而是双方通过《补充协议》的方式，另外约定某教育咨询公司的注册资本由股权出让人张某某另行负担，因此案涉的股权转让款是不包含股权出资款的，所以陈某某主张将出资款纳入股权转让款的范围内是缺乏依据的。

二、股权转让合同中出资责任的权利主张途径

鉴于股权转让交易中关于出资责任的约定涉及合同签订方、实际履行主体、履行对象的相互不一致性，因此应当厘清股东出资责任的原告主体及权利主张途径。

1. 目标公司直接根据归属约定向出资义务方主张。首先，股权转让的交易方对出资归属作出规定，其出资的履行对象都是目标公司，因此出资义务方可以直接向目标公司出资，而非由合同签订一方直接向相对方主张。其次，从合同的相对性来说，股权转让合同的主体是股权出让方和受让方，但是其约定的出资责任条款指定的履行主体是公司，即本质上属于只能向目标公司履行的第三方履行合同。依据《中华人民共和国民法典》第五百二十二条第二款规定："法律规定或者当事人约定第三人可以直接请求债务人向其履行债务，第三人未在合理期限内明确拒绝，债务人未向第三人履行债务或者履行债务不符合约定的，第三人可以请求债务人承担违约责任；债务人对债权人的抗辩，可以向第三人主张。"目标公司可以直接依据股权交易双方关于出资归属的约定条款向出资义务人主张，不受合同相对性的制约。本案中，原告陈某某本质上是混淆了出资款与股权转让款的性质，把向公司出资的款项概念模糊为对其履行的款项。从股权出资主张的主体来说，某教育咨询公司可以作为适格的主体依据《补充协议》要求出资义务人，即股权出让人张某某履行出资义务，而陈某某虽然为《补充协议》的签订主体，但是其不是股权出资款的履行主体，无权要求张某某将该出资款退还给她。

2. 股东代为履行出资义务后根据归属约定向责任股东主张。根据《最高人

民法院关于适用〈中华人民共和国公司法〉若干问题的规定（三）》第十八条第二款关于股权转让中的出资责任追偿规定的但书“但是，当事人另有约定的除外”说明法律是允许股权转让的当事方对于法定出资责任做出独立于公司和债权人之外而单独约束双方的出资安排。一般而言，《最高人民法院关于适用〈中华人民共和国公司法〉若干问题的规定（三）》第十八条规定“受让人根据前款规定承担责任后，向该未履行或者未全面履行出资义务的股东追偿的，人民法院应予支持”，股东转让已认缴出资但未届缴资期限的股权的，由受让人承担缴纳该出资的义务，而受让人承担相应的责任，可以依据其与出让人的另外约定向其主张追偿。本案中，《补充协议》约定某教育咨询公司的注册资本由股权出让人张某某另行负担，因此本案中的陈某某作为股权受让人，其作为嗣后的股东，对于某教育咨询公司也具有缴付出资的义务，其可以在实际履行出资义务之后，依据《补充协议》的约定，主张其系代出资义务人实际履行出资义务再进行追偿，但是在其未实际履行出资义务的时候，其没有实际代为履行的基础，也就无所谓向出资人要求返还出资的理由。

编写人：福建省厦门市思明区人民法院　陈远治

25

股权转让合同约定的义务是否属于附条件条款的认定

——梁某某诉马某某股权转让案

【案件基本信息】

1. 裁判书字号

江西省高级人民法院（2023）赣民再 27 号民事判决书

2. 案由：股权转让纠纷

3. 当事人

原告（被上诉人、再审申请人）：梁某某

被告（上诉人、再审被申请人）：马某某

【基本案情】

梁某某于2015年3月8日至2018年8月20日为某医药公司股东，并担任公司财务总监。该公司于2017年7月25日召开股东会议，对在公司上班股东的工资待遇决议如下：2016年6月30日前，每人15000元/月，2016年7月1日起，每人18000元/月。2018年7月20日，梁某某将其持有的股份转让给马某某，双方约定：因马某某转让公司股权系按公司成立时实际投入的资金进行转让，所投资未计利息，且该公司目前已运行四年，梁某某在公司未领取工资，签订《股权转让协议》后由马某某代某医药公司补给梁某某36个月的工资，合计36万元。具体工资数额由公司召开股东大会确认后多退少补。股权转让完毕后，双方就“工资”代补约定产生纠纷。梁某某要求马某某向其支付36万元及相应的利息损失。一审判决马某某代某医药公司支付给梁某某“工资”款，马某某上诉，并提交2021年7月8日（一审判决后）某医药公司股东会决议（梁某某不再是公司股东，未参加股东会议），决议载明：全体股东一致同意不予发放及以后不予追加发放任何本公司成立至2019年1月之前的股东工资。马某某辩称，其是合同履行辅助人而非代付工资的义务人，且根据新的股东会决议，代付行为未触发生效条件，其无须向梁某某支付任何款项。

【案件焦点】

《股权转让协议》中马某某履行代付工资的义务是否属于附条件条款。

【法院裁判要旨】

江西省金溪县人民法院经审理认为：梁某某与马某某签订的《股权转让协议》，约定由马某某承担某医药公司股东会决议中上班股东工资的代补义务，“代补36万元”并未高出该公司股东会议决议的每月1.5万元或1.8万元的应补“工资”数额；不违反法律、行政法规的强制性规定，不违背公序良俗。且双方均具有完全民事行为能力；意思表示真实，应属有效约定。马某某应按约履行先行代补“工资”义务。但因具体数额还需股东大会确认，且合同并未约定具体支付期限，故对梁某某要求利息损失的主张，不予支持。

江西省金溪县人民法院依照《中华人民共和国民法典》第四百六十五条、第五百零九条第一款、第五百七十七条之规定，判决如下：

一、马某某在本判决生效之日起十日内代某医药公司支付给梁某某“工资”款36万元；

二、驳回梁某某的其他诉讼请求。

马某某不服一审判决，提起上诉。江西省抚州市中级人民法院经审理认为：首先，从本案现有证据来看，梁某某仅提交了2017年7月25日某医药公司的股东会决议复印件，且与马某某提交的2021年7月8日的某医药公司股东会决议关于“是否支付上班股东工资的内容”存在冲突。其次，从合同条款的性质来看，虽然双方约定马某某代某医药公司向梁某某支付工资的数额是36万元，但同时约定“具体工资数额由公司召开股东大会确认后多退少补”，根据该约定，马某某代某医药公司向梁某某支付的工资数额是附条件的，即应由某医药公司召开股东大会进行确认后再确定具体工资数额。最后，从股东会决议内容来看，因转让合同后某医药公司召开的两次决议并未确定数额，一次决议决定不予支付，故某医药公司向梁某某支付工资的具体数额无法确定，马某某代某医药公司向梁某某履行支付工资义务的所附条件并未成就，故对梁某某要求马某某代某医药公司向其支付工资36万元的诉讼请求，不予支持。

江西省抚州市中级人民法院依照《中华人民共和国民事诉讼法》第一百七十条第一款第二项之规定，判决如下：

一、撤销江西省金溪县人民法院（2021）赣1027民初1134号民事判决；

二、驳回梁某某的诉讼请求。

梁某某不服二审判决，向江西省高级人民法院提出再审。江西省高级人民法院经审理认为，案件争议焦点为：第一，某医药公司于2017年7月25日作出的股东会决议是否真实；第二，马某某是否应当代某医药公司向梁某某支付工资款 36 万元。

关于争议焦点一，某医药公司于 2017 年 7 月 25 日作出的股东会决议盖有该公司公章，且该公司当时的股东何某某、梁某某等四人也在上面签名。在本院再审审理过程中，梁某某在庭上出示了该股东会决议原件，马某某提交的相关材料不足以否定该股东会决议的真实存在，且马某某也未就该股东会决议的公司盖章或股东签名提出司法鉴定申请，故对该股东会决议予以采信，某医药公司于 2017 年 7 月 25 日作出的股东会决议是真实存在的。

关于争议焦点二，《股东转让协议》中关于梁某某与马某某两人之间“支付 36 万元工资”的约定，即由马某某代公司补给梁某某三年计 36 个月的工资，合法有效。至于具体工资数额的确认，什么时候确认、确认数额多少，是马某某与公司之间的事情，而且明确约定是“多退少补”，并不是要等公司召开股东大会确认后才支付。二审法院对于该 36 万元工资支付约定认定为附条件，且所附条件并未成就的认定存在偏差。此外，在梁某某转让股权之前，某医药公司股东会已经作出了给股东发放工资的决议，在梁某某转让股权退出公司之后，某医药公司股东会又作出新的决议，明确不发放公司成立至 2019 年 1 月之前的股东工资，这对梁某某是不公平的，对其也没有约束力。与此同时，某医药公司成立后连年处于亏损状态，各股东均未分配公司利润，也未领取过工资，且梁某某和马某某双方签订的《股权转让协议》也有“具体工资数额由公司召开股东大会确认后多退少补”的约定，虽然某医药公司于 2021 年 7 月 8 日作出的不予发放自公司成立至 2019 年 1 月之前的股东工资的股东会决议对梁某某不发生效力，但也是股东的真实意思表示。综上，梁某某的再审请求部分成立，本院予以部分支持。一审认定事实清楚，但处理结果欠妥当，二审判决认定事实不清，本院再审予以纠正。

江西省高级人民法院依照《中华人民共和国民法典》第六条、第四百六十五条、第五百零九条第一款、第五百七十七条，《中华人民共和国民事诉讼法》第二百一十四条第一款、第一百七十七条第一款第二项之规定，判决如下：

一、撤销江西省抚州市中级人民法院（2021）赣10民终1418号和江西省金溪县人民法院（2021）赣1027民初1134号民事判决；

二、马某某于本判决生效之日起十日内代某医药公司支付给梁某某工资款252000元；

三、驳回梁某某的其他诉讼请求。

【法官后语】

公司经营、治理过程中经常会出现股东会决议和股东间协议，由于两者在形式上均为股东间签署的文件，在内容上均涉及股东的权利义务，故在司法实践中常因两者内容发生重合，使股东会决议的效力问题以及规范对象成为主要争议焦点。本案以《中华人民共和国民法典》合同编相关规范为基础，对股东会决议的效力认定进行整体性把握，充分保障商事合同的有效履行，促进实现商事主体在商事活动中的营利预期，有利于平衡保护公司与高管权益，构建劳资共赢的用工环境。

一、涉及股东领取工资报酬的股东会决议的效力认定

股东会决议是公司股东会作为权力机构按照法律和公司章程的规定履行职权所形成的治理文件，而股东间协议是股东（前股东与后股东）之间或股东与公司之间签订的协议。本案中，梁某某与马某某之间的《股权转让协议》既涉及之前股东会决议的工资内容，又涉及未来股东会决议的工资内容，系股东会决议与股东间协议的融合体，且均涉及股东领取工资报酬的事宜。

实践中，一些公司的股东往往兼任公司高级管理人员，通过召开股东会，以大会决议的方式确定股东在公司的具体管理职务并领取相应报酬，也是常见的公司内部组织管理形式。但由于公司股东依法享有资产收益、参与重大决策等权利，领取报酬可能基于股东身份而非员工身份。因此，正确处理公司支付报酬的事宜主要在于确定职责属性，是工作内容抑或股东权利。在股东系以履行高级管理人员的职责为由要求领取劳动报酬，而非基于投资分红而领取时，应由《中华人民共和国劳动法》予以调整，不应受《中华人民共和国公司法》的调整。本案中，在查实梁某某主要负责公司财务并担任财务总监一职后，关

于确定工资报酬的股东会决议在无程序违法的情况下应属有效，股东基于股东会决议内容，要求领取相应报酬的请求，应予支持。此后，未经劳动者同意，用人单位不能单方面通过股东会决议降低或者拒付股东以劳动者身份所获得的报酬。由于本案系基于《股权转让协议》中马某某的代付行为而提起的诉讼，主要应审查《股权转让协议》的效力问题以及马某某的代付行为是否附有条件、条件是否成就。

二、股东间协议中涉及股东会决议条款的性质认定

梁某某与马某某的《股权转让协议》虽因涉及股东会决议内容而受到公司法的制约，但主要还是应以合同的相关规定为基础，适用合同效力认定的判断规则，如意思表示合法真实与否、意思表示内容发生冲突时的理解等。本案主要争议焦点为“具体工资数额由公司召开股东大会确认”是属于附生效条件条款还是属于约定工资金额的一般条款。主要有两种观点，第一种观点认为，《股权转让协议》中马某某代付工资的条款系附条件条款。由于2021年7月8日的股东会决议决定不支付股东工资，故马某某代付工资的条件并未成就，应驳回梁某某的诉讼请求。第二种观点认为，《股权转让协议》中“代付工资”的条款系马某某与梁某某的约定，与公司决议行为无关。且2021年7月8日的股东会决议系梁某某退出公司之后作出，对其不产生效力，故应支持梁某某的诉讼请求。

在实务中，不仅有合同附条件，而且存在合同条款附条件的情形。所谓合同条款附条件，是指整个合同已经生效，所附条件仅限制合同项下的某项义务或某几项义务的履行效力。合同条款附条件也称合同项下的一项义务或几项义务的履行附条件，是在合同已经生效的情况下，在合同项下的某些义务的履行效力上附加了生效条件。[①] 即该义务是否应当履行需要看所附条件是否成就。

根据《中华人民共和国民法典》第一百五十八条规定，附条件法律行为中的“条件”是指合同的双方当事人在合同中约定某种事实状态，并以其将来发

---

① 参见崔建远：《合同条款附条件绝非合同附期限》，载《中州学刊》2017年第7期。

生或者不发生作为合同生效或者不生效的限制条件。[①]作为附款的条件，具有意定性、未来性、或然性和合法性的特征。[②]案涉《股权转让协议》中“代付工资”条款的主要内容为计算工资的时长、标准及代付主体，均为马某某履行“代付工资”义务的主要合同内容。因该条款所确定的义务履行未附条件，义务人应按照约定履行义务。协议中关于将来“股东会决议”的内容仅涉及工资总额具体数额的确定，并不涉及支付时间或期限，不属于“将来发生或不发生某种不确定性的事实”，仅为双方当事人就将来“股东会决议”确定的工资数额与涉案协议约定的工资数额不一致时的处理方式，不能理解为涉案协议义务所附的生效条件。基于以上分析，笔者更认同第二种观点，支持梁某某要求马某某代付工资款的诉讼请求。

三、新股东会决议内容对已退出的原股东的效力甄别

判断新股东会决议是否对原股东具有效力，需要考量该决议内容是否涉及“股东权益”。若公司在部分股东退出后，以召开股东会决议的方式对原决议中涉股东财产性权益的内容予以实质性变更，虽对现股东有效，但因系事后补充，具有明显的针对性意图，且未保障退出股东的表决权，侵害了退出股东作为原股权持有者的合法权利，有悖公平原则。公司抑或股东任何一方均须依诚实信用原则行事，尊重对方当事人享有的期待权。

本案中，2017年7月25日的股东会已对在公司上班股东支付工资作出决议，且在原股东退出前，未作出任何相反决议。故梁某某与马某某在签订《股权转让协议》时，具有马某某代付工资的基础事实，双方均对工资支付具有期待性，仅是金额尚未确定，故双方达成“多退少补”的约定。若将“代付工资”的支付时间与“后期股东会决议内容”挂钩，与当事人意向的法律行为相矛盾，不符合双方当事人签订协议时的信赖预期，有悖常理。马某某代公司补给梁某某36个月的工资，系两人之间的约定，与公司无关，合法有效。至于具

---

① 参见最高人民法院（2021）最高法民申282号民事裁定书。除单独说明外，本书所引案例均来自中国裁判文书网，2024年4月28日访问。以下不再标注。

② 参见翟远见：《〈合同法〉第45条（附条件合同）评注》，载《法学家》2018年第5期。

体工资数额的确认，什么时候确认、确认数额多少，是马某某与公司之间的关系，而且约定以“多退少补”平衡股权转让双方的利益，其真实意思不是要等公司召开股东大会确认公司数额后才支付。故涉及“股东权益”的新股东会决议对于退出股东梁某某是不公平的，对梁某某没有约束力。

但考虑到公司给予履职股东高额报酬的目的也在于激励他们为公司做出更大贡献，以获取更高经营收益，故工资报酬中所涉及绩效应与公司的经营状况相关联。案涉公司成立后连年处于亏损状态，各股东均未分配公司利润，也未领取过工资，虽然2021年7月8日作出的不予发放股东工资的股东会决议对梁某某不发生效力，但也是股东的真实意思表示，是公司经营状况的真实展示。且根据《股权转让协议》已约定存在“多退”的可能性，说明梁某某在签订《股权转让协议》时，对于工资的降低有所预见，故再审经综合考虑后认为，应适当酌减马某某代付的工资款。

编写人：南昌铁路运输法院　章光园

江西省靖安县人民法院　徐　帆

26

不得以土地增值税预缴金额与清算应缴金额不符为由径行认定纳税义务人在预缴阶段存在过错

——某城建公司诉许某某等股权转让案

【案件基本信息】

1. 裁判书字号

北京市高级人民法院（2022）京民终249号民事判决书

2. 案由：股权转让纠纷

3. 当事人

原告（被上诉人）：某城建公司

被告（上诉人）：许某某、甲投资公司、乙投资公司

第三人（被上诉人）：某地产公司、某置业公司

【基本案情】

2014年8月，股权转让受让方某城建公司与转让方许某某、甲投资公司、乙投资公司签订《收购协议书》《补充协议》。《收购协议书》约定：转让标的为目标公司某地产公司83%的股份，包括各子公司及项目权益，其中第六项为子公司某置业公司100%的股权（C项目）；转让价指转让目标公司股份的购买价，包括转让股份所对应的各种股东权益，双方确认对目标公司的估值为2100000000元（含四个约定转让项目的长期股权投资及三个项目应收抵减净额），本协议项下乙方转让股份的价格，以上述估值为基础，该估值主要以相应的主要子公司净资产为依据，包括C项目净权益233958100元，对应子公司名称为某置业公司；本交易提交的财务数据时点为2014年5月31日。《补充协议》约定，就《收购协议书》补充条款如下：1. 甲方某城建公司基于乙方许某某、甲投资公司、乙投资公司等提供的数据，得出某地产公司的净资产约2100000000元，乙方确保相关数据真实，若数据失真而对目标公司净资产产生较大减损，乙方愿承担相应损减额。后，某城建公司依约支付转让款并完成股权变更登记。

2019年5月10日，税务机关认定某置业公司自2010年1月1日起至2013年12月31日止存在违法事实，应补缴2012年度企业所得税12102913.94元和2013年度企业所得税19356387.67元，并分别从滞纳税款之日2013年6月1日和2014年6月4日起，按日加收万分之五的滞纳金。

2019年10月28日，税务机关认定某置业公司就C项目应于2019年11月28日前补缴土地增值税143167009.76元。

截至本案起诉，某置业公司补缴完毕上述全部税款本金和部分2013年企业所得税滞纳金478079.33元。

某城建公司起诉要求转让方承担向某地产公司赔偿上述已缴的 2012 年和 2013 年企业所得税税款共计 31459301.59 元、部分 2013 年企业所得税滞纳金 478079.33 元、2011—2013 年的土地增值税 117411943.47 元并向某置业公司支付待缴的企业所得税滞纳金 30871016.35 元的连带责任。许某某、甲投资公司、乙投资公司均不同意某城建公司诉求。某地产公司和某置业公司均同意某城建公司诉求。

【案件焦点】

1.《收购协议书》《补充协议》中约定的转让标的是否包括某置业公司的全部股东权益；2. 许某某、甲投资公司、乙投资公司是否应向某地产公司、某置业公司支付企业所得税及相应滞纳金和土地增值税。

【法院裁判要旨】

北京市第二中级人民法院经审理认为：对于争议焦点一，从案涉合同条款的文义看，《收购协议书》约定的转让标的包括某置业公司的全部股东权益。对于争议焦点二，案涉企业所得税及滞纳金系因某置业公司在交易前存在违法行为所致，故根据《补充协议》第一款约定，在某地产公司、某置业公司均未提出异议的情况下，某城建公司等均有权要求许某某、甲投资公司、乙投资公司向某地产公司、某置业公司支付前述款项。某置业公司因其发生应税行为并取得应税收入而成为案涉土地增值税纳税义务人，且自该时起发生土地增值税纳税义务，在某置业公司已履行预缴纳税义务的情况下，其预缴纳税金额即使与经清算认定的应缴金额不一致，该应补缴款项亦不属于某置业公司拖欠或遗漏的应缴税费或应披露而未披露的应付款项及或有负债，且不造成目标公司净资产财务数据的失真。

北京市第二中级人民法院依照《中华人民共和国合同法》第四十四条、第六十条、第一百二十五条第一款，《中华人民共和国企业所得税法》第五条，《中华人民共和国民事诉讼法》第六十四条、第一百四十二条、第一百五十二条，《最高人民法院关于适用〈中华人民共和国民事诉讼法〉的解释》第九十条之规定，判决如下：

一、许某某、甲投资公司、乙投资公司于判决生效之日起十日内向某地产公司支付2012—2013年企业所得税3145.930161万元及2013年企业所得税滞纳金47.807933万元；

二、许某某、甲投资公司、乙投资公司于判决生效之日起十日内向某置业公司支付2012—2013年企业所得税滞纳金3087.101635万元；

三、驳回某城建公司的其他诉讼请求。

许某某、甲投资公司、乙投资公司不服一审判决，提出上诉。北京市高级人民法院同意一审法院裁判意见。

北京市高级人民法院依照《中华人民共和国民事诉讼法》第一百七十六条第一款、第一百七十七条第一款第一项、第一百八十一条之规定，判决如下：

驳回上诉，维持原判。

【法官后语】

股权转让中的涉税问题较为复杂，本案例所体现的转让目标公司子公司补缴土地增值税、企业所得税等税款的性质认定和损失负担问题即为当前审理该类案件遇到的新型疑难问题之一，具有典型的实践意义。

一、本案例贯彻了多种典型的商事裁判理念

与其他股权受让方起诉要求转让方承担税款纠纷相比，本案例的独特性之一在于补缴税款及滞纳金的纳税人为转让目标公司的子公司，故审理本案首先应解决的问题是转让方是否就目标公司子公司全部股东权益作出过承诺。法官在尊重商事营利性和商人职业性特点的基础上，综合运用文义解释、体系解释、目的解释、逻辑推理等技巧予以论证，体现了商法尊重意思自治的理念和公权介入对诚实信用原则的维护。

本案例的独特性之二在于争议焦点。案涉股权转让的目标公司及子公司均为房地产公司，所涉税务问题包括复杂的土地增值税清算补缴义务是需要认定的重点。在认定前述补税产生损失的承担主体时，法官首先通过对税务法律规范的专业解读，准确识别土地增值税清算纳税义务的公法属性和产生时间，其次审查股权转让各方是否对该款项将导致目标公司净资产权益受损的负担问题进行明确约定，最终对股权受让方是否有权要求转让方承担补税造成的目标公司净资产权益损减额作出认定。

本案例的独特性之三在于，在接受赔偿主体约定不明时，法官以效益和秩序为两大价值取向目标，灵活考虑遭受损失主体和相关利害关系人的意愿，判决转让方向垫付人支付已缴税款及滞纳金金额、向纳税人支付未缴税款滞纳金金额，既保障了垫付人积极协助履行纳税义务的交易安全，又提高了纳税人履行纳税义务的交易效率。

二、本案例创设了涉税商事案件相关裁判规则

本案例对土地增值税、企业所得税税款缴纳义务的产生时间及土地增值税清算补缴税款性质所作的司法认定非常典型，形成的“当事人以预缴土地增值税金额与经税务机关清算认定的应缴纳土地增值税金额不一致为由主张纳税义务人在履行土地增值税预缴纳税义务时存在过错的，人民法院不予支持，但当事人另有约定的除外”等裁判要旨对统一裁判规则具有较强的借鉴意义。

三、本案例具有较强的商事主体引导意义

企业所得税、土地增值税等税款的征收问题除涉及商事主体对自身经营风险的管控，更关系国家税收的实现及经济社会的发展。审理好此类案件，及时纠正商事主体的错误意思自治行为，涉及商事主体意思自治与国家税收征收管理利益的衡平。案涉股权转让方、受让方、标的公司作为高度具备相应知识、信息、经验及能力的大型房地产企业，尚不能在进行案涉股权转让交易时对标的公司是否已依法缴税等税务事项进行明确交割，可见当前商事主体对是否依法履行纳税义务的关注度仍待加强。本案例通过鼓励和保护积极依法履行缴税义务的商事主体的正当利益，赋予存在税务违法事实的商事主体严格责任，发挥司法裁判指导的优势，督促商事主体高度重视并积极履行纳税义务，维护市场经济健康发展。

编写人：北京市第二中级人民法院　李雪　贾凯迪

27

公司未召开股东会擅自为股东债务担保的，应按过错程度对股东不能清偿债务部分承担还款责任

——边某、李甲诉某置业公司、李乙股权转让案

【案件基本信息】

1. 裁判书字号

山东省淄博市中级人民法院（2022）鲁03民终760号民事判决书

2. 案由：股权转让纠纷

3. 当事人

原告（上诉人）：边某、李甲

被告（被上诉人）：某置业公司

被告：李乙

【基本案情】

边某与李丁于2006年10月10日登记结婚，2008年生育李甲。2011年李丁去世，其生前为某置业公司股东，持股比例51%，另一股东李乙持有该公司49%股权。2011年某置业公司形成股东会决议，确认边某为李丁生前股权共有人，占有李丁生前1020万元股权50%计510万元股权，占注册资本的25.5%，剩余510万元股权由李丁两个儿子、父母、妻子边某各继承102万元，占注册资本的5.1%。2011年10月10日，该公司变更工商登记，边某占比30.6%，李乙占比49%，其余四人各占5.1%。2011年10月1日，边某、李甲与当时的案外人李丙（甲方）、李乙（乙方）、某置业公司（第三方）签订协议，约定涉案股权转让事宜。2012年3月20日，某置业公司与边某签订《商品房买卖

合同》，以某市某区某小区 K32 整栋楼抵顶李乙所欠股权转让价款，但目前尚未办理手续。2013 年 8 月 1 日，某置业公司形成股东会决议，吸收李某某为公司股东，后边某起诉，认定该股东会决议不成立。2015 年 9 月 30 日，边某、李甲与李乙、某置业公司签订《补充协议书》，协商同意将债务履行期限宽限至 2018 年 10 月 1 日，如果届时李乙及某置业公司仍未全部履行，对于尚未支付部分，可再延期两年；对原协议约定义务因司法行为或其他原因无法履行部分，李乙及某置业公司应在保证债权货币数额不减少的情况下，以货币方式尽快支付；补充协议未涉及事项，仍然按照原协议执行。2017 年 4 月边某（甲方）与某公司（乙方）、某置业公司（丙方）签订《债权转让协议书》，丙方将对乙方的 1000 万元债权全部转让给甲方，并由乙方按照协议约定直接付款给边某。2020 年 10 月，各方就李乙未履行股权转让价款部分签订《还款协议书》，某置业公司对李乙在本协议项下的义务承担共同清偿责任，其他事项仍按照原协议执行。2021 年 10 月，公司股东白某向淄川法院提起损害公司利益责任纠纷诉讼，请求确认《公司利润分配与股权远期转让协议书》中公司临时股东会决议相关内容无效或不成立，该院作出（2021）鲁 0302 民初 4159 号民事判决，认定李乙、边某、李甲、李丙及该公司于 2011 年 10 月 1 日签订的《公司利润分配与股权远期转让协议书》中约定的以该协议为内容的临时股东会决议不成立，该民事判决现已生效。

【案件焦点】

某置业公司应否承担李乙因股权转让而不能清偿债务部分三分之一的赔偿责任。

【法院裁判要旨】

山东省淄博市张店区人民法院经审理认为：本案案由系股权转让纠纷，双方签订的《公司利润分配与股权远期转让协议书》《补充协议书》《还款协议书》为确认双方权利义务关系的基础证据，《还款协议书》效力审查属本案主动审查范围，无须等待另案裁判结果，李乙、某置业公司申请中止本案审理请求不成立。李甲与本案有直接利害关系，其依据2011年签订的《公司利润分配与股权远期转让协议书》，有权要求李乙支付相应股权转让价款。2020年《还款协议书》中也蕴含李甲意思表示，李甲作为本案原告主体适格。涉案三份协议中均有李甲签字，协议不违反法律法规强制性规定，对李乙具有法律效力，其应当遵守。涉案协议对于股权转让款价值进行多次确认，且协议中也未将股权变更登记作为付款条件，故李乙相关抗辩事由不成立，其应按照协议内容向边某、李甲支付相应股权转让款。依据2020年10月《还款协议书》约定，李乙应在2021年之前付清全部剩余价款51461889元，因边某、李甲此前已通过诉讼主张4000万元，故支持边某、李甲要求支付剩余11461889元股权转让价款诉讼请求。首先，依据2020年签订的《还款协议书》第3条约定，可认定某置业公司加入李乙所负债务。再依据《全国法院民商事审判工作会议纪要》精神，参照该纪要公司为他人提供担保的规则处理。2020年签订还款协议时，边某、李乙、李甲均为公司债务加入受益人，对事项不享有表决权，某置业公司当时也未召开股东大会及征求其他股东意见，不符合《中华人民共和国公司法》第十六条规定，该债务加入为无效条款，公司对此不应承担共同还款责任。其次，某置业公司责任承担问题，债务加入因欠缺公司决议程序而不具有法律约束力后的民事责任可参照担保无效规定处理。主合同有效，第三人提供担保合同无效，债权人与担保人均有过错的，担保人承担赔偿责任不应超出债务人不能清偿部分的二分之一。考虑到本案各方过错程度，一审酌定某置业公司对李乙不能清偿债务部分承担三分之一赔偿责任。涉案的保全担保保险费11461.89元系合理支出，由李乙承担。

山东省淄博市张店区人民法院依照《中华人民共和国合同法》第一百零七条、第一百一十四条，《中华人民共和国公司法》第十六条、第七十一条，《最高人民法院关于适用〈中华人民共和国民法典〉有关担保制度的解释》第十七条，《中华人民共和国民事诉讼法》第六十四条第一款、第一百一十九条第一项之规定，判决如下：

一、被告李乙支付原告边某、李甲股权转让价款11461889元；

二、被告某置业公司对被告李乙上述 11461889 元债务范围内不能清偿部分承担三分之一的赔偿责任；

三、被告李乙赔偿原告边某、李甲保全担保保险费 11461.89 元；

四、驳回原告边某、李甲的其他诉讼请求。

边某、李甲不服一审判决，以某置业公司应对被告李乙的涉案债务承担共同还款责任为由，提起上诉。山东省淄博市中级人民法院经审理认为：本案争议焦点是某置业公司应否对李乙的涉案债务承担共同清偿责任。依据查明事实，2011 年某置业公司的股东会决议确认边某股权比例 30.6%，李甲持有 5.1%。2015 年 9 月各方签订《补充协议书》、2020 年 10 月各方签订《还款协议书》皆是依据 2011 年《公司利润分配与股权远期转让协议书》签订，当时签约主体为甲方边某、李甲、李丙与乙方李乙、第三方某置业公司。但协议书中约定的股东李戊、白某参加股东会决议及效力条款，边某、李甲未提交证据证明该两位股东对此同意并确认。并且白某于 2021 年 10 月提起损害公司利益责任纠纷诉讼，并请求确认该协议书中公司的临时股东会决议的相关内容无效或不成立。某区法院也认定以该协议为内容的临时股东会决议不成立。鉴于该协议书签订后部分协议已得到部分履行，且 2020 年《还款协议书》签订者仅为边某（甲方）、李乙（乙方）、某置业公司（丙方），并非该公司全部股东，一审以债务加入因欠缺公司决议程序而不具有法律约束力后的民事责任可以参照担保无效规定处理为由，参照最高院有关司法解释规定，酌情判决该公司对李乙不能清偿债务部分承担三分之一赔偿责任，于法有据。

山东省淄博市中级人民法院依照《中华人民共和国民事诉讼法》第一百七十七条第一款第一项之规定，判决如下：

驳回上诉，维持原判。

【法官后语】

本案涉及公司未召开股东会擅自为股东债务提供担保时，对所担保的股东债务应承担何种清偿责任问题。

结合公司法相关规定，实际经营中，公司加入债务或提供担保一般应由股东会、董事会作出加入决议，这是大多数公司为股东债务作保的主要依据。实践中，股东会合法决议要件为：(1) 依据公司章程，召开符合人数规定的股东会、董事会；(2) 会议讨论及决策流程符合公司章程规定；(3) 股东会决议内容的表决结果达到公司或公司章程规定的通过比例；(4) 股东会的决定文件上有股东的签名、盖章；(5) 未参加股东会的股东对通过的决议事后认可或追认。只要符合上述要件，公司以股东会决议形成的为股东提供担保行为具有相应法律效力，应承担对应债务的清偿责任。但是公司股东会决议无效情况下，公司并不必然免除清偿义务，解除“法锁”，还应按担保合同无效的规则处理，根据《全国法院民商事审判工作会议纪要》“23.【债务加入准用担保规则】”的规定，债务加入因欠缺公司决议程序而不具有法律约束力后的民事责任可以参照担保无效的规定处理。根据《最高人民法院关于适用〈中华人民共和国民法典〉有关担保制度的解释》第十七条的规定，主合同有效，第三人提供的担保合同无效，债权人与担保人均有过错的，担保人承担的赔偿责任不应超出债务人不能清偿部分的二分之一。据此，公司债务加入或附加担保行为无效后，不是全部免除公司清偿义务，而是最多承担债务人不能清偿部分的二分之一。

本案例中，2011年10月1日签订的《公司利润分配与股权远期转让协议书》，参与方为边某、李甲、李丙与李乙、某置业公司。该《协议书》约定：“本协议项下的内容亦视为公司在李丁去世后由甲乙双方和另两继承人李戊、白某参加的临时股东会的决议，对此，甲乙双方均予以确认，乙方保证另两位继承人李戊、白某予以同意并确认。”协议书明确边某、李甲、李丙有确保案外人及公司股东李戊、白某同意该协议书内容义务，否则股东会决议的效力存疑，在此种前提下，边某、李甲未提交相应证据证明案外人股东李戊、白某认可协议书临时股东会决议相关内容有效或成立，加之白某于2021年10月提起损害公司利益责任诉讼，要求确认该协议书中公司临时股东会决议无效或不成立，审理法院也认定以《公司利润分配与股权远期转让协议书》为内容的临时股东会决议不成立。此时2011年公司股东会决议应当不具备法律效力，因为未实现协议书约定的股东全部同意情形，决议认可的股权转让协议无法成立，后续签订的 2015 年《补充协议书》、2020 年《还款协议书》自然也应认定为无效，公司为股东所作的债务担保行为自始无效。因在 2011 年公司股权转让决议及协议书内容、效力存在严重冲突争议的情况下，边某、李乙、某置业公司仍在明知未召开股东会会议情况下签署《还款协议书》，以损害其他股东权益方式为李乙债权提供担保，双方皆存在擅自处分其他股东权益的不当意思表示，过错情形明显，属于债务加入因欠缺公司决议程序而不具有法律约束力情形，故民事责任可以参照担保无效规定处理，考虑到公司股东间的亲属关系及李乙之债务系为偿还边某、李甲的股权转让款，系 2011 年转让协议书衍生而来，再结合协议书签订后已部分履行情况，认定某置业公司对李乙不能清偿债务部分承担三分之一赔偿责任符合客观案情，处理妥当。

本案例可对因企业为股东债务提供担保的涉诉纠纷提供明确借鉴：首先，股东会决议一定要合规、合法，确保中小股东的知情权、同意权，不能无视股权现状、章程规定、中小股东态度径直推定决议效力；其次，在合同无效的情况下，要结合履行情况、公司经营现状、各方过错，在不能清偿的二分之一责任上限范围内合理酌定责任比例，实现股东及债权人权益平衡。

编写人：山东省淄博市中级人民法院　荣明潇　苏晓宇　杨富元

六、公司决议纷纷

28

以资本多数决形式强制与股东建立借贷关系的股东会决议无效

——白某诉某培训学校公司公司决议效力确认案

【案件基本信息】

1. 裁判书字号

北京市顺义区人民法院（2022）京0113民初5738号民事判决书

2. 案由：公司决议效力确认纠纷

3. 当事人

原告：白某

被告：某培训学校公司

第三人：涂某某、张某某、金某、郭某某

【基本案情】

某培训学校公司成立于2015年5月29日，注册资本290万元，实缴资本84.25万元，股东为白某（持股10%，出资额29万元）、金某、张某某、涂某某、郭某某。2016年8月1日，白某向金某（时任某培训学校公司法定代表人）汇款29万元，履行完毕出资义务。公司章程载明："第八条　股东会由全体股东组成，是公司的权力机构，行使下列职权：（六）审议批准公司的利润分配方案和弥补亏损的方案。第十条　股东会会议由股东按照出资比例行使表决权。”

2021年12月30日，某培训学校公司《股东会议决议》载明：“一、股东共五名，除一名（白某）因事请假，其余四名出席，出席股东占股共计90%，决议符合程序及法律效力。二、关于拖欠2021年及2020年4月至7月员工工资的解决方案：1. 同意在3个月内由股东按占股比例出资补齐工资，金额共计208702.6元。2. 股东张某某在1月5日前按照占股比例将款项56349.7元转账至公户，其他股东在3个月内按占股比例（金某56349.7元，涂某37566.47元，郭某某37566.47元，白某20870.26元）补齐款项。三、目前某培训学校公司所有债务和借款（含唐某和郑某为全体股东借的周转资金各50万元，并包括所有股东为全体股东借的周转资金），按持股比例分摊，最终金额以外审公司审计金额为准。”该股东会决议有“张某某”“金某”“涂某某”签名字样。

2022年3月3日，某培训学校公司《2022年第一次临时股东会议决议》显示，此次会议有张某某的委托代理人唐某、金某、涂某某、郭某某、白某出席，决议内容与2021年12月30日《股东会议决议》相同，决议有张某某、金某、涂某某签名。

就涉案股东会议某培训学校公司已履行通知程序；公司处于停业状态，股东之间未对公司资产、债权债务进行清算。

白某主张，某培训学校公司强制其承担公司营业过程中产生的债务及亏损具有强迫借款的性质，故诉请确认上述两份股东会决议无效。某培训学校公司、涂某某、张某某、金某认为，按照股份比例承担拖欠员工工资属于道义上的协商，公司拖欠员工工资，作为股东应当给付员工。郭某某称其始终未同意对公司的债务承担责任，上述两份决议违反股东承担有限责任的规定，应属无效。

【案件焦点】

1. 案涉股东会决议要求股东在实缴注册资本之外另行出资以弥补公司亏

损，该决议事项能否适用资本多数决原则；2. 案涉股东会决议的效力如何认定。

【法院裁判要旨】

北京市顺义区人民法院经审理认为：某培训学校公司的涉案两份股东会决议属于弥补公司亏损方案，其并非以公司利润弥补亏损，而是要求公司股东借款给公司以偿还公司债务，其实质是在股东与公司之间形成新的借款关系。此法律行为属于双方民事法律行为，借款关系需以借款人和出借人双方的意思表示一致而成立。股东会决议中的弥补亏损方案是在股东出资义务之外设定了股东的借款义务，在出借人未表示同意的情况下，以借款人（公司）单方的意思表示设立了借款关系，侵犯了出借人（股东）的财产权利，也有违股东有限责任，该决议内容因违反法律而无效。

北京市顺义区人民法院依照《中华人民共和国公司法》第二十二条第一款、《最高人民法院关于适用〈中华人民共和国民事诉讼法〉的解释》第九十条之规定，判决如下：

确认某培训学校公司于2021年12月30日作出的《股东会议决议》、2022年3月3日作出的《2022年第一次临时股东会议决议》无效。

判决后，双方当事人均未上诉，本判决现已生效。

【法官后语】

公司经营困难出现亏损，公司可召开股东会，形成弥补亏损的决议案。但对于弥补亏损的方案，公司不可滥用资本多数决，在部分股东不同意的情况下，额外设置股东向公司出借资金的义务。本案即是一起利用股东会决议单方设定股东出借义务的典型案例。

公司在发生经营性亏损时，由公司自行弥补，通常情况下有三种方案：用年度税前利润弥补、用年度税后利润弥补、以公司累积盈余公积金弥补。某培训学校公司采用由股东出资分摊公司亏损的方式，属于非常规的弥补亏损方式。考虑到某培训学校公司欲通过决议实现由股东分摊公司债务之目的，应将其定性为“披着公司决议外衣”的借款行为，实质是在股东与公司之间形成新的借款关系。

股东会决议作为公司的意思表示，其本质是通过会议形式由多数股东作出决定，因此只有股东会决议程序和内容均合法才能产生法律效力。某培训学校公司的涉案两份股东会决议实质是在股东与公司之间形成新的借款关系。借款合同属于双方民事法律行为，需借款人和出借人意思表示一致才能成立。某培训学校公司在股东出资义务之外设定股东出借义务，在出借人（股东）未表示同意的情况下，以借款人（公司）单方意思表示设立借款关系，侵犯出借人(股东）的财产权利，也有违股东有限责任，决议内容因违反法律而无效。

资本多数决是股东会的表决规则，是股东平等原则的必然要求和重要体现。但在公司实际运营中，因多数资本持有人的利益和意志被拟制为公司意志，资本多数决会发生异化，股东之间的利益平衡被打破。资本多数决为控股股东滥用控制权追逐私利、损害公司和少数股东的利益披上了合法的外衣。

一般来说，对资本多数决滥用的理解至少包括以下四个内容：一是主体上，滥用资本多数决的主体是多数资本持有人；二是主观上，资本多数决的滥用是故意而非过失；三是手段上，多数资本持有人利用资本多数决既可以行使表决权，也可以施加影响；四是后果上，资本多数决之滥用损害或限制了其他股东或公司的利益。其中，对后果判断至关重要。人民法院在判定股东会是否滥用资本多数决时多持审慎态度：一方面出于尊重公司自治的考量，一般对股东会决议内容不做实质性审查；另一方面，若决议内容违反法律或公司章程的规定，司法则予以介入，在尊重商业判断准则的基础上对决议内容的妥当性进行审查。

此外，要求股东在实缴注册资本外另行出资弥补公司亏损，直接影响了股东的根本权利，其性质不同于公司增资、减资、解散等事项。后者决议事项一般与公司直接相关，但并不直接影响公司股东之固有权利。股东出资金额及持股比例系公司设立或股东加入公司时，各股东之间形成的合意，则非公司经营管理事项。法律允许公司自治，但需以不侵犯他人合法权益为前提。公司经营过程中，如有法律规定的情形需要股东提前出资或加速到期，则不能以多数股东的意志变更各股东之间形成的有关股东出资及股权结构的一致意思表示。具体到本案，某培训学校公司在未对公司进行清算的情况下，多数股东蓄意以股东会决议形式强制股东另行出资承担公司债务，以单方意思表示设立借款关系，违背了股东自愿原则，损害了中小股东的利益，故该决议事项不应适用资本多数决原则，决议应为无效。

编写人：北京金融法院　王思思

北京市顺义区人民法院　王丽蓉

29

原执行董事在改选出的执行董事就任前召集股东会，不能认定召集程序瑕疵

——朱某某诉某设备公司公司决议撤销案

【案件基本信息】

1. 裁判书字号

江苏省常州市中级人民法院（2022）苏04民终4846号民事裁定书

2. 案由：公司决议撤销纠纷

3. 当事人

原告（上诉人）：朱某某

被告（被上诉人）：某设备公司

第三人：高某某、费某某

【基本案情】

朱某某、高某某系某设备公司股东，其中朱某某持股比例为30%，高某某持股比例为70%。朱某某登记为该公司总经理、法定代表人。2019年1月15

日，该公司选举费某某担任公司执行董事，并进行了登记。2021年5月25日，费某某向该公司提交了《自愿辞职申请书》。2021年5月27日，该公司对费某某的社会保险参保事项进行了变更，变更类型为人员停保，变更原因为个人单方面解除劳动合同。

2022年4月13日，朱某某收到费某某微信发送的关于2022年4月30日上午在公司会议室召开临时股东会会议的通知。2022年4月28日，朱某某分别向高某某、费某某通过邮政快递方式回函，告知由于费某某于2021年年初就已不再担任执行董事一职，无权按照公司法的规定召集并主持会议。

2022年4月30日，某设备公司召开股东会，高某某参会，朱某某未参加会议，该会议形成股东会决议，载明：会议召集人费某某，主持人熊某梅，应到会股东高某某（代表70%表决权）、朱某某（代表30%表决权），实到会股东高某某；本次股东会经到会股东以其代表表决权比例的表决，除第3项未通过外，通过以下决议：1. 经代表70%表决权的股东同意，选举张某龙为公司执行董事兼任公司经理，免去费某某的公司执行董事职务；2. 经代表70%表决权的股东同意，选举朱某某为公司监事，免去熊某梅的公司监事职务；3. 经代表70%表决权的股东同意，变更公司法定代表人为张某龙，原法定代表人朱某某在十日内负责办理或协助办理公司法定代表人变更登记；决议还载明了其他表决事项。

【案件焦点】

费某某召集案涉的股东会议形成的股东会决议是否应当撤销。

【法院裁判要旨】

江苏省溧阳市人民法院经审理认为：案涉股东会决议不应当被撤销。首先，公司与董事之间系委任关系，董事可以单方辞职，费某某辞去执行董事职务系其真实意思表示，故本院依法确认其向公司提出辞职后，不再系公司执行董事。同时，按照公司章程，执行董事的任期为三年，费某某召集涉案股东会议时，任期已届满且公司未选举其连任。故费某某召集案涉股东会议时不再是公司执行董事。

其次，《中华人民共和国公司法》第四十五条第二款规定要求董事按照规定继续履行职务，不能以任期届满或者提前辞职为由，拒绝履行董事职务。此为董事任期届满后的一项法定义务，该义务的截止时间为改选出的董事就任时。该条文弥补了可能因董事辞职造成的角色空白和无法决策，其目的在于维护公司治理的延续性。执行董事亦适用该条款。因此，原执行董事费某某在改选出的执行董事就任前，应履行相应职务。

再次，根据法律及公司章程规定，高某某代表十分之一以上表决权的股东，有权提议召开临时股东会议。费某某作为公司的原执行董事，在未选出的执行董事就任前，其召集案涉股东会议，不能认定为具有可撤销决议的程序瑕疵。

最后，判断召集程序瑕疵是否足以撤销决议的标准应为各个股东是否可以公平地参与多数意思的形成以及获取对此所需要的信息。本案中，朱某某提前十五日获悉了召开临时会议的信息，涵盖了召开时间、地点及表决的事项等。因此，朱某某以召集程序违法为由，撤销涉案股东会决议的诉讼请求，依法不应支持。

江苏省溧阳市人民法院依照《中华人民共和国公司法》第三十九条、第四十条、第四十一条、第四十五条之规定，判决如下：

驳回原告朱某某的诉讼请求。

朱某某不服一审判决，提出上诉。在二审审理过程中，上诉人朱某某申请撤回上诉。江苏省常州市中级人民法院认为，上诉人朱某某在审理期间提出撤回上诉的请求，不违反法律规定，予以准许。

江苏省常州市中级人民法院依照《中华人民共和国民事诉讼法》第一百八十条之规定，裁定如下：

准许上诉人朱某某撤回上诉。

【法官后语】

首先，公司与董事之间系委任关系，董事可以单方辞职，但为防止公司经营管理因董事辞职而陷入停滞或混乱状态，《中华人民共和国公司法》第七十条第二款规定："董事任期届满未及时改选，或者董事在任期内辞任导致董事会成员低于法定人数的，在改选出的董事就任前，原董事仍应当依照法律、行政法规和公司章程的规定，履行董事职务。"此为董事任期届满后或辞职后的一项法定义务，即在改选出的董事就任前，原董事仍应当按照规定继续履职尽责。该条文弥补了可能因董事辞职造成的角色空白，避免公司陷入无法决策的僵局，其目的在于维护公司治理的延续性。执行董事亦适用该条款，一方面，执行董事亦是董事，未被该条文明确排除适用；另一方面，执行董事直接参与公司经营管理，更应该继续履职到新执行董事就任，这亦是在实现公司治理延续性目的的价值涵摄范围之内。在改选出的董事就任前，原执行董事根据法律及公司章程规定履行职务，召集股东会，不能认定为具有可撤销决议的程序瑕疵。

其次，判断召集程序瑕疵是否足以撤销决议的标准应为各个股东是否可以公平地参与多数意思的形成以及获取对此所需要的信息。本案中，包括原告在内的所有股东均在会议召开前十五日收到了会议召开通知，知悉会议召开时间、地点及表决的事项等，参会股东也就会议内容行使了表决权并形成了股东会决议，该召集程序并未剥夺各个股东的参会权、议事权和表决权，并未妨碍各个股东公平地参与公司治理。

最后，《中华人民共和国公司法》第七十条第二款关于离任或辞任董事继续履行董事职务的规定，系出于保护公司经营权益、股东利益的目的对原董事进行的限制和约束。为平衡保护公司、股东利益与原董事的自由权益，公司也应当在合理期限内尽快选出新的董事。案涉股东会决议事项涉及执行董事改选，公司股东在会议召开前已知悉会议表决事项，参加原执行董事召集的案涉股东会并形成股东会决议，完成执行董事的改选，保护其离任、辞任的权利，也是公司、股东要求原执行董事在改选出的执行董事就任前继续履行职务的题中应有之义。

编写人：江苏省溧阳市人民法院　杜平　王筱雯

30

股东会会议召集程序轻微瑕疵的认定

——张某某诉某科技公司公司决议撤销案

【案件基本信息】

1. 裁判书字号

山东省济南市中级人民法院（2022）鲁01民终8839号民事判决书

2. 案由：公司决议撤销纠纷

3. 当事人

原告（上诉人）：张某某

被告（被上诉人）：某科技公司

第三人（被上诉人）：邹某甲、邹某乙、胡某某

【基本案情】

2021年12月27日，某科技公司股东发起人认缴出资比例变更为张某某28%、邹某甲24%、邹某乙24%、胡某某24%，监事变更为邹某甲，经理变更为邹某乙。该公司的公司章程第十四条规定："股东会由全体股东组成，是公司的权力机构，行使下列职权……（二）选举和更换非由职工代表担任的执行董事、总经理、监事……（十）修改公司章程……"第十六条规定："股东会会议由股东按照出资比例行使表决权。"第十七条规定："股东会会议分为定期会议和临时会议。代表十分之一以上表决权的股东，执行董事，监事提议召开临时会议的，应当召开临时会议。召开股东会会议，应当于会议召开十五日前通知全体股东。"第十八条规定："股东会会议由执行董事召集和主持。执行董事不能履行或者不履行召集股东会会议职责的，由监事召集和主持；监事不能

召集和主持的，代表十分之一以上表决权的股东可以自行召集和主持。”第十九条规定：“股东会会议作出修改公司章程、增加或者减少注册资本的决议，以及公司合并、分立、解散或者变更公司形式的决议，必须经代表四分之三以上表决权的股东通过。”

2022年1月5日，邹某甲通知张某某于2022年1月6日9时召开临时股东会议，议题包括修改公司章程、重新选举公司法定代表人和公司执行董事，张某某表示不出席。2022年2月9日，某某市某某区监察委员会决定对张某某涉嫌的违法问题立案调查，并自18时起实施留置。2022年2月10日，某科技公司向邹某甲、邹某乙、胡某某下发《关于召开临时股东会的通知》，拟定于2022年2月23日14时召开临时股东会议，议题为修改公司章程、重新选举公司法定代表人和公司执行董事人选，召集人为公司监事邹某甲。2022年2月23日，邹某甲、邹某乙、胡某某出席临时股东会议，会议记录所记载的会议议题为：1. 罢免张某某公司法人兼执行董事职务；2. 重新选举公司法人和执行董事人选。会议及表决围绕上述议题进行，形成如下决议：1. 罢免股东张某某公司法人、执行董事职务，重新选举股东胡某某为公司法人兼执行董事；2. 通过对原公司章程部分条款进行修正。2022年2月24日，某科技公司申请将法定代表人、执行董事由张某某登记变更为胡某某，备案的《股东会决议》记载的会议时间为2022年2月24日，决议内容为同意张某某辞去公司执行董事、法定代表人职务，同意委派胡某某担任公司执行董事、法定代表人职务。2022年2月25日，某科技公司汇董某某涉案款413067.14元至中国共产党某某市纪律检查委员会机关。2022年3月1日，某科技公司登记变更了公司章程，第十九条修改为：“股东会会议作出修改公司章程、增加或者减少注册资本的决议，以及公司合并、分立、解散或者变更公司形式的决议，必须经代表三分之二以上表决权的股东通过。”第六十一条规定：“本章程经全体股东共同订立，自签署之日起生效。”但是，登记的章程只有法定代表人胡某某一人的签字。2022年3月4日，某某市某某区监察委员会决定对张某某解除留置措施。

另查明，根据显示张某某签字确认时间为2021年12月20日的债权转让协议，某科技公司为酬谢张某某对公司的长期支持及付出，将截至2021年11月30日在某钢铁集团应收账款中的600万元债权转让给张某某。

【案件焦点】

案涉股东会决议是否符合法律规定和公司章程，召集程序是否适当。

【法院裁判要旨】

山东省济南市钢城区人民法院经审理认为：《中华人民共和国公司法》、某科技公司的公司章程规定，召开股东会会议应于会议召开十五日前通知全体股东。本案中，某科技公司未于会议召开十五日前通知张某某，程序上存在瑕疵。但是，某科技公司曾于2022年1月5日书面通知张某某参加2022年1月6日临时股东会会议，表决修改公司章程、重新选举公司法定代表人和公司执行董事人选等事宜，张某某在收到会议通知时表示不出席，故即使通知张某某，其也不可能到会参加。某科技公司公司章程明确规定，股东会会议由股东按照出资比例行使表决权，股东会会议作出修改公司章程的决议必须经代表四分之三以上表决权的股东通过，但对更换执行董事的表决权比例没有作出规定。董事、监事、高级管理人员对公司负有忠实义务和勤勉义务，不得有侵害公司资产和出资人权益的行为。某科技公司将债权转让于张某某，且因贿赂被立案调查，虽尚未被判处刑罚，但其余股东一致认为其不宜再担任公司执行董事、法定代表人。参加股东会会议的邹某甲、邹某乙、胡某某出资比例合计72%，一致同意通过更换执行董事、法定代表人的议案，故虽然某科技公司在召开股东会之前未通知张某某，程序上存在瑕疵，但股东会决议经其余股东一致通过，且不违反法律、行政法规或者公司章程，即使张某某参会，其也不能推翻股东会决议的结果。因此，该通知上的程序瑕疵，未对更换执行董事、法定代表人的股东会决议产生实质影响，不能构成股东会更换执行董事、法定代表人决议内容撤销的事由。股东会会议记录没有修改章程事项的内容，修改公司章程也未达到公司章程规定的四分之三以上表决权的比例要求。另，某科技公司的公司章程明确规定，公司章程“经全体股东共同订立，自签署之日起生效”，但登记备案的章程只有法定代表人胡某某签字，故修改公司章程违反法律、行政法规或者公司章程，构成股东会修改公司章程决议内容撤销的事由。综上所述，张某某主张撤销某科技公司2022年2月股东会更换公司法定代表人、执行董事决议的诉讼请求于法相悖，不予支持；撤销某科技公司2022年2月股东会修改公司章程决议的诉讼请求于法有据，予以支持。

山东省济南市钢城区人民法院依照《中华人民共和国公司法》第二十二条第二款、第四十条第三款、第四十一条、第四十二条、第四十三条，《最高人民法院关于适用〈中华人民共和国公司法〉若干问题的规定（四）》第四条之规定，判决如下：

一、撤销某科技公司于2022年2月23日作出的关于修改公司章程的临时股东会决议；

二、驳回张某某的其他诉讼请求。

张某某不服一审判决，提起上诉。山东省济南市中级人民法院经审理同意一审法院裁判意见。

山东省济南市中级人民法院依照《中华人民共和国民事诉讼法》第一百七十七条第一款第一项之规定，判决如下：

驳回上诉，维持原判。

【法官后语】

股东会是指由全体股东组成的，决定公司经营管理的重大事项的机构，它是有限责任公司的最高权力机关，其他机关都由它产生并对它负责。股东通过股东会就公司经营、管理、增资或减资、存续等重大事项作出赞成、反对等意思表示，进而形成公司意思，是股东最基础的权利，也是股东参与、决定公司经营及发展的重要手段。公司股东会决议关系到公司的经营与发展，也关乎每个股东的切身利益。股东会决议是形成公司意志的法定形式，股东会决议合法有效是推进公司合法决策和稳健运营的基本前提。

实践中，股东会决议的效力被否决的情况经常出现，《中华人民共和国公司法》（2018年修正）及《最高人民法院关于适用〈中华人民共和国公司法〉

若干问题的规定（四）》规定了股东会决议撤销之诉适用的情形。例如，股东会决议因为没有提前告知会议议题的具体内容，其效力引起纠纷，最终被法院撤销。同时，《最高人民法院关于适用〈中华人民共和国公司法〉若干问题的规定（四）》第四条又以但书的形式规定了例外情况，即股东请求撤销股东会或者股东大会、董事会决议，符合《中华人民共和国民法典》第八十五条、《中华人民共和国公司法》（2018年修正）第二十二条第二款规定的，人民法院应当予以支持，但会议召集程序或者表决方式仅有轻微瑕疵，且对决议未产生实质影响的，人民法院不予支持。将自2024年7月1日起施行的《中华人民共和国公司法》第二十六条更是在保留原第二十二条第二款规定的基础上，吸收了《最高人民法院关于适用〈中华人民共和国公司法〉若干问题的规定（四）》第四条的规定，新增股东会决议程序仅存在轻微瑕疵而未产生实质影响的可撤销事由之例外。从决议可撤销制度立法宗旨来看，该制度的设立宗旨在于规范公司治理，防止中小股东的权利被架空，通过否定以违法程序假借多数决的公正意思而成立的决议效力，抑制股东无视决议程序侵害少数股东利益的现象，有助于贯彻程序正义的原则。从文义理解来看，该瑕疵应当属于轻微瑕疵，且对决议未产生实质影响，只有两者同时具备时才符合上述规定的情形。而如何认定是否属于轻微瑕疵，可能更多的是要从是否对决议造成实质影响的角度来反向推定，若未对决议造成实质影响的瑕疵，则很大可能被认定为轻微瑕疵。

法律或者公司章程关于“召开股东会应于会议召开十五日前通知全体股东”的规定的意义，除告知股东会议召开的时间、地点等基本信息外，更为重要的是确保股东提前获知会议议题所需要的信息，以便于提前了解会议内容、做好相应的会议准备，进而形成相关意见，参与会议表决，充分行使股东权利。因此，股东会召集过程中，公司应当将会议议题的相关内容、具体审议事项作为会议通知的一部分按照法律及公司章程规定的时间向股东送达。召开股东会会议的意义之一即为通过股东在会议中的发言、交换意见，使可能与己方意见不同的股东接受其主张或者通过了解其他股东的意见修正己方的主张，进而影响最终的决议内容。认定公司决议是否属于轻微瑕疵的实质要件在于该瑕疵是否实质性地剥夺了股东的参与表决权，若仅是未按照《中华人民共和国公司法》或公司章程规定的期限提前通知各股东，但在股东会会议召开前，已经通知到各股东，且会议的审议事项已达到公司法或公司章程规定的表决比例的，应当认定为会议召集程序仅有轻微瑕疵，且对决议未产生实质影响。在司法实践中，认定是否属于轻微瑕疵，且未对决议造成实质影响，应当从个案的具体情况出发，考量该瑕疵是否影响各股东公平地、合理地行使表决权，是否对决议结果造成了实质性的影响，两者互相依存，又互相支撑。

编写人：山东省济南市钢城区人民法院　苏友芹

七、损害公司利益责任纠纷

31

董事不当为公司设立合同义务应否向公司赔偿因该合同造成的损失

——甲仪表公司诉李某某、乙仪表公司损害公司利益责任案

【案件基本信息】

1. 裁判书字号

重庆市第一中级人民法院（2022）渝01民终8480号民事判决书

2. 案由：损害公司利益责任纠纷

3. 当事人

原告（被上诉人）：甲仪表公司

被告（上诉人）：李某某、乙仪表公司

第三人：某科技公司

【基本案情】

某科技公司股东为甲仪表公司、乙仪表公司，各持股9.3036%。李某某系某科技公司法定代表人兼董事长、乙仪表公司法定代表人和股东，李某某在乙仪表公司持股95%。

2015年6月4日，某科技公司与X公司签订《合作协议书》，约定双方共

同投资建设某仪表产业园项目，X公司打入某科技公司指定账户保证金200万元，该笔款项实际打入李某某个人账户。

2015年6月29日，某区管理委员会收回前述仪器仪表产业园项目用地，前述《合作协议书》未再继续履行。

2016年12月25日，某科技公司、乙仪表公司、李某某为甲方，X公司、邓某康、Z公司为乙方，某设备公司为丙方（甲方的担保人），三方签订《投资协议》，约定共同投资建设2014年2月某科技公司与璧山政府签约投资的某仪表产业园项目。由于原2015年6月4日《合作协议书》中约定事项无法入驻，甲方及担保人承诺在2016年12月25日前退还X公司土地款50万元、2017年2月25日前退还土地款60万元。

X公司等基于前述《投资协议》起诉某科技公司、李某某等，法院作出（2017）渝0120民初5640号民事判决，判决某科技公司、乙仪表公司、李某某退还X公司保证金款项60万元并支付逾期付款资金占用损失；法院同时作出（2017）渝0120民初5641号民事判决，判决某科技公司、乙仪表公司、李某某加倍返还Z公司、X公司、邓某康定金80万元。

基于（2017）渝0120民初5640号、5641号两案的执行，某科技公司在重庆某建设投资有限公司的合同保证金被法院扣划942378.6元。

2017年12月16日，某科技公司决议注销公司并成立清算小组，对公司债权债务进行清算。

2021年8月5日，甲仪表公司向某科技公司监事会递交《监事会提起诉讼申请书》，提请监事会对李某某及其他投资协议参与方提起诉讼。同年9月25日，某科技公司回复甲仪表公司：当前，我司已处于清算状态。本公司到目前为止，监事会已实际不存在。因此，建议贵司自行就李某某等人侵害公司利益向人民法院提起诉讼。

【案件焦点】

1. 李某某是否应向某科技公司承担赔偿责任；2. 李某某应当承担赔偿责任的具体数额。

【法院裁判要旨】

重庆市璧山区人民法院经审理认为：关于李某某是否应向某科技公司承担赔偿责任。《中华人民共和国公司法》第一百四十七条第一款规定了董事、监事、高级管理人员对公司负有忠实义务和勤勉义务。第一百四十九条规定了董事、监事、高级管理人员对公司的赔偿责任。本案某科技公司与X公司签订《合作协议书》，X公司根据该协议打入李某某个人账户保证金200万元。其后，某科技公司、乙仪表公司、李某某为甲方，X公司等为乙方，某设备公司为丙方（甲方的担保人），三方于2016年12月25日签订《投资协议》，约定甲方及担保人在2016年12月25日前退还X公司土地款50万元、2017年2月25日前退还土地款60万元（200万元的土地保证金余下的40万元作为乙方征用土地的定金）。而某区管理委员会于2015年6月29日向某科技公司收回仪器、仪表产业园项目用地，李某某作为法定代表人理应知晓。正系因《投资协议》，最终致使某科技公司被扣划942378.60元。最后，李某某以其个人账户收取公司款项，虽其诉称款项均用于公司开支，但并未举示有效证据予以证明，不予采信，李某某应向某科技公司承担赔偿责任。

关于李某某应当向某科技公司承担赔偿责任的具体数额。李某某作为公司法定代表人兼董事长违反法定义务，其担责理应以公司实际产生损失为限。李某某辩称根据（2017）渝0120民初5640号和（2017）渝0120民初5641号民事判决，某科技公司、乙仪表公司、李某某针对生效判决确定份额应当各自承担三分之一的责任即40万元。法院认为，（2017）渝0120民初5640号和（2017）渝0120民初5641号民事判决判项明确某科技公司、乙仪表公司、李某某退还相应款项，并未明确系连带责任，李某某诉称其仅承担40万元的赔偿责任于法无据。

重庆市璧山区人民法院依照《中华人民共和国民法典》第一百八十八条第一款、第一百九十五条第一款第三项，《中华人民共和国公司法》第二十一条、第一百四十九条第一款、第一百五十一条之规定，判决如下：

一、被告李某某于本判决生效后五日内赔偿第三人某科技公司942378.6元并支付资金占用损失（以 942378.60 元为基数，其中从 2018 年 12 月 13 日起至 2019 年 8 月 19 日止，按中国人民银行公布的同期同类基准贷款利率计算；从 2019 年 8 月 20 日起至实际付清之日止按照一年期 LPR 计算）；

二、驳回原告甲仪表公司的其他诉讼请求。

李某某、乙仪表公司不服一审判决，提起上诉。重庆市第一中级人民法院同意一审法院的裁判意见。

重庆市第一中级人民法院依照《中华人民共和国民事诉讼法》第一百七十七条第一款第一项之规定，判决如下：

驳回上诉，维持原判。

【法官后语】

一、勤勉义务的认定标准

为防止公司董事、监事、高管人员利用职务之便损害公司利益，《中华人民共和国公司法》规定了董事、监事、高管人员对公司的忠实义务和勤勉义务，并规定了上述主体损害公司利益的赔偿责任。《中华人民共和国公司法》第一百八十一条规定了违反忠实义务的具体情形，而对违反勤勉义务相关情形并无明确规定。根据相关研究成果，勤勉义务，是指公司董事、监事、高级管理人员在履行职务时应当遵守法律法规及公司章程规定，坚持谨慎、勤勉及公司利益最大化。董事、监事、高级管理人员勤勉义务的判断标准，即要求上述主体以一个合理谨慎的人在相似情形下所应表现的谨慎、注意和技能来履行其义务，主要包含以下内容：一是善意，即董事、监事、高级管理人员对其行为及其后果应尽到适当注意义务，避免因故意或重大过失对公司或者他人产生不利后果；二是注意，即董事、监事、高级管理人员应以理性人的标准，在其知识、专业、技能范围内对公司事务尽到合理的注意义务；三是合理地相信其行为符合公司的最佳利益。董事、监事、高级管理人员在进行商业决策时，应当合理地相信其行为符合公司的最佳利益。①

二、公司损失的认定

在损害公司利益责任纠纷中，公司损失应分为两类，一是现实利益的损失，主要包括公司现实财产的不合理支出、毁损、灭失或者失去控制，如董事、监事、高级管理人员违反《中华人民共和国公司法》第一百八十一条第一项、第二项、第四项的规定，侵占公司财产、挪用公司资金、将公司资金以其个人名义或者以其他个人名义开立账户存储、接受他人与公司交易的佣金资金归为己有等；二是预期利益的损失，主要包括使公司丧失了确定能够获取的商业机会及确定能够获得的商业利润。主要表现在董事、监事、高级管理人员违反《中华人民共和国公司法》第一百八十一条第五项、第一百八十三条、第一百八十四条的规定，擅自披露公司秘密，利用职务之便为自身或他人谋取属于公司的商业机会，自营或为他人经营与任职公司同类业务等。

三、董事、监事、高级管理人员损害公司利益的赔偿范围

董事、监事、高级管理人员违反勤勉义务损害公司利益实质上是一种侵权行为，对公司的损害赔偿责任应当以公司实际产生的损失为限。基于前述对损失的分析，此处的赔偿责任应包含两种类型：一是公司对董事、监事、高级管理人员因侵权行为获得的收益行使“归入权”。根据《中华人民共和国公司法》第一百八十六条的规定：董事、监事、高级管理人员违反本法第一百八十一条至第一百八十四条规定所得的收入应当归公司所有。此处“收入”范围，包括董事、监事、高级管理人员违反竞业限制规定所取得的收入，如在竞业公司取得的工资、奖金、分红、股权收益等；还包括上述主体在非法获取公司的商业机会中与案外人交易所获取的收益以及因披露公司商业秘密所获取的收益等。二是董事、监事、高级管理人员赔偿公司的损失。董事、监事、高级管理人员因违反勤勉义务造成公司直接财产损失时，应当承担该财产的赔偿责任，同时应支付资金占用损失；造成公司预期利益损失时，如若公司行使了“归入权”后，还

---

① 江必新、何东宁等：《最高人民法院指导性案例裁判规则理解与适用·公司卷》，中国法制出版社2012年版，第166~167页。

有其他损失的，公司应当继续请求董事、监事、高级管理人员赔偿该损失。

综上，本案中，李某某作为某科技公司的董事长和法定代表人，以其个人账户收取《合作协议书》约定的 200 万元保证金，在《合作协议书》不能继续履行时，应及时将保证金退还 X 公司。但李某某非但未退还，还操纵某科技公司及乙仪表公司与 X 公司等签订《投资协议》，并在该协议中为某科技公司设定退还前述保证金的义务，而李某某未退还前述保证金。此时不能认定李某某出于善意且尽到了合理的注意义务，以及李某某确信此举系为了公司的利益，故应当认定李某某违反了董事的勤勉义务。某科技公司在重庆某建设投资有限公司的合同保证金系某科技公司的财产，其因《投资协议》被法院执行扣划 942378.6 元，产生了现实的财产损失，与李某某违反勤勉义务的行为具有因果关系，李某某应当向某科技公司赔偿并支付资金占用损失。李某某辩称其只应当承担三分之一份额即 40 万元，因各责任方并未约定责任份额，法院生效判决亦未明确三主体应承担连带责任，且某科技公司损失系因李某某的过错造成，故李某某该辩称意见于法无据。

编写人：重庆市璧山区人民法院　孙海月

32

公司董事、监事、高级管理人员违反勤勉义务，造成公司损失的，应当承担赔偿责任

——甲网络科技公司诉温某某等损害公司利益责任案

【案件基本信息】

1. 裁判书字号

江苏省南京市中级人民法院（2022）苏 01 民终 11409 号民事判决书

2. 案由：损害公司利益责任纠纷

3. 当事人

原告（上诉人）：甲网络科技公司

被告（被上诉人）：温某某、乙网络科技公司、许某

【基本案情】

甲网络科技公司于2015年1月12日设立；2015年7月至2018年9月，乙网络科技公司是甲网络科技公司持股55%的股东，温某某是甲网络科技公司的法定代表人、执行董事，许某是甲网络科技公司的监事。

2021年3月，甲网络科技公司收到税务部门发出的《税务事项通知书》，载明2017年8月28日至29日甲网络科技公司开具的12张增值税普通发票存在疑点。

2021年4月1日，甲网络科技公司向税务部门补缴企业所得税并缴纳滞纳金合计231963.99元，其中企业所得税152808.95元、滞纳金79155.04元。

甲网络科技公司认为，乙网络科技公司作为公司股东，滥用股东权利损害公司利益；法定代表人、执行董事温某某和监事许某执行公司职务时违反法律规定，导致公司被税务部门处罚，给公司造成损失，应当承担赔偿责任。故甲网络科技公司诉至法院，请求判令乙网络科技公司、温某某、许某共同赔偿甲网络科技公司已补缴的税款损失231963.99元及逾期利息损失。

【案件焦点】

1. 甲网络科技公司接收案涉12份虚开发票被处罚，甲网络科技公司的损失范围应如何认定；2. 温某某、许某对前述行为是否存在过错；3. 乙网络科技公司对前述行为是否存在过错。

【法院裁判要旨】

江苏省南京市秦淮区人民法院经审理认为：甲网络科技公司在经营过程中接收他人虚开的增值税发票，系公司经营过程中的商业行为，由此引发的损失

或盈利均应由甲网络科技公司承担而不应由股东或高级管理人员承担。

江苏省南京市秦淮区人民法院依照《中华人民共和国公司法》第二十条、第一百四十六条、第一百四十七条、第一百四十八条、第一百四十九条，《中华人民共和国民事诉讼法》第六十七条第一款、第一百四十七条之规定，判决如下：

驳回甲网络科技公司的诉讼请求。

甲网络科技公司不服一审判决，提起上诉。江苏省南京市中级人民法院经审理认为：税务部门要求甲网络科技公司补缴的企业所得税款 152808.95 元，系甲网络科技公司经营期间应缴未缴的费用，不属于甲网络科技公司的损失。税务部门要求甲网络科技公司另行缴纳的滞纳金 79155.04 元是甲网络科技公司因迟延补缴而产生，属于甲网络科技公司额外支出的费用。

温某某作为甲网络科技公司的执行董事，许某作为甲网络科技公司的监事，对甲网络科技公司负有法定的忠实义务及勤勉义务，在履职期间保证公司合法经营、依法纳税系其应尽勤勉义务的基本要素及核心内容。根据甲网络科技公司章程规定，温某某作为公司执行董事、法定代表人，全面负责公司的经营管理，应对公司具体经营活动承担更严格的管理责任以防发生风险，但温某某未能尽到勤勉义务，与甲网络科技公司的受罚有直接的因果关系，应对甲网络科技公司的损失承担全部赔偿责任。许某怠于履行监事职责，未对执行董事履职行为进行监督，对甲网络科技公司的损失发生亦负有责任，许某未实际参与公司经营决策不能成为免除其监督失职的合理事由。但许某未直接授意或知晓损害公司利益行为而不作为，故根据许某过错程度，酌定许某就甲网络科技公司的损失与温某某连带承担50%的赔偿责任。公司章程对股东管理公司、监督公司财务工作无具体或特别的约定，乙网络科技公司不存在恶意或滥用股东权利的情形，不应对甲网络科技公司的损失承担责任。

江苏省南京市中级人民法院依照《中华人民共和国公司法》第二十条第一款、第一百四十七条第一款、第一百四十九条，《中华人民共和国民事诉讼法》第六十七条第一款、第一百七十七条第一款第二项之规定，判决如下：

一、撤销江苏省南京市秦淮区人民法院（2022）苏 0104 民初 1563 号民事判决；

二、温某某于本判决生效之日起七日内赔偿甲网络科技公司损失 79155.04 元及资金占用费（资金占用费以损失 79155.04 元为基数，自 2021 年 4 月 1 日起至实际清偿之日止按照同期一年期贷款市场报价利率计算）；

三、许某对温某某的前述第二项赔偿义务在 50% 范围内承担连带赔偿责任；

四、驳回甲网络科技公司的其他诉讼请求。

【法官后语】

董事、监事、高级管理人员应当遵守法律、行政法规和公司章程，对公司负有忠实义务和勤勉义务。董事、监事、高级管理人员执行公司职务时违反法律、行政法规或者公司章程的规定，给公司造成损失的，应当承担赔偿责任。《中华人民共和国公司法》关于董事、监事、高级管理人员的勤勉标准属于典型的严格勤勉标准，包括决策勤勉及监督勤勉。如何认定公司董事、监事、高级管理人员是否违反勤勉义务，是司法实践中值得探讨的问题。本案的核心在于，从董事、监事、高级管理人员各自职责范围及应负的合理监督义务来确定勤勉义务的具体内容，再根据认定的勤勉义务内容，审查该违反行为有无给公司造成损失，从而确定其是否应当承担相应的赔偿责任。审判实践中，应当注意以下四点：

其一，董事、监事、高级管理人员主张其已勤勉尽责的，应当根据工作岗位和职责、在损害公司行为中所起的作用、取得和了解相关情况的渠道、为避免损失发生所采取的措施等实际情况进行审查认定。董事、监事、高级管理人员不能提供勤勉尽责的相关证据，仅以其不从事日常经营管理、无相关职业背景和专业知识等理由主张没有过错的，应不予支持。

其二，公司的法定代表人决定公司的经营计划和投资方案，决定公司内部管理机构的设置，决定聘任或者解聘财务负责人，制定公司的基本管理制度，全面负责公司的经营管理，应对公司具体经营活动承担更严格的管理责任以防发生风险。法定代表人未尽到勤勉尽责义务，与公司的损失之间存在直接的因果联系，应对公司的损失承担全部赔偿责任。

其三，公司的监事职责包括：检查公司财务，对董事、高级管理人员执行公司职务的行为进行监督，要求董事、高级管理人员纠正损害公司利益的行为等。原则上，公司监事不直接从事公司的经营管理，其未履行监督职责放纵了董事、高级管理人员做出损害公司利益行为，与公司利益损失之间具有一定的关联，但与董事、高级管理人员的主观故意相比，公司监事的过错程度较轻，应承担与其过错程度相匹配的部分连带责任。

其四，公司的高级管理人员履行职务，应当遵守法律、行政法规和公司章程。高级管理人员的勤勉义务要求行为人履行其职责时必须表现出一般审慎者处于相似位置时在类似情况下所表现出来的勤勉、注意和技能，同时，在从事公司经营管理活动时应当恪尽职守，尽到其所应具有的经营管理水平。认定高级管理人员是否违反勤勉义务应当以其职责范围来判断，不应将公司的全部事项均作为高级管理人员是否尽到勤勉义务的判断标准，而应根据高级管理人员勤勉义务的具体内容进行审查，进而确定其是否应就公司的损失承担相应的赔偿责任。

编写人：江苏省南京市中级人民法院　程俊杰　王怡文

33

公司董事免职后继续行使职权的，对公司仍负有忠实勤勉义务

——某科技公司诉张甲损害公司利益责任案

【案件基本信息】

1. 裁判书字号

江苏省无锡市中级人民法院（2022）苏02民终4780号民事判决书

2. 案由：损害公司利益责任纠纷

3. 当事人

原告（被上诉人）：某科技公司

被告（上诉人）：张甲

【基本案情】

2020年5月7日，某科技公司股东会作出决议：免除张甲公司执行董事及法定代表人职务，选举吴某某为公司新的执行董事及法定代表人。当日，吴某某向张甲连发三条短信，明确告知张甲其已无权代表公司，不准动用公司资金聘请安保。2020年5月8日，无锡市锡山区人民法院受理张甲诉某科技公司、第三人吴某某、张乙、朱某里、李某公司决议撤销纠纷一案，张甲诉请：判决撤销某科技公司于2020年5月7日作出的股东会决议。江苏省无锡市锡山区人民法院于2020年6月15日作出判决，驳回张甲的诉讼请求，二审维持原判。2020年8月3日，江苏省无锡市锡山区人民法院受理某科技公司诉张甲、张甲星损害公司利益责任纠纷一案，并于2021年8月1日判决驳回某科技公司的诉讼请求，二审维持原判。

某保安服务公司先后与某科技公司签订了5份《保安服务合同》，其中：1.2020年4月13日《合同A》，约定某科技公司向某保安服务公司聘用保安人员2名，服务期限自2020年4月13日起至5月12日止，共计14000元，某科技公司已支付；2.2020年4月24日《合同B》，约定某科技公司聘请保安人员7名，服务期限自2020年4月24日起至6月12日止，共计43500元，某科技公司已支付；3.2020年4月30日《合同C》，约定某科技公司聘用长期保安人员共8人次，分为白班、夜班，自2020年5月1日起，保安服务计费为12500元/2人/月，每月支付一次，某科技公司仅支付了2020年5、6、7月的服务费用；4. 未载明签订时间的《合同D》，约定某科技公司聘用临时保安人员共375人次，服务期限自2020年5月7日起至5月11日止，保安服务计费为500元/人/次，共计187500元，某科技公司已支付；5. 未载明签订时间的《合同E》，约定某科技公司聘用临时保安人员共30人次，服务期限2020年5月12日一天，保安服务计费为500元/人/次，共计15000元，某科技公司已支付。2020年9月27日，吴某某代表某科技公司向某保安服务公司签发合同解约书，载明："某科技公司与贵司的保安服务合同现需要提前解约，某科技公司今日起自行负责公司安全，后续任何责任与贵司无关，感谢贵司之前的支持，保安服务尾款将在公司财务接管后完成支付，提前解约本公司将补偿保安10日安保费用。"

某科技公司认为，2020年5月7日起张甲已经不是某科技公司的执行董事，无权再聘请第三方公司提供安保服务对抗某科技公司正常向公司客户发货，且某保安服务公司提供的安保服务也并非某科技公司正常生产经营所必需的服务，因此，张甲应该赔偿某科技公司因此支出的费用共计202500元（《合同D》和《合同E》费用）。

【案件焦点】

1. 本案中张甲是否为负有忠实勤勉义务的董监高适格主体；2. 张甲签订两份涉诉合同的行为是否损害了某科技公司的利益。

【法院裁判要旨】

江苏省无锡市锡山区人民法院经审理认为：董事、监事、高级管理人员应当遵守法律、行政法规和公司章程，对公司负有忠实义务和勤勉义务。张甲曾任某科技公司的法定代表人及执行董事，在某科技公司内部，其于2020年5月7日经股东会决议已被免除法定代表人及执行董事职务，但是对外，其在被免职后与某保安服务公司签订的案涉两份保安服务合同即《合同D》《合同E》，仍被认定是其代表某科技公司签订的合同，且某科技公司已向对方某保安服务公司履行合同约定的付款义务。据此，张甲签订案涉两份合同的行为是以法定代表人的名义对外履行的职务行为，某科技公司有权向张甲追究其履职行为是否符合某科技公司的利益。法院认为，张甲签订两份涉诉合同的行为不符合某科技公司的利益，理由如下：首先，案涉两份保安服务合同分别是《合同D》《合同E》，合同约定由某保安服务公司提供2020年5月7日至11日以及2020年5月12日的安保服务。综合查明情况，某科技公司股东在2020年5月7日已为争夺公司控制权爆发矛盾且在当日经股东会决议变更了法定代表人，张甲已不担任某科技公司执行董事及法定代表人。张甲明知自己已丧失身份且在当日已收到新任法定代表人吴某某明确告知其无权代表公司聘任保安的情况下，仍然与某保安服务公司签订保安服务合同聘用保安的行为，无法证明是其基于为某科技公司的利益所为。其次，《合同D》约定某科技公司自2020年5月7日至11日向某保安服务公司聘用临时保安人员共375人次，以此计算某保安服务公司每天向某科技公司提供75人次的保安服务，《合同E》约定2020年5月12日提供30人次的保安服务。根据庭审查明，某科技公司当时内设监控，可对公司情况进行实时监控，某科技公司以往并未单独聘用保安，仅有园区提供的物业管理服务。即便是张甲此前代表某科技公司与某保安服务公司签订的《合同A》《合同B》《合同C》，2020年4月开始聘用的保安数量每日也仅有数名。本案中，张甲没有证据证明在此期间某科技公司需要额外的大量保安服务的必要性和正当性，且聘用保安数量之大实在有违常理。再次，张甲辩称其代表公司聘用保安是因为公司其他股东存在聘用保安砸门而入、占据仓库及办公室的行为，对此，法院认为，根据某科技公司 2020 年 5 月 7 日的股东会决议，张甲本应与新任法定代表人进行交接，其他股东亦是在无法正常交接取得公司控制权、张甲阻止公司正常发货的情况下采取了前述行为。即使张甲认为其他股东的行为已损害公司利益，也完全可以就损害行为及后果向损害人主张赔偿，而非以某科技公司的名义聘请保安为自己与其他股东形成对峙，造成公司额外的损失。本案中，如张甲未与某保安服务公司签订案涉两份合同，即所聘保安没有到场，则公司股东矛盾的结果也仅是公司新任管理层及时进驻公司、客户订购的货物如期发出，该结果完全符合某科技公司的利益。最后，张甲辩称吴某某认可某保安服务公司服务的意见，法院认为，某保安服务公司与某科技公司此前还签订有《合同 A》《合同 B》《合同 C》，某保安服务公司自 2020 年 4 月开始为某科技公司提供保安服务，吴某某在合同解约书中称“感谢贵司之前的支持”，纯属礼节性用词，不能据此认定为新任法定代表人认可《合同 D》《合同 E》项下的服务。综上，一审法院认为，张甲签订《合同 D》《合同 E》的行为不符合某科技公司的利益，系为个人利益所为，某科技公司为此支付的合同价款即为某科技公司的损失，应由张甲赔偿。

江苏省无锡市锡山区人民法院依照《中华人民共和国公司法》第一百四十七条第一款、第一百四十九条之规定，判决如下：

张甲于该判决生效之日起 3 日内向某科技公司赔偿 202500 元及利息损失（以 202500 元为基数，自 2022 年 3 月 29 日起至实际支付之日止，按全国银行间同业拆借中心公布的贷款市场报价利率计算）。

张甲不服一审判决，提起上诉，江苏省无锡市中级人民法院同意一审法院裁判意见。

江苏省无锡市中级人民法院依照《中华人民共和国民事诉讼法》第一百七十七条第一款第一项之规定，判决如下：

驳回上诉，维持原判。

【法官后语】

董事、监事、高级管理人员享有法律和公司章程赋予的管理、监督公司事务的职权，同时负有对公司忠诚和勤勉的义务，在执行公司职务时，依照法律和公司章程行使职权，履行义务，维护公司的利益。董监高的忠实义务，要求其在履行管理公司、经营业务职责中，以公司最大利益为出发点，当自身利益与公司利益发生冲突时，必须以公司利益为重，不得将自身利益凌驾于公司利益之上，更不能为了满足自身利益而侵害公司利益。司法实践中，董监高违反忠实义务的情形，主要集中在董监高在与公司的直接交易、关联交易中不当牟利、支取过高的管理报酬、争夺公司商业机会、与公司形成同业竞争等。董监高的勤勉义务，总体来讲要求其在从事公司经营管理活动时恪尽职守，表现出其所应当具备的经营管理水平，通常来讲，就是尽到一个处于相似位置、类似情况下的行为人所应表现出的审慎、勤勉、注意等。《中华人民共和国公司法》并未细化董监高勤勉义务的具体内容，公司往往会在公司章程、内部规章制度及高级管理人员与公司签订的合同中进行详细规定，因此不同公司、不同岗位层级的高级管理人员，其勤勉义务的具体要求会有差异。司法实践中认定董监高是否违反勤勉义务，应当以其职责范围为限，以职责内容作为判断标准，是否审慎决策、勤勉尽责。

《中华人民共和国公司法》第一百八十八条规定：董事、监事、高级管理人员执行职务违反法律、行政法规或者公司章程的规定，给公司造成损失的，应当承担赔偿责任。对违反忠实勤勉义务引发的损害公司利益的责任纠纷，审理中首先遵循的就是一般侵权责任的认定原理，除此之外，还应着重从行为人主体是否适格、侵权行为是否系行为人私自作出、受损利益是否属于公司等方面，坚持实质判断原则、对照忠实勤勉义务内涵对责任予以认定。具体来讲，董事、监事、高级管理人员承担赔偿责任应当具备以下条件：一是必须有公司受到损害的事实存在；二是损害行为必须是董事、监事、高级管理人员违反法律、行政法规或者公司章程执行职务的行为；三是违法行为与损害事实之间必须有因果关系；四是行为人必须有过错，也就是必须有过失或者故意。承担责任的方式，可以根据受侵害的公司权益的性质、具体情况的不同，采取不同的办法，司法实践中主要是赔偿公司财产损失。关于行为主体，原则上只有具有公司董事、监事、高级管理人员身份的行为人，才可能成为承担董监高赔偿责任的义务人，但是公司的董监高在被免职后继续行使职权的，仍属于适格主体，其行使职权的行为仍应受到忠实勤勉义务的规制。

编写人：江苏省无锡市锡山区人民法院　蔡永芳

34

公司高级管理人员损害公司利益的责任认定及赔偿范围

——甲信息技术公司诉徐某某等损害公司利益责任案

【案件基本信息】

1. 裁判书字号

浙江省绍兴市中级人民法院（2022）浙06民终3401号民事判决书

2. 案由：损害公司利益责任纠纷

3. 当事人

原告（被上诉人）：甲信息技术公司

被告（上诉人）：徐某某

被告：甲科技公司、乙科技公司

【基本案情】

甲信息技术公司于2017年3月21日成立，经营范围为：计算机信息技术开发、技术服务；计算机信息系统集成；计算机软硬件设备、办公用品、电脑耗材销售；计算机设备维修与维护等。赵某某为法定代表人，系执行董事。公司由赵某某、徐某某、丁某甲、金某四名股东组成。同时，徐某某与甲信息技术公司签订《劳动合同》，担任副总经理岗位工作。丁某甲系甲信息技术公司总经理，王某为财务部门负责人，丁某乙为技术部门负责人。从甲信息技术公司部分员工的加班申请表上体现出，徐某某是在部门负责人审批后再进行审批签字，最后一栏由董事长赵某某签字。在部分由公司总经理丁某甲或财务部门负责人作为报销人签字的报销单上，主管一栏由徐某某审批签字。在徐某某作为报销人签字的报销单上，主管一栏由董事长赵某某审批签字。在部分员工请假条、调整工资支付申请表、员工离职申请书上，均由徐某某审批签字。

甲信息技术公司曾与多家单位存在计算机信息技术服务及设备硬件买卖等业务。2020年8月24日，甲科技公司成立，徐某某担任该公司执行董事兼总经理，系法定代表人。2022年4月13日，该公司法定代表人变更为金某，徐某某不再担任执行董事兼总经理。公司经营范围包含：网络信息技术、计算机软硬件的技术开发、技术服务；计算机系统集成服务；办公家具、楼宇智能设备、计算机软硬件、办公用品、电子产品销售等方面。2021年4月19日，乙科技公司成立，被告徐某某担任该公司执行董事兼经理，系法定代表人及唯一股东。2022年5月20日，该公司法定代表人变更为竺某芹，股东变更为竺某芹。公司经营范围为：技术服务开发、技术咨询、软件开发、信息系统集成服务、信息系统运行维护服务、信息技术咨询服务、网络技术服务；网络设备、办公设备销售、计算机软硬件及辅助设备批发、计算机及办公设备维修等。

另，甲信息技术公司的股东丁某甲入股乙信息技术公司，在该公司任监事，该公司与甲信息技术公司经营范围存在重合，且该公司成立时间早于甲信息技术公司。

甲信息技术公司的股东赵某某、丁某甲入股某信息产业公司，赵某某为该公司法定代表人并担任总经理、执行董事职务，丁某甲任监事职务，该公司与甲信息技术公司经营范围存在重合，且该公司成立时间早于甲信息技术公司。

甲信息技术公司的股东赵某某及甲信息技术公司本身入股某养老服务公司，赵某某在该公司任经理职务，该公司经营范围与甲信息技术公司存在重合，且该公司成立于甲信息技术公司之后。

甲科技公司于2020年12月中标A单位关于无纸化办案办公设备（二期）采购项目；于2021年7月中标B单位关于计算机存储设备扩容项目；于2021

年9月、11月中标C单位关于网上办事大厅硬件设备维保、安全信息服务维保、机房维护及计算机维修外包三个项目。乙科技公司于2021年11月中标D单位关于劳动实践教室设备及装修和计算机组装与维修实训室设备两个项目。某养老服务公司于2021年5月中标E单位事务数字化管理保证平台建设项目。乙信息技术公司于2017年9月中标B单位关于网络应用防护系统项目，于2019年12月中标B单位网络改造项目；2020年11月中标C单位关于电脑网络设备维护、桌面云软件维保项目；于2021年10月中标B单位防火墙采购项目。根据徐某某的国家税务总局个人所得税软件账户显示，2020年1月至2021年9月，扣缴义务人为甲信息技术公司，收入由甲信息技术公司发放。自2021年11月开始，扣缴义务人为乙科技公司，收入由乙科技公司发放，其中2021年11月、12月的工资薪金为7000元/月。

【案件焦点】

1. 徐某某是否为甲信息技术公司高级管理人员；2. 徐某某是否存在违反忠实义务的行为；3. 徐某某应当承担何种责任；4. 甲科技公司、乙科技公司是否承担责任。

【法院裁判要旨】

浙江省绍兴市越城区人民法院经审理认为：关于徐某某高级管理人员身份认定。《中华人民共和国公司法》第二百一十六条对“高级管理人员”的定义是指“公司的经理、副经理、财务负责人，上市公司董事会秘书和公司章程规定的其他人员”。从劳动合同内容看，徐某某担任甲信息技术公司副总经理职务。从加班申请表、员工离职申请表、调整工资支付申请表、报销单等签字审批内容看，徐某某的审批职权大于部门负责人，其对于公司人事任免、财务报销等方面具有公司层面的管理职权，从实质上亦可认定徐某某系甲信息技术公司的高级管理人员。关于徐某某是否违反忠实义务。徐某某在甲信息技术公司担任副总经理期间，同时担任甲科技公司、乙科技公司的法定代表人及执行董事，参与该两公司的经营，而甲科技公司、乙科技公司的经营范围与甲信息技术公司存在高度重合，该两公司承接业务的客户亦与甲信息技术公司客户存在混同，因此可以认定徐某某已构成自营或者为他人经营与所任职公司同类业务的行为，徐某某的该行为违反了其对甲信息技术公司负有的忠实义务。徐某某抗辩甲信息技术公司各股东均在自营或为他人经营与甲信息技术公司同类业务，股东之间形成了该种惯例，但未有证据证明甲信息技术公司股东会已达成上述内容相关决议，或各股东已达成一致意见，故对徐某某的该抗辩意见不予采纳。关于徐某某应当承担何种责任。徐某某自营或为他人经营与甲信息技术公司同类业务，违反对甲信息技术公司的忠实义务所获得的收入，应当归甲信息技术公司所有。关于收入如何认定。徐某某提交了其个人所得税申报的收入明细，结合甲信息技术公司提交的各类审批单据看，徐某某应已于2021年10月起不在甲信息技术公司行使高级管理人员职权。考虑徐某某在甲科技公司、乙科技公司成立之初即担任该两公司法定代表人兼执行董事，故参照其在乙科技公司7000元/月的收入标准计算徐某某自该两公司成立时至其不在甲信息技术公司任职期间的收入，酌情确定为133000元，该收入应归于甲信息技术公司。而关于甲信息技术公司要求徐某某赔偿损失150万元的诉请，从查明的事实来看，甲信息技术公司的股东赵某某、丁某甲在公司成立之前即存在对外投资与甲信息技术公司具有同类业务的乙信息技术公司与某信息产业公司，且赵某某在甲信息技术公司成立后亦投资入股与甲信息技术公司具有同类业务的某养老服务公司，甲信息技术公司所称的长期合作的客户单位亦与上述公司存在业务合作，上述客户单位并非甲信息技术公司的固定客户。现徐某某任职的甲科技公司、乙科技公司虽中标了曾与甲信息技术公司合作过的客户单位项目，但甲信息技术公司未能证明该商业机会本应属于其，且商事交易中的招投标活动本就具有不确定性，甲信息技术公司亦陈述其未参与上述项目的招标，故甲信息技术公司未能获得上述商业机会与徐某某不具有必然的因果联系，甲信息技术公司亦未能提供证据证明徐某某执行职务时存在其他过错，故甲信息技术公司的该项诉请缺乏事实与法律依据，法院不予支持。关于甲信息技术公司要求徐某某停止对其侵权损害行为，在其担任甲信息技术公司经理期间不得自营或为他人经营与其同类业务的诉请，因甲信息技术公司自述徐某某已于2021年解除与公司的社保关系，且未有证据显示徐某某目前尚在甲信息技术公司行使高级管理人员职权，故不应再对徐某某的行为进行限制，对甲信息技术公司的该项诉请，法院不予支持。关于甲科技公司、乙科技公司是否承担责任。根据《中华人民共和国公司法》第一百四十八条第二款规定：“董事、高级管理人员违反前款规定所得的收入应当归公司所有。”违反忠实义务的赔偿责任主体仅为侵权的董事、高级管理人员，并不包括其就任的公司。虽甲科技公司、乙科技公司成立之初的法定代表人、执行董事为甲信息技术公司的高管徐某某，但甲科技公司、乙科技公司与甲信息技术公司系彼此独立的经营主体，甲科技公司、乙科技公司对甲信息技术公司不负有忠实义务和勤勉义务，也非公司法规定的竞业禁止义务主体，不应承担法律责任，故甲信息技术公司要求甲科技公司、乙科技公司停止对甲信息技术公司的侵权行为，要求其承担连带赔偿责任，缺乏事实和法律依据。

浙江省绍兴市越城区人民法院依照《中华人民共和国公司法》第一百四十七条第一款、第一百四十八条、第二百一十六条和《中华人民共和国民事诉讼法》第六十七条第一款之规定，判决如下：

一、徐某某应于判决生效之日起三十日内支付给甲信息技术公司133000元；

二、驳回甲信息技术公司的其他诉讼请求。

徐某某不服一审判决，提出上诉。浙江省绍兴市中级人民法院经审理认为：本案二审争议焦点为：一是徐某某是否存在违反忠实义务的行为；二是一审判决酌情确定徐某某收入133000元应归于甲信息技术公司是否正确。关于争议焦点一。一审判决已认定徐某某为甲信息技术公司高级管理人员并作详细分析，本院予以认同。根据《中华人民共和国公司法》第一百四十七条第一款规定：董事、监事、高级管理人员应当遵守法律、行政法规和公司章程，对公司负有忠实义务和勤勉义务。徐某某在甲信息技术公司担任副总经理期间，同时担任甲科技公司、乙科技公司的法定代表人及执行董事，参与该两公司的经营。徐某某上诉以三公司在注册登记时的经营范围描述的文字不同来说明三公司并非经营同类业务，从而排除《中华人民共和国公司法》第一百四十八条第五项规定的适用。企业是否经营同类业务，可从两方面观察：一是登记的经营范围和所属行业；二是实际从事的经营业务。本案中，从登记情况来看，三公司所属行业均为软件和信息技术服务业，经营范围均涉及计算机及信息技术，显然属于同类业务。从服务的客户来看，甲科技公司、乙科技公司承接业务的客户也与甲信息技术公司的客户存在混同，据此可认定徐某某已构成自营或者为他人经营与所任职公司同类的业务。《中华人民共和国公司法》第一百四十八条第一款第五项规定：董事、高级管理人员不得有下列行为：未经股东会或者股东大会同意，利用职务便利为自己或者他人谋取属于公司的商业机会，自营或者为他人经营与所任职公司同类的业务。本案中，徐某某的行为违反了公司法该项规定，违反了其对甲信息技术公司负有的忠实义务，一审判决认定事实清楚。关于争议焦点二。为了查清徐某某在甲科技公司、乙科技公司任职期间违反忠实义务的收入情况及甲信息技术公司的损失，甲信息技术公司曾向一审法院提出审计，一审法院也询问甲科技公司、乙科技公司、徐某某能否提供相关合同对应的两公司的财务账册、记账凭证以及徐某某个人所得税记录，但甲科技公司、乙科技公司、徐某某并未提供两公司对应的财务账册、记账凭证，在此情况下，一审法院依照徐某某提交的个人所得税申报的收入明细，参照其在乙科技公司7000元/月的收入标准计算徐某某自该两公司成立时至其不在甲信息技术公司任职期间的收入，酌情确定133000元收入归于甲信息技术公司并无不当。

浙江省绍兴市中级人民法院依照《中华人民共和国民事诉讼法》第一百七十条第一款第一项之规定，判决如下：

驳回上诉，维持原判。

【法官后语】

所谓竞业禁止，是指董事等高级管理人员不得从事与本公司营业性质相同或类似的商业行为，不得自行处理与自身利益有关而又与公司利益相冲突的事务。规定竞业禁止义务，是法律为公司、企业高级管理人员设置的一道屏障，是一处法律上的隔离带。其功能在于把公司、企业高级管理人员的私利与公司、企业的合法权益隔离、区分开来，以防止利益混同或侵吞公司利益。如果公司、企业高层管理人员为一己私利而违反其所负担之竞业禁止义务，法律将追究其相应的法律责任。本案是公司诉其高管违反竞业禁止义务所引发的损害公司利益的责任纠纷，涉及高级管理人员的认定，认定违反竞业禁止义务、忠诚义务的标准及公司归入权的行使问题。对上述内容进行细化，展开讨论，对于同类型案件具有较强的借鉴意义。

关于高级管理人员的认定。概念内涵可依据《中华人民共和国公司法》(以下简称《公司法》）第二百六十五条中对高级管理人员该用语的含义进行理解，即高级管理人员，是指公司的经理、副经理、财务负责人、上市公司董事会秘书和公司章程规定的其他人员。而实践中，因公司规模、人员数量的不同导致不同公司高级管理人员并未有统一职务称呼，或存在虽任职名为经理、副经理等，但实际并非高级管理人员的情形。故若仅依据职务称呼，并不能做出对高级管理人员的合理界定。而从公司内部的文件资料着手，不失为简单易操作的办法。从公司内部文件资料，可探究该人员所处地位、行使职权的大小，对公司内部管理或外部业务是否具有决策权，实践中可通过查看劳动合同、对外文件、公司任命文件、董事会会议记录、各类财务报销审批单等，从而判断该人员的工作内容及权限是否达到高级管理人员级别。本案即从劳动合同内容、加班申请表、员工离职申请表、调整工资支付申请表、报销单等签字审批内容判断徐某某的审批职权大于部门负责人，其对于公司人事任免、财务报销等方面具有公司层面的管理职权，从而认定其为公司高级管理人员。

关于竞业禁止、忠诚义务。对于违反忠实义务的事实认定，属于何种违反忠实义务的行为属于本案审理的一个焦点。笔者认为，公司高管在任职期间另行设立其他公司与其任职公司经营同类业务，应属于竞业禁止行为。公司董事、高管侵犯股东权益和公司利益的行为不仅会导致作为股东的投资利益受损，也会导致公司本身的经营受到不良影响，更会伤及公平竞争的市场秩序。《公司法》第一百八十四条规定：董事、监事、高级管理人员未向董事会或者股东会报告，并按照公司章程的规定经董事会或者股东会决议通过，不得自营或者为他人经营与其任职公司同类的业务。由该项概括性规定可知，《公司法》虽明确预见了该类行为的危害，并试图对此进行规制，但仅是列举了违反忠实义务的一般情形，对于自营或者为他人经营同类业务的具体情形未进行明确。审判实践中，对于竞业禁止，有的观点认为，“自营”仅是为自己个体经营，或者独资经营。“为他人经营”亦有参与经营、实际经营以及为他人经营提供支持等不同理解。公司董事、高管违反忠实义务的行为具有一定程度的隐蔽性，通过设立公司经营与所任职公司同类业务的行为，因该所设公司与所任职的公司均系独立法律主体，其隐蔽性更强。从《公司法》第一百八十四条的立法取向看，其主旨在于将董事、监事、高管的一己私利与公司的合法权益进行区分并予以隔离，其目的在于防止发生利益混同或侵吞公司利益的现象。本案中，徐某某在甲信息技术公司任职期间又在甲科技公司和乙科技公司担任法定代表人及执行董事，而该两公司的经营范围与甲信息技术公司存在高度重合，承接业务的客户亦存在混同，可认定徐某某的行为已符合《公司法》第一百八十四条规定的董事、监事、高管的竞业禁止的行为特征，违反了公司高管应尽的忠实义务。

关于公司归入权的行使。根据《公司法》第一百八十六条的规定，董事、监事、高管违反忠实义务的，所得收入应当归还公司，即公司享有“收入归入权”。如何进行“收入”的界定及明确计算方式是审理该类案件的关键。主张收入归入权的案件，难免会涉及收入的计算，现有法律及司法解释并未规定收入的计算方法。实践中，收入的计算通常包括以下方法：(1) 通过账户往来金额测算个人因违反忠实义务所得的实际收入。该方法适用于账户直接进行结算的情形，但无法适用于直接现金往来（除非当事人自认）；(2) 计算自营业务（或为他人经营同类业务）的利润。但本案收入均无法测算，故按照该高级管理人员个人所得税申报情况，酌情确定推算其在乙科技公司、甲科技公司的月均收入，而收入的计算截止时间，确定为其不在甲信息技术公司担任高级管理人员之时。本案的处理方式不失为一种便捷高效的裁判思路。

编写人：浙江省绍兴市越城区人民法院　娄国琴

八、损害公司债权人利益责任纠纷

35

公司减资通知义务和恶意转让股权以逃避债务的认定规则

——吕某某诉王某某等股东损害公司债权人利益责任案

【案件基本信息】

1. 裁判书字号

上海市第一中级人民法院（2023）沪 01 民终 1373 号民事判决书

2. 案由：股东损害公司债权人利益责任纠纷

3. 当事人

原告（被上诉人）：吕某某

被告（上诉人）：王某某、陈某某、某投资公司

【基本案情】

2020 年 5 月 14 日，本院出具民事调解书，载明“一、被告某科技公司应于 2020 年 12 月 31 日前支付原告吕某某借款人民币 2600000 元；二、被告某科技公司应支付原告吕某某自 2018 年 7 月 1 日起至实际清偿日为止，以 2600000 元为基数，按年利率 8%计算的利息；三、本案诉讼费 15160 元、财产保全费 5000 元，合计 20160 元，由被告某科技公司负担，并于 2020 年 12 月 31 日前支付给原告吕某某；四、双方无其他争议”。截至本案发生时，案外人某科技公司尚

欠原告吕某某借款本金2237044元及利息，诉讼费、财产保全费共计20160元。

案外人某科技公司成立于2016年2月18日，注册资本50000万元，发起股东为案外人黄某、严某。2016年7月1日，黄某将持有某科技公司40%股权作价0元转让给某投资公司，将持有某科技公司56%股权作价0元转让给吕某某。2017年6月1日，吕某某与被告王某某签订股权转让协议并办理变更登记手续，将持有某科技公司56%股权作价0元转让给王某某。2017年8月11日，案外人严某与王某某签订股权转让协议并办理变更登记手续，将持有某科技公司4%股权作价0元转让给王某某。某投资公司与陈某某签订股权转让协议并办理了相应变更登记，将持有某科技公司40%的股权作价0元转让给陈某某。

2019年11月27日，某科技公司作出股东会决议，被告王某某减少认缴出资29856万元，被告陈某某减少认缴出资19904万元。2019年11月30日，某科技公司在《新闻晨报》上刊登了减资公告，并于2020年1月15日，出具《有关债务清偿及担保情况说明》，载明："根据2019年11月27日某科技公司的股东关于减资的决定，本公司编制了资产负债表及财产清单，在该决议作出之日起的10日内通知了债权人，并于2019年11月30日在《新闻晨报》上刊登了减资公告。"同时载明："根据公司编制的资产负债表及财产清单，公司对外债务为0万元。至2020年1月15日，公司已向要求清偿债务或提供担保的债权人清偿了全部债务或提供了相应的担保。未清偿的债务，由公司继续负责清偿，并由王某某、陈某某在法律规定的范围内提供相应的担保。"

【案件焦点】

1. 公司减资中，某科技公司主张债权人吕某某因工作便利已经知道减资事宜，是否可以免除其通知义务，或者认定其已经将减资事宜通知债权人吕某某；2. 被告王某某、陈某某、某投资公司的股权转让行为是否存在恶意转让以逃避公司债务情形。

【法院裁判要旨】

上海市金山区人民法院经审理认为：公司减资需依照严格的法定程序进行。

首先，公司减资决议形成时与债权人的债权债务关系是否已经得到确认，并非其履行通知义务的前提。只要公司减资前其与债权人的债权债务关系基础已经存在，债权人的或然债权有转化为现实债权的可能性，公司减资就应当通知该债权人。其次，减资程序中的直接通知与报纸公告为减资的双重程序，缺一不可，即直接通知债权人与在报纸刊登公告需一并进行，而非选择适用。相对于直接通知，公告是一种补充的告知方式，只有在无法直接通知债权人的情况下，公司才可仅采用公告进行通知。本案中某科技公司减资时虽然对吕某某的债权债务关系、债务金额尚未确定，但某科技公司与吕某某的借款融资基础事实已经存在，某科技公司就减资事宜对吕某某负有通知的义务，以便吕某某选择要求某科技公司清偿债务或者提供相应担保。现被告王某某辩称吕某某完全知情，但未提交相应证据证明其履行了通知义务，其抗辩本院不予采信。某科技公司未履行通知义务，违反公司法的相关规定，存在程序瑕疵。

股东转让已认缴出资但未届缴资期限的股权的，由受让人承担缴纳该出资的义务并对公司债务承担责任，除非原股东存在恶意转让股权以逃避公司债务的情形。本案中，原告吕某某和某科技公司的债权债务关系基础事实成立于2016年6月30日，还款到期日依照合同约定为2018年6月30日，而涉案股权转让行为则发生于2019年11月7日，虽然此时某科技公司和吕某某的债权债务关系尚未经过法院确认，但其借款期限已满尚未还款的基础事实已经形成。在此情形下，某投资公司将所持有某科技公司股权作价0元转让给被告陈某某，而陈某某又系时任某投资公司法定代表人王某某的近亲属，且陈某某本人生于1949年，明显缺乏出资能力。同时，被告王某某作为《可转债借款融资协议》的担保人，对某科技公司与吕某某的借款事实完全清楚，其本人亦以0元获得吕某某转让的某科技公司股权，应当认定其对某科技公司注册资本未实缴情况完全知悉。此外，某投资公司股权转让和某科技公司减资行为同时发生，股权转让协议和减资决议均于2019年11月27日作出。故结合上述情形综合判断，被告某投资公司具有恶意转让股权逃避公司债务情形。

上海市金山区人民法院依照《中华人民共和国公司法》第三条、第二十条、第一百七十七条，《最高人民法院关于适用〈中华人民共和国公司法〉若干问题的规定（三）》第十三条第一款及第二款，《中华人民共和国民事诉讼法》第一百四十五条之规定，判决如下：

一、王某某应于判决生效之日起十日内在30000万元范围内对案涉民事调解书中确认的某科技公司的债务不能清偿的部分向吕某某承担补充赔偿责任；

二、陈某某应于判决生效之日起十日内在未出资20000万元范围内对案涉民事调解书中确认的某科技公司的债务不能清偿的部分向吕某某承担补充赔偿责任；

三、某投资公司对陈某某上述债务承担连带清偿责任。

王某某、陈某某、某投资公司不服一审判决，提起上诉。上海市第一中级人民法院经审理认为：吕某某与某科技公司签订的《可转债借款融资协议》约定某科技公司向吕某某的融资款于2018年6月30日到期，早于2019年11月27日某科技公司股东决议减资的时间，某科技公司减资时吕某某已是某科技公司的债权人。虽然融资款到期后吕某某可以选择要求某科技公司还本付息或者债权转股权，但无论如何选择都不能改变吕某某系某科技公司债权人的事实。按照公司法相关规定，公司应当自作出减少注册资本决议之日起十日内通知债权人，并于三十日内在报纸上公告。本案中，某科技公司于2019年11月27日作出减资的股东会决议后，仅于2019年11月30日登报公告，并未通知债权人吕某某。通知债权人系公司减资时的必经程序，故某科技公司的减资程序存在瑕疵。王某某、陈某某、某投资公司以某科技公司减资手续系由产业发展公司办理，吕某某系产业发展公司董事并负责园区管理为由认为吕某某知晓某科技公司减资事宜的主张，没有证据证实。即使吕某某因为工作便利知晓减资事宜，也不能免除某科技公司减资的通知义务。

某投资公司向陈某某转让股权时王某某系某科技公司股东，也系某投资公司的法定代表人，某投资公司将其持有的某科技公司股权转让给王某某的母亲陈某某当日，王某某、陈某某即决议某科技公司减资，故本院可以认为某投资公司转让股权、某科技公司减资均是王某某与某投资公司协商确定，某投资公司在股权转让时已经知晓某科技公司减资事宜，一审认定某投资公司的股权转让存在恶意并无不当，某投资公司应当对陈某某的减资瑕疵责任承担连带清偿责任。

上海市第一中级人民法院依照《中华人民共和国民事诉讼法》第一百七十七条第一款第一项之规定，判决如下：

驳回上诉，维持原判。

【法官后语】

一、公司减资中通知行为的认定

公司减资是公司根据实际运营情况优化资本运营的一种方式，同时也是股东退出或变现资本的一种途径。公司法对于公司减资规定中，明确了公司减资的通知义务，该义务的设定实质是实现公司自治与公司债权人利益保护的平衡，公司减资是公司治理的重要方式之一，但公司治理应当以不损害公司债权人利益为前提。因此，告知债权人公司减资事宜，以保证债权人在公司减资前实现债权，是公司减资的基础。本案中涉及的争议焦点之一，即为被告的通知行为，是否符合公司法通知义务的规定。

（一）直接告知和公告并非“择一”关系

《中华人民共和国公司法》第二百二十四条第二款规定：“公司应当自股东会作出减少注册资本决议之日起十日内通知债权人，并于三十日内在报纸上或者国家企业信用信息公示系统公告。债权人自接到通知书之日起三十日内，未接到通知的自公告之日起四十五日内，有权要求公司清偿债务或者提供相应的担保。”该款明确地规定通知行为应当涵盖两种方式，既包括通过函件等方式的直接告知债权人，又包括公告方式。公司在减资过程中，并不因已经履行了公告方式就免除直接告知责任，亦不因已经直接告知债权人即可免除公告的责任。

首先，单独的公告方式不能满足债权人对减资的知情权和对自己权利及时主张的要求。报纸公告的效果受到报纸级别、发行量和刊登时间的限制，且公司刊登在报纸上的减资公告实际上杂乱无章且流于形式，多数公司在减资公告中只有对公司资本减为多少、股权分布的情况和债权人主张权利期间的粗略说明，而对减资形式和减资理由等其他重要内容往往是省略不谈。其次，公告方式作为直接通知的重要补充方式，可以引导公司在无法全面、准确地告知公司债权人减资的情况下，以替代方式实现告知。如果仅要求公司直接通知债权人即可以免除公告，则可能导致公司以无法有效通知到公司债权人为由，从而直接自我免除通知义务。从公司角度出发，容易引发公司刻意营造客观上无法直接通知，从而逃避告知义务的漏洞。最后，即使已经直接告知了公司债权人，仍然应当同时公告减资事宜。这是为了确保公司在减资过程中尽可能全面地告知公司债权人及潜在债权人，特别是在公司减资过程中与公司正在进行商业往来的主体，其并非公司减资应当告知的直接对象，但公司减资仍然可能对其商业往来开展造成一定程度的影响，因此公告可以在一定程度上弥补公司减资仅告知债权人的范围不足。

（二）直接告知应当系“主动告知”而非“被动知晓”

本案中，被告某投资公司抗辩称某科技公司在减少公司注册资本过程中，公司债权人吕某某对减资情形完全知晓，因为公司减资事宜实质是由产业发展公司办理，而公司债权人吕某某系产业发展公司董事，同时负责园区管理。该抗辩一、二审法院均未采纳。

公司的通知义务应当是公司的主动、有效通知，而非债权人被动知晓。公司法规定的通知义务，既是对公司债权人债权的保护，同时也使公司在减资过程中充分关注公司既有债权。在当前的公司法律制度构架中，虽然通过认缴制度降低了公司注册资本的准入门槛，但同时也强化了公司债权人穿透公司要求公司股东对公司债务承担连带责任的可能性。根据现行公司法制度，在出资加速到期、恶意转让股权等多种情形下，债权人均可能要求股东在出资范围内承担连带责任。因此，公司注册资本数额依然对公司债权人具有重要意义。公司在减少注册资本过程中，需要高度关注公司对外债务情况，并通过积极主动地通知公司债权人，以形成主观上高度关注的外在显现。

此外，即使公司债权人因某种原因具备知晓公司减资的可能性，或者知晓了公司减资的事实，亦不能免除公司的通知义务，即使从结果意义上观之，债权人的被动知晓亦可能和主动告知实现同样的效果。首先，被动知晓不能证明公司在减资过程中履行了公司法规定的减资程序，该程序是公司法要求公司在减资过程中履行的义务，要求公司在减资过程中应当履行，而债权人的被动知晓恰巧证明了公司在减资过程中未合规地履行该项义务，亦体现出减资过程中未能高度重视公司对外债权。其次，被动知晓不能确保公司债权人清楚明白地理解公司减资对于其享有对公司债权的不利影响。根据公司法规定，公司在告知减资事项的同时，应当告知债权人有权要求公司清偿债务或者提供相应的担保，且公司减资告知债权人的时间节点也是后续债权人行使权利期限的起算点。而债权人被动知晓的，既难以明确知晓的时间节点，也难以保证债权人完全清楚地了解公司减资的全部内容及其相应的法律后果。

（三）公司应当承担充分有效告知债权人的举证责任

根据民事诉讼法的举证规则，主张案件事实的一方当事人应当就其主张的事实承担相应的举证责任，应当就举证不能承担不利后果。本案中，某投资公司辩称原告吕某某完全知晓减资事宜，一方面吕某某是公司减资的直接参与人；另一方面被告也多次通过电话、微信与其商讨减资事宜，但其未就上述主张事实提供相应证据，应当承担举证不力的法律后果。

告知作为积极行为，应当由主张告知的当事人予以举证，这一举证程度应当达到高度盖然性标准，而无须主张消极结果的另一方当事人另行举证。一方面，具有告知义务的当事人应当对其清楚明白告知减资事宜进行举证，包括通过面谈、书信、邮件、微信等方式，直接告知债权人公司减资事宜。如果是间接告知，应当举证间接告知的有效性。鉴于公司减资对于债权人利益的较大影响，原则上应当不予提倡间接告知，但如果义务人能够充分证明间接告知已经使得债权人对减资事宜清楚明白，则应当认可间接告知的效力。另一方面，具有告知义务的当事人应当举证证明其做出了积极的告知行为。告知是一种积极行为，我国公司法规定的告知行为，其意在强调义务人通过积极的作为，主动告知公司减资事宜。实践中，并不排除公司债权人从其他途径被动知晓公司减资事宜，但这并不能免除告知义务人的主动告知义务，即使债权人已经知道减资事宜，如果告知义务人没有采取主动告知行为，亦不能以债权人已经知道减资事宜为由主张自己已经告知或者免除自己的告知义务，应当视为告知义务人没有告知债权人减资事宜，从而认定减资程序存在瑕疵。

二、股东恶意转让股权以逃避公司债务的认定

认缴期限届至与认缴期限未届至的股权转让在性质上的差异决定了由其引发的出资责任承担的根本不同，出资期限届至后，股东仍未完全履行出资义务而转让股权的，属于违法状态下的股权转让；而出资期限未届至即转让股权的，属于合法状态下的股权转让。在出资期限未届至即股权转让情形下，原则上股权转让后出资义务由受让人承担，受让人违反出资义务也由其单独承担出资责任。但基于公平正义理念以及股权转让秩序的稳定，应当对股权转让人与受让人的主观状态进行认定，以最终确定出资责任主体。实践中，股东恶意转让股权，以逃避公司债务情形较为常见，也基本遵从这一观点，就股东转让股权时是否存在逃避公司债务的恶意作为考察要素之一。我们认为，可以从以下三个方面判断是否存在恶意。

（一）股权转让是否支付合理对价

在公司认缴制度下，公司股权转让中并非当然支付合理对价，转出方与转入方可能因公司资本是否实缴、实缴金额的不同，对公司股权转让价款做出合意，一元转让股权也并非法律所禁止。因此，不能简单直接认为公司股权转让时未支付合理对价即具有恶意。但该原则在特定情况下，仍然是判断是否存在恶意转让股权的关键因素。

首先，在公司负有对外债务，且公司资本或经营状况不具备偿还债务的情形下。此时，公司对外实际具有负债，且基本无力偿还债务，对于公司现股东而言，转让公司股权是降低其承担公司债务风险的方式之一，对转让方具有较大利益。而对于受让方而言，购买该公司股权不仅难以实现商业营收，还可能因此承担公司债务，其受让利益明显较低。如在此种情形下，受让方仍然以不合理对价获得公司股权，则需要对转让方是否善意做进一步判断。其次，在受

让方不具备合理的经营能力、资金能力的情形下，公司对外负债且不具备偿还能力时，并不能否认公司必然最终无法实现扭亏为盈的可能性，但从正常商业活动观之，将已处于此种情况下的公司实现扭亏为盈，需要受让方具有基本的经营能力和资金能力。如果受让方系普通自然人，该种可能性显著降低，则股东是否恶意转让需要着重考虑。最后，在转让方与受让方存在他种关系情形下，如股权转让的买卖双方，存在亲属关系、关联关系，则需对股权转让的恶意与否格外注意。实践中，公司经营不善对外负债后，为逃避债务，将公司股权转让给没有偿还能力的亲属情形较为常见。

（二）股权受让人是否存在特定身份关系

正常的股权交易中，交易双方之间的身份并无特殊限制，无论交易双方是否存在特定关系，即使系亲属、合作伙伴、上下级等身份，只要以股权转让为核心，法律上并无特殊限制。但在实践中，恶意转让股权普遍存在多个特征表现，一是上文论述的未支付合理对价；二是股权受让人和股权转让人存在特定身份关系。股权受让人和股权转让人存在特定身份关系，应当建立在未支付合理对价之上，如果股权交易支付了合理对价，则即使存在特定身份关系，也不宜轻易认定为恶意转让股权。只有在未支付合理对价的情形下，股权交易双方是否存在特定身份关系，方成为审查是否存在恶意转让股权的重点。

实践中，利用身份关系恶意转让股权的情形较为常见。当交易双方未支付合理对价时，以下两类身份关系应当着重予以考察。一是股权交易双方存在亲属关系。本案中股权交易双方即系母女关系，受让人作为转让人的母亲，在未支付合理对价的情形下受让负债状态下的公司股权，已足以引起恶意转让股权的合理怀疑。特别是本案中受让人母亲已年逾七旬，无论是其身体机能抑或精力，一定程度上均难以承担对外负债的公司股权，难以认定其有能力经营公司使得债务偿还，扭亏为盈。二是股权交易双方系关联企业。股权转让双方通过层层持股，实际系关联企业，通过恶意转让股权方式，集中债务于空壳公司，以实现其他关联公司摆脱债务。

（三）股权转让时公司债务数额是否确定不影响恶意转让股权的认定

恶意转让股权，其恶意集中体现于通过股权转让以逃避股东义务。这里的股东义务集中体现在因股东未实缴出资，从而对公司债务在出资范围内所能承担的连带责任。因此，公司是否对外负债是恶意转让股权的判断基础，如果公司对外不存在任何负债，则不应轻易判断股权转让存在恶意。同时需要说明的是，公司对外负债是判断恶意转让股权的基础，这里的负债并不一定要求是明确的、清晰的债务，只要公司对外存在负债，不论其最终债务形式或金额是否确定，都符合公司负债的情形，从而需要判断是否存在恶意转让股权的可能。

本案中，被告抗辩认为涉案公司股权转让时，其对于原告的债务尚未明确，依据合同约定，原告享有收回本金或获得公司股权的选择权，因此原告的债权人身份尚未形成，公司也尚未与原告形成债权债务关系。首先，无论原告具有何种选择权，其基于投资协议的约定与公司形成债权债务关系已经确定，仅是具体的债权数额和形式尚未确定，因此，被告在此情形下的股权转让必然会影响原告的债权。其次，即使原告选择股权，其也是依照投资协议关系所享有对公司的债权，该债权表现为对公司的股权取得，因此，无论是原告行使何种选择权，都不影响其与公司的债权债务关系。最后，判断公司是否对外负债，应当依据的是债权债务形成的事实，而非法律关系的成立。只要债权债务形成的基础事实已经发生，则应当认定为公司对外负债，而无论这一基础事实是否会在嗣后使双方形成法律上的债权债务关系。如此有利于最大限度地保护恶意转让股权下的公司债权人，反之，如果仅以法律上形成的债权债务为确定依据，则股权转让前已经形成、但未经法院审理确认的公司债权人难以受到保护。本案中，原告与被告的债权债务关系的基础事实成立于股权转让之前，无论原告行使何种选择权，无论原告最终对被告享有的债权金额，都不影响被告恶意转让股权的认定。

编写人：上海市金山区人民法院　刘泉宏

36

认缴制下股东应当在不当减资范围内对公司债务不能清偿部分承担补充赔偿责任

——朱某某诉刘某等股东损害公司债权人利益责任案

【案件基本信息】

1. 裁判书字号

北京市第二中级人民法院（2022）京 02 民终 7509 号民事判决书

2. 案由：股东损害公司债权人利益责任纠纷

3. 当事人

原告（被上诉人）：朱某某

被告（上诉人）：刘某

被告：任某、生某某

第三人：某资产管理公司

【基本案情】

某资产管理公司系成立于 2010 年 2 月 8 日的有限责任公司，2015 年 5 月 11 日，该公司的注册资本为 100000 万元，股东任某出资数额 70000 万元，刘某出资数额 27000 万元，生某某出资数额 3000 万元。现某资产管理公司注册资本为 10000 万元，股权结构为：任某出资数额 7000 万元，刘某出资数额 2700 万元，生某某出资数额 300 万元。

某资产管理公司在工商部门备案的资料显示：2015 年 12 月 8 日，某资产管理公司在《××时报》刊登了减资公告。2016 年 6 月 10 日，某资产管理公司作出股东会决议，减少注册资本至 10000 万元。2016 年 6 月 23 日，上述减资事宜完成工商变更登记。朱某某述称其系在（2018）京0101民初10019号案件的诉讼过程中才得知某资产管理公司的减资事宜。

2015年12月27日，朱某某与任某、刘某、生某某、某资产管理公司签订了《合作协议》，约定朱某某出资1000万元，持有某资产管理公司15%的股权。2016年1月15日，上述五方当事人签订了《补充协议》，约定朱某某投资到某资产管理公司的1000万元，333万元为股权投资，另外667万元为明股实债，朱某某资金全部到位后，某资产管理公司在30日内归还给朱某某人民币200万元，剩余467万元在协议生效后1年内归还给朱某某。朱某某分别于2015年12月28日、2016年2月17日向某资产管理公司汇款300万元、700万元。后某资产管理公司向朱某某返还了200万元。因某资产管理公司到期未返还剩余资金，朱某某将某资产管理公司、刘某、任某、生某某诉至法院，北京市第二中级人民法院于2019年10月29日作出（2019）京02民终12782号民事判决，判决某资产管理公司退还朱某某800万元及利息。

因某资产管理公司未履行生效判决确定的义务，朱某某向一审法院申请强制执行，因未发现某资产管理公司有可供执行财产，一审法院于2020年5月18日裁定终结本次执行程序。后朱某某以未依法履行减资义务为由向一审法院申请追加生某某、任某、刘某为被执行人，一审法院于2021年3月12日裁定驳回了朱某某的请求。朱某某未提起执行异议之诉，而是直接提起了本案诉讼，要求生某某、任某、刘某对（2019）京02民终12782号民事判决确定的某资产管理公司对朱某某所负债务未清偿的部分在各自减资范围内承担补充赔偿责任。

【案件焦点】

1. 刘某、任某、生某某是否应在其减少出资范围内对某资产管理公司欠付朱某某的债务承担补充赔偿责任；2. 朱某某的起诉是否超过诉讼时效期间。

【法院裁判要旨】

北京市房山区人民法院经审理认为：根据《中华人民共和国公司法》第一百七十七条规定，公司可以减少注册资本，但应严格按照上述规定的条件和程序进行。刘某、任某、生某某在作出减资决议时即应当知晓某资产管理公司对朱某某负有 467 万元债务，应当依法将减资事宜通知朱某某。股东违反法定程序进行减资的行为与股东违法抽逃出资在法律评价及对债权人利益的影响方面，本质上并无不同，相关责任人应当按照抽逃出资的相关规定承担法律责任。本案中，某资产管理公司在减资过程中未通知债权人朱某某，致使朱某某丧失了要求某资产管理公司履行债务或提供担保的机会，刘某、任某、生某某通过减少注册资本，削弱了公司的偿债能力，现某资产管理公司经过法院强制执行后未能全额清偿欠付朱某某的债务，故刘某、任某、生某某应在各自减资的本息范围内对公司债务不能清偿的部分承担补充赔偿责任。生某某辩称本案已超过诉讼时效的抗辩意见，因缺乏事实依据不予采信。

北京市房山区人民法院依照《中华人民共和国公司法》第一百七十七条、《最高人民法院关于适用〈中华人民共和国公司法〉若干问题的规定（三）》第十四条第二款、《中华人民共和国民事诉讼法》第一百四十四条之规定，判决如下：

自判决生效之日起十日内，刘某在减少出资的 24300 万元范围内、任某在减少出资的 63000 万元范围内、生某某在减少出资的 2700 万元范围内对（2018）京 0101 民初 10019 号民事判决及（2019）京 02 民终 12782 号民事判决确定的某资产管理公司对朱某某所负债务未清偿的部分承担补充赔偿责任。

刘某不服一审判决，提起上诉。北京市第二中级人民法院经审理认为：首先，某资产管理公司减资时并未通知朱某某，朱某某对于某资产管理公司减资事项及减资完成时间并不知情。其次，股东在违法减资时对公司债务承担的是一种补充赔偿责任，即在公司履行不能的情况下股东承担责任，朱某某针对某资产管理公司提起诉讼、申请执行后，法院于 2020 年 5 月裁定执行终本，此时朱某某才知晓某资产管理公司履行不能。最后，刘某不当减资的侵权行为系持续存续，其主张朱某某的诉讼请求已超过诉讼时效期间，依据不足。

北京市第二中级人民法院依照《中华人民共和国民事诉讼法》第一百七十七条第一款第一项之规定，判决如下：

驳回上诉，维持原判。

【法官后语】

通常认为，根据公司的净资产是否因减资而产生实质性变动，可分为形式上减资和实质性减资。形式上减资只降低注册资本，但股东并未实际从公司取回出资，因而不导致公司实际资产的减少。实质性减资降低的是公司的积极财产，即通过将公司财产返还给股东，导致公司实际资本减少。在债权人要求减资股东对公司债务承担补充责任的案件中，减资股东通常会以其减资为形式减资，不会损害债权人权益为由提出抗辩。因此，对形式减资和实质减资进行区分，并明确其性质至关重要。认缴资本制下的股东出资义务，是股东对公司作出的在实缴期限届时缴纳出资的承诺，认缴制下公司减少注册资本，将实际减免股东于实缴期限届至前足额缴纳公司注册资本的出资义务，此时股东虽未实际抽回出资，但性质上仍应认定为实质减资。

公司减资应严格依法定条件和程序进行，如果减资违反了法律规定，则构成违法减资。2018年修正的《中华人民共和国公司法》只在第二百零四条规定了公司减资时未依法通知或公告债权人，应当承担的行政处罚责任。除上述行政责任外，并未对违法减资后股东应承担的民事责任作出明确规定。2023年修订的《中华人民共和国公司法》第二百二十六条规定，违规减少注册资本的，股东应当退还其收到的资金，减免股东出资的应当恢复原状。该规定对违法减资的民事责任作出规定，明确否定了以违规减资方式减免股东出资的效力。

根据资本不变原则，公司的资本不得随意减少，但在符合法定条件和程序的前提下，公司亦可以进行减资。公司实质性减资会降低公司的偿债能力，势必会影响债权人的权利。实质性减资实质上否定了公司的独立法人资格，侵害了公司债权人对公司财产具有的受偿权利。公司股东不得滥用公司法人独立地位和股东有限责任损害公司债权人的利益，违反法律规定的减资行为与股东违法抽逃出资在法律评价及对债权人利益的影响方面，本质上并无不同，相关责任人应当按照抽逃出资的相关规定承担法律责任。如果公司未按照公司法规定的程序实施实质性减资，而股东已经通过违法的减资程序免除了其出资义务，导致公司资本未来可得总额减少，将侵害公司债权人的利益。且《全国法院民商事审判工作会议纪要》发布后，公司作为被执行人的案件，人民法院穷尽执行措施无财产可供执行，已具备破产原因，但不申请破产的公司，其股东未到缴纳期限的出资可以加速到期。若公司违法减资情形下，人民法院不予支持债权人要求减资股东对公司债务承担补充责任的请求，将产生制度漏洞，使得部分股东以此种形式逃脱责任，有违债权人保护的法律原则。

关于不当减资情形下债权人请求股东承担补充赔偿责任的诉讼时效起算时间。根据法律规定，向人民法院请求保护民事权利的诉讼时效期间为三年。《中华人民共和国民法典》第一百九十六条亦规定不适用诉讼时效的请求权，此类债权请求权均具有特殊性，该规定第四点为限缩性规定，其他法律没有明确规定不适用诉讼时效，即应受到诉讼时效的限制。诉讼时效期间自权利人知道或者应当知道权利受到损害以及义务人之日起计算。公司若能按期清偿债务，债权人也无须提起诉讼请求公司股东承担补充责任。因此，在公司不当减资损害公司债权人利益的案件中，诉讼时效应当自债权人知道公司无法按期清偿债务且公司存在不当减资情形时计算。

编写人：北京市第二中级人民法院 周维 李杰

37

股东长期代收公司应收账款构成财产混同，应依法否定公司法人人格

——某车身零件公司诉田某某股东损害公司债权人利益责任案

【案件基本信息】

1. 裁判书字号

上海市第二中级人民法院（2022）沪 02 民终 10381 号民事判决书

2. 案由：股东损害公司债权人利益责任纠纷

3. 当事人

原告（被上诉人）：某车身零件公司

被告（上诉人）：田某某

第三人：某酒店公司

【基本案情】

（2020）沪0109民初12350号生效民事判决判令某酒店公司支付某车身零件公司租金724318.27元及房屋使用费、逾期利息等。嗣后，某车身零件公司申请强制执行未果。

田某某系某酒店公司股东。某酒店公司开立于上海农商银行尾号7017的银行账户2017年1月1日至2019年8月30日的交易明细载明，该期间收到田某某名下的工商银行账户转入款项56笔合计219680元；转出交易收款方主要为某数据服务公司、某市公积金管理中心，且每次转账前均先由田某某名下工商银行账户转入资金，再由某酒店公司转出相等金额的资金。

田某某名下工商银行账户2018年1月23日至2020年3月18日的交易明细载明支出400笔合计3222739.08元，未见收入，其中向某车身零件公司转账23笔合计1454075.78元、向某酒店公司转账5笔合计21720元，另有其他支出373笔，交易摘要包括消费、理财、充值、还款、贷款还息、贷款还本、跨行汇款等，其中跨行汇款对象均为田某某名下其他多个银行账户。

审理中，田某某提交名下支付宝账号2017年1月1日至12月31日、2019年1月1日至12月1日、2020年1月1日至12月31日的《交易流水证明》，用于证明某酒店公司上述期间营业收入为1008943元，未见支出。

田某某提交其名下微信账号2017年1月1日至12月25日、2018年1月20日至7月18日、2018年8月1日至2019年1月27日、2019年1月28日至2020年1月21日、2020年7月24日至2021年1月19日的《交易明细证明》，用于证明某酒店公司上述期间营业收入为1490772元。

田某某还提交名下工商银行账户2016年10月9日至2021年5月18日的电

子回单159张，载明2017年1月24日至12月13日向某车身零件公司转账14笔合计1127284.29元；向某酒店公司名下尾号7017的上海农商银行账户、尾号5919的工商银行账户转账145笔合计723218元。

某车身零件公司提起诉讼，请求判令田某某对某酒店公司拖欠某车身零件公司的债务承担连带责任。

【案件焦点】

某酒店公司与田某某是否构成人格混同。

【法院裁判要旨】

上海市虹口区人民法院经审理认为：认定公司人格与股东人格是否存在混同的最根本判断标准是公司是否具有独立意思和独立财产，最主要表现是公司的财产与股东的财产是否混同且无法区分。一方面，田某某于2017年年初以自身名义注册微信账号、支付宝账号并申领相应收款码用于收取某酒店公司的营业收入，且与田某某银行账户绑定。从某酒店公司尾号7017的银行账户交易明细以及田某某庭审陈述来看，田某某只在某酒店公司需缴纳公积金、宽带费时才将相应数额的资金转入公司账户，除此之外，公司账户基本没有收入。因此，某酒店公司的营业收入未能全部进入公司账户，田某某实施了将公司财产记载于自己名下的行为，公司财产的独立性严重受损。另一方面，根据田某某提交的支付宝、微信交易流水，营业收入近250万元，其中微信流水中频繁出现以零钱提现方式转至其本人工商银行账户的操作，金额达130余万元。而从工商银行账户2018年1月至2020年3月部分交易明细来看，存在大量消费、理财、还款、贷款还本、贷款还息等支出，且有多笔款项汇入田某某名下其他账户，金额达170余万元。田某某未举证证明某酒店公司就该等资金的收取、提现、使用做财务记载，也未对资金支出与某酒店公司的关联性作出合理解释。据此，田某某实施了无偿占有、使用某酒店公司资金的行为，持续时间较长且未做财务记载，导致公司财产与股东财产严重混淆。综上，应认定田某某实施了滥用公司法人独立地位和股东有限责任的行为，导致某车身零件公司合法债权无法得到实现，利益受到严重损害，田某某依法应对某酒店公司的债务承担连带清偿责任。

上海市虹口区人民法院依照《中华人民共和国公司法》第三条、第二十条第三款之规定，判决如下：

田某某于本判决生效之日起十日内对（2020）沪0109民初12350号民事判决确定的某酒店公司的付款义务之未履行部分向某车身零件公司承担连带清偿责任。

田某某不服一审判决，提起上诉。上海市第二中级人民法院同意一审法院裁判意见。

上海市第二中级人民法院依照《中华人民共和国民事诉讼法》第一百七十条第一款第一项之规定，判决如下：

驳回上诉，维持原判。

【法官后语】

一、财产混同是人格混同的根本表现

公司法人享有独立财产权，并能够独立表达组织意志，成为法律拟制意义上“健全的人”，取得独立的人格，系公司法展开的逻辑基础与贯彻始终的基本精神。但在某些特定法律事实下，公司的独立人格因股东或者其他关联主体的行为受到挑战，使得原本并立的两个或多个法律资格归于同一主体，此种法律事实即为公司与股东或者其他关联主体发生人格混同。如前所述，确保法人独立人格的关键在于法人享有独立财产与独立意思，据此可以合理推导认为发生人格混同的实质在于法人的独立财产权受到侵蚀、独立意思表示受到限制或影响。在特定情境下，公司一旦丧失独立财产权利、缺乏意思表示的能力与途径，公司人格“形骸化”，公司便可能沦落成为股东或其他关联主体操控经营的代理工具或者牟利逃债的盾牌。

二、股东与公司构成财产混同的判断标准

股东与公司之间的财产混同，即公司自身财产与股东自有财产相混合，打破了彼此资产隔离的“藩篱”，使得各自责任财产边界不清、财产权属模糊的一种法律状态。判断股东与公司是否构成财产混同，应立足于公司财产独立的制度架构，着眼于股东与公司之间的资金往来是否实质减损公司利益加以考量。一是公司是否具备独立的财务会计核算体系。规范的财务会计制度与财务管理制度，是贯彻公司财产独立性的根本制度保障。会计做账能够全面记录会计主体的经济业务事项，反映会计主体财产的占有、使用、收益、处分的状况以及与其他单位资金往来状况，同时有助于加大股东或其他关联主体不当侵占、挪用或者干预公司资产的违法成本。二是公司财产是否记载于公司名下并由公司掌控支配。公司财产既包括货币金钱、实物等有形财产，也包括工业产权、技术专利、土地使用权等无形财产。公司财产不得以任何个人名义开立账户存储，财产、资产的转移和登记皆应符合法律及章程规定，而不得被人随意调配、转移。股东若将公司财产记载于自己名下，并占有、处分该财产，必将导致公司正常运行和清偿债务的物质基础被侵占，易发生财产混同。三是股东与公司之间的资金往来或代收代付行为是否进行规范的财务记载。财务记账能够客观准确地反映企业财务状况、经营成果和现金流量等会计信息，也能够具体反映每一笔涉及企业资金出入的款项性质及基础交易凭证。股东与公司之间的资金往来若不按照企业会计准则进行财务记载，将使得股东与公司之间的交易关系、权责边界不明，导致公司利益受损。四是股东是否无偿使用公司资金或者财产。股东无偿使用公司财产，通常表现为股东以公司资金偿还自身债务，或者股东以公司资金供关联公司无偿使用。商事背景下，公司与股东之间存在资金往来系属正常，如公司向股东偿还股东为公司前期垫付资金，并进行了财务记载，款项性质明晰，未损害公司利益，属正常资金来往。法律并不禁止股东与公司之间发生正常的资金借贷或者借用等活动。倘若公司与股东之间的资金系由股东无偿使用或者基于股东个人利益被挪作他用，将导致公司财产减少或者偿债能力降低。在不构成无偿使用的情形下，公司收支相抵，若不损及实质利益，则可不作为认定财产混同的表现。

三、公司人格否认的法律后果

在公司与股东构成财产混同的情况下，公司的财产独立性与意思决策自主性丧失，公司与股东人格混为一体。在此情况下，公司责任财产遭受侵蚀，其对外偿债能力下降，进而损害外部债权人的权利。此时有必要刺破公司法人的“面纱”，否认公司的独立人格，由滥用公司法人独立地位和股东有限责任的股东对公司债务承担连带责任，以矫正对债权人保护的失衡现象。公司人格否认带来的直接后果即突破股东有限责任，突破合同相对性及股东对公司债务不承担责任的一般规则，例外地判令其承担连带责任。

编写人：上海市虹口区人民法院　吴文锟

38

夫妻公司营业执照被吊销后的股东责任

——某海绵公司诉张某某、何某某股东损害公司债权人利益责任案

【案件基本信息】

1. 裁判书字号

浙江省嘉兴市中级人民法院（2022）浙04民终1572号民事判决书

2. 案由：股东损害公司债权人利益责任纠纷

3. 当事人

原告（上诉人）：某海绵公司

被告（被上诉人）：张某某、何某某

【基本案情】

2011年7月28日，某针织公司成立于张某某、何某某婚姻关系存续期间，公司股东为张某某、何某某两人，由张某某任某针织公司执行董事、何某某任监事。

2016年8月23日，法院立案受理某海绵公司与某针织公司、张某某借款

合同纠纷一案。2016年9月20日，本院出具民事调解书，确认双方达成调解协议：某针织公司尚欠某海绵公司借款本金166000元及利息16000元，合计182000元，并约定了分期付款的时间，若某针织公司未按期付款，还应支付某海绵公司违约金10000元；张某某自愿对某针织公司的上述欠款承担连带保证责任；案件受理费减半收取2068元、保全费1520元，合计3588元，由某海绵公司负担。

案件生效后，某针织公司与张某某未能按期付款，某海绵公司向本院申请强制执行。2016年12月22日，因某针织公司与张某某无可供执行的财产，法院裁定终结本次执行程序。2020年2月13日，某针织公司因自行停业连续六个月以上被吊销营业执照。

2021年8月3日，某海绵公司认为张某某、何某某侵害了其作为债权人的合法权益，为此诉至法院，要求判令：张某某、何某某对某针织公司的债务195588元（包括借款本金166000元、利息16000元、违约金10000元、案件受理费2068元、保全费1520元）承担连带责任。

【案件焦点】

1. 基于不同请求权对同一主体、同一标的进行多次诉讼，是否属于重复主张；2. 营业执照被吊销后，公司股东未组织清算，是否应当承担连带清偿责任；3. 夫妻公司的股东是否应对公司债务承担连带责任。

【法院裁判要旨】

浙江省海宁市人民法院经审理认为：关于焦点一，因前案生效民事调解书已经确定张某某作为保证人对某针织公司结欠某海绵公司的借款本金、利息以及未按期履行需承担的违约金债务承担连带保证责任。现某海绵公司又以张某某系债务人某针织公司的股东为由，要求张某某对同一笔债务承担连带责任，虽然其主张依据的事实和法律基础关系有所区别，但就某海绵公司对张某某的诉讼主张而言，本案与前案的当事人、诉讼标的均具有同一性，属于重复主张，故不予重复处理。

关于焦点二，根据《中华人民共和国公司法》第一百八十条第四项、第一百八十三条，《最高人民法院关于适用〈中华人民共和国公司法〉若干问题的规定（二）》第十八条第二款规定，公司因依法被吊销营业执照而解散的，应当在解散事由出现之日起十五日内成立清算组，开始清算。逾期不成立清算组进行清算的，债权人可以申请人民法院指定有关人员组成清算组进行清算。有限责任公司的股东、股份有限公司的董事和控股股东（以下简称公司股东）因怠于履行义务，导致公司主要财产、账册、重要文件等灭失，无法进行清算，应当对公司债务承担连带清偿责任。

本案中，何某某认为，某针织公司被吊销营业执照前，已经被法院强制执行，无可供执行的财产，并向法院提供了某针织公司的会计身份信息、部分账册。何某某进行初步举证后，应由某海绵公司对某针织公司无法清算、损害债权人利益进行进一步举证。经法院释明，某海绵公司表示不申请强制清算，也未提供其他证据证实因公司股东的不作为导致债权人利益实际受损，故对某海绵公司基于前述理由，要求何某某承担连带清偿责任的意见，不应予以支持。

关于焦点三，某针织公司的股东虽为张某某、何某某两人，但公司成立于两人婚姻关系存续期间，张某某、何某某没有向公司登记机关或本院提交证据证明两人系以个人财产出资或以夫妻共同财产分割出资，故应认定某针织公司的注册资本来源于张某某、何某某夫妻共同财产，仅股权分别登记在两人名下，属于实质上的一人公司。根据《中华人民共和国公司法》第六十三条规定：一人有限责任公司的股东不能证明公司财产独立于股东自己的财产的，应当对公司债务承担连带责任。本案中，何某某未向法院提供证据证明其财产与公司资产相互独立，应当对公司债务承担连带责任。

浙江省海宁市人民法院依照《中华人民共和国公司法》第六十三条、《中华人民共和国民事诉讼法》第一百四十七条之规定，判决如下：

一、何某某应对案涉民事调解书确定的某针织公司对某海绵公司的债务192000元（借款本金166000元、利息16000元、违约金10000元）承担连带责任，并于本判决生效之日起十日内履行；

二、驳回某海绵公司的其余诉讼请求。

某海绵公司不服一审判决，提起上诉。浙江省嘉兴市中级人民法院同意一审法院裁判意见。

浙江省嘉兴市中级人民法院依据《中华人民共和国民事诉讼法》第一百七十七条第一款第一项之规定，判决如下：

驳回上诉，维持原判。

【法官后语】

本案为处理股东清算责任、夫妻公司债务、重复起诉等问题提供了借鉴，有利于优化营商环境、降低诉讼风险。

一、公司股东的清算责任及担责要件

公司股东应当在解散事由出现之日起十五日内成立清算组，开始清算。未及时清算的，并不必然导致承担连带清偿责任，应从以下三方面考量：

1. 考虑公司主要财产、账册、重要文件等是否已经灭失，是否客观上已无法进行清算。若公司股东初步举证公司尚具备清算条件，则应由债权人对其主张的“已无法清算”进行举证。负有举证义务的债权人不申请强制清算，也未提供其他证据证实其主张，则应当由债权人自行承担不利后果。

2. 考虑公司主要财产是否灭失，是否具有清算必要。若因公司股东未及时组织清算，导致公司主要财产灭失，继续清算已无意义，则无须以无法清算为前提，即可认定公司股东怠于履行清算义务，对公司债务承担连带清偿责任。

3. 考虑公司股东的行为是否实际导致债权人利益受损。若公司股东虽未组织清算，但其主观上并无损害债权人利益的故意，客观上也无损害后果，则不承担相应的连带清偿责任。

二、夫妻公司的人格否认

（一）夫妻公司的概念

夫妻公司，一般指婚姻关系存续期间，仅由夫妻两人作为股东成立的公司，其出资来源于夫妻共同财产，收益归夫妻共同所有。在公司内部，夫妻二人既是股东，又兼任董事等。

（二）夫妻公司属于实质上的一人公司

夫妻二人成立公司时，未向登记机关提供书面材料表明二人系以个人财产出资或以夫妻共同财产分割出资，诉讼过程中也未能提供客观证据予以证实的，应认定为以夫妻共同财产出资。在此情形下，夫妻二人成立公司的全部股权，实质来源于同一财产权，仅是股权分别登记在夫妻两人名下，而婚姻关系存续期间取得的工资、生产、经营、投资收益等均为夫妻共同财产，归夫妻共同所有。因此，夫妻公司的股权实际为一个所有权共同享有和支配，具有利益的一致性和实质的单一性，应当认定夫妻公司属于实质上的一人公司。若夫妻股东未能举证证明其财产独立于公司财产，应当对夫妻公司债务承担连带责任。

三、重复起诉的区分处理

债权人基于不同事实和法律关系要求同一主体对同一债务承担相同责任，虽然其主张的依据有所区别，但该区别至多属于请求权竞合的范畴。为节约司法资源，提高审判质效，对于重复主张的诉请，应予区分处理。

若债权人同时基于不同的请求权，对同一主体、同一标的提起多个诉讼的，则应向债权人释明，择一进行诉讼。若债权人基于不同请求权，对同一主体、同一标的提出相同诉请的，基于一事不再理的原则，应裁定驳回起诉。若债权人的诉讼请求中仅存在部分重复主张，对于部分诉请重复主张的，建议在本院认定部分阐述不再重复处理，不单独作出判项，对其他诉讼请求则依法作出判决，避免直接基于部分诉请重复主张而驳回起诉，导致其他诉请无法处理，引起不必要的程序空转，造成讼累。

编写人：浙江省海宁市人民法院　余鸿

39

夫妻公司是否应被认定为实质一人公司

——某实业公司诉李某某、翁某某股东损害公司债权人利益责任案

【案件基本信息】

1. 裁判书字号

北京市第二中级人民法院（2022）京 02 民终 7673 号民事判决书

2. 案由：股东损害公司债权人利益责任纠纷

3. 当事人

原告（上诉人）：某实业公司

被告（被上诉人）：李某某、翁某某

【基本案情】

2009 年 10 月，李某某及其妻翁某某于婚姻存续期间出资设立某科贸公司，两人出资额均为 25 万元，已实缴出资。2017 年，李某某、翁某某分别将所持股权转让给董某某。2017 年 5 月 3 日，股东变动情况报告表显示公司净资产 453461.79 元，转让合同总金额 25 万元。后某科贸公司工商登记股东变更为董某某。2020 年 7 月，某科贸公司注销。

北京市东城区人民法院于 2017 年 5 月 12 日作出（2017）京 0101 民初 912 号民事判决，确认某实业公司与某科贸公司订立的《租赁合同》于 2017 年 3 月 10 日解除，并判令某科贸公司向某实业公司支付租金 975100 元。判决生效后，某科贸公司未履行付款义务，某实业公司申请执行。因某科贸公司无财产可供执行，北京市东城区人民法院裁定终结本次执行程序。经某实业公司申请，北京市东城区人民法院作出（2019）京 0101 执异 170 号裁定董某某对某科贸公

司应履行的上述义务承担连带清偿责任。2021 年 7 月，北京市东城区人民法院作出（2021）京 0101 执恢 364 号之一执行裁定，因未发现被执行人某科贸公司、董某某有可供执行的财产，终结本次执行程序。

某实业公司认为李某某、翁某某为某科贸公司前述债务形成期间的股东，且李某某、翁某某系夫妻关系，某科贸公司应为实质意义上的一人公司，故诉至法院，要求判令李某某、翁某某共同对某科贸公司的债务承担连带责任。

【案件焦点】

股东为夫妻二人的公司是否应被认定为实质上的一人公司。

【法院裁判要旨】

北京市东城区人民法院经审理认为：欲判断李某某、翁某某是否需要对某科贸公司债务承担连带责任，需要从两个层面进行分析：

第一个层面，需判断夫妻公司能否认定为一人公司。首先，《中华人民共和国公司法》第五十七条规定，一人有限责任公司是指只有一个自然人股东或者一个法人股东的有限责任公司。本案中，李某某和翁某某虽然系夫妻关系，但显然不是一个自然人，不符合《中华人民共和国公司法》对一人有限责任公司的定义；其次，公司是拟制的主体。有限责任公司的组织机构有股东会、董事会、监事会，一人公司的股东除享有一般股东权外，还享有股东会、董事会、监事会甚至经理的权利。本案中李某某担任执行董事职务，翁某某担任监事职务，两人虽是夫妻关系，但两人作为独立的自然人在思想、观点、理念各方面不可能完全一致，不同于一人公司中一个股东享有三个组织机构的权利。故本院认为，原股东李某某和翁某某虽然系夫妻关系，但不能认定转让股权之前某科贸公司为一人有限责任公司。第二个层面，需要判断债务形成期间的股东是否需要对债务承担连带责任。本案中，李某某、翁某某在设立公司时在出资期限内以货币方式全部实缴出资款，在案证据亦不能证明李某某、翁某某有滥用法人独立地位及股东有限责任的行为，故李某某、翁某某作为原股东无须对公司债务承担连带责任。

北京市东城区人民法院依照《中华人民共和国公司法》第二十条、第五十七条之规定，判决如下：

驳回原告某实业公司的全部诉讼请求。

某实业公司不服一审判决，提起上诉。北京市第二中级人民法院同意一审法院裁判意见。

北京市第二中级人民法院依照《中华人民共和国民事诉讼法》第一百七十七条第一款第一项之规定，判决如下：

驳回上诉，维持原判。

【法官后语】

本案的争议焦点是夫妻公司是否应当认定为一人公司，该问题的本质是夫妻公司的法人人格否认是否应当适用一人公司举证责任倒置规则。

一人公司举证责任倒置是法人人格否认制度的特殊安排。一人公司中，决策机构仅股东一人，公司内部缺乏足够的监督与制衡，股东个人意志足以决定公司意志，股东具有占用公司财产的便利条件，更容易利用法人独立地位损害公司债权人的利益。因此，《中华人民共和国公司法》事先假定一人公司与其股东存在人格混同，在债权人主张法人人格否认时，要求股东自证清白。不仅可以倒逼股东规范经营，也有利于保护债权人权益。

夫妻公司与一人公司的相似之处在于，公司股权来源及权益归属单一。在无特别约定的情况下，夫妻公司用于出资的财产为夫妻共同财产，通过向公司出资所获得的股权属夫妻共同所有，因持股所获收益亦由双方共享。因此，夫妻公司与一人公司的股权实质上均是来源于单一财产权，股权及收益亦受单一所有权享有和支配。不同之处在于，主体构成差异导致的决策流程。一人公司不设股东会，公司决定由股东一人书面形式作出后签字即可。但在夫妻公司中，由于股权兼具财产权属性与人身权属性，虽然夫妻双方对股权均享有物权项下的所有权，但表决权、知情权等明显具有人身属性的权利，仍应由股东本人行使。即除公司章程另有约定外，公司决议的作出需夫妻二人各自根据所持股权比例独立行使对应的表决权，并遵循多数决原则。此时，夫妻二人对公司事务的管理不具备与一人公司股东同样的自由度，双方仍可能因经营理念、认知角度等不同而在表决权行使中相互制衡。

《全国法院民商事审判工作会议纪要》“10.【人格混同】”规定，人格混同最根本的判断标准是公司是否具有独立意思和独立财产。根据前述分析，夫妻公司在股权来源及归属上具有特殊性，作为股东的夫妻双方可能因经济利益的高度一致而统一决策。但是，在公司正常运转的情况下，这种统一决策仍然是建立在双方各自独立作出意思表示的基础上，公司意志不依附于单个股东的意志，也并非在任何情况下都与夫妻各自的意志相统一，具有一定程度的独立性。由此，公司财产的独立性也不应被天然否定。此时，夫妻公司不宜直接适用一人公司否认的举证责任倒置规则。

但是，如果在案证据证明夫妻二人在决策上已与一人股东无异，或存在共同实施滥用股东权利行为的可能，夫妻公司即应类推适用一人公司举证责任倒置规则。举例而言，夫妻一方并不参与公司经营，股东表决权实质上由另一方单独行使，此时夫妻公司与一人公司在决策程序上无本质差异，应由夫妻股东承担公司人格独立的举证责任。

本案中，某实业公司未提交证据证明李某某、翁某某在决策上已与一人股东无异，或存在共同实施滥用股东权利行为的可能，判断某科贸公司是否与股东人格混同不应适用一人公司举证责任倒置规则。

编写人：北京市东城区人民法院　王丹　郭晓磊

40

未届出资期限的认缴资本减资行为性质及通知范围

——某贸易公司诉曾某某、黄某甲股东损害公司债权人利益责任案

【案件基本信息】

1. 裁判书字号

福建省厦门市中级人民法院（2022）闽02民终1306号民事判决书

2. 案由：股东损害公司债权人利益责任纠纷

3. 当事人

原告（被上诉人）：某贸易公司

被告（上诉人）：曾某某、黄某甲

第三人：黄某乙

【基本案情】

某餐饮公司成立于2012年3月8日，出资期限至2062年3月7日，原注册资本为50万元，曾某某、黄某甲原系某餐饮公司股东，持股比例分别为99%、1%。

2015年12月30日，某餐饮公司股东曾某某、黄某甲作出《股东会决议》，载明：某餐饮公司的注册资本由50万元增加至2000万元，实收资本由50万元增加至500万元；增资后曾某某持有某餐饮公司99%的股权（认缴注册资本1980万元，实缴495万元），认缴的注册资本分期于某餐饮公司成立之日起50年内缴足；增资后黄某甲持有某餐饮公司1%的股权（认缴注册资本20万元，实缴5万元），认缴的注册资本分期于某餐饮公司成立之日起50年内缴足。同日，某会计师事务所出具验资报告，确认某餐饮公司已实际收到曾某某、黄某

甲的注册资本500万元。之后某餐饮公司办理了注册资本增加变更的工商登记手续。

2017年2月22日，某餐饮公司在报纸上发布某餐饮公司注册资本由2000万元减至500万元的减资公告，债权人可自公告之日起45日内要求某餐饮公司清偿债务或提供相应担保。

2017年5月10日，某餐饮公司股东曾某某、黄某甲作出《股东会决议》，载明：某餐饮公司的注册资本由2000万元减少至500万元，减资后注册资本500万元，实收资本500万元，曾某某持有99%股权，黄某甲持有1%股权；对于减资前存在的债务，在公司减资后，如公司资产不足以清偿，全体股东承诺将按原认缴出资额承担相应法律责任。2017年6月5日，某餐饮公司办理了注册资本减少变更的工商登记手续。

2019年3月19日，本院就某贸易公司与某餐饮公司买卖合同纠纷一案作出（2018）闽0203民初16424号民事判决，认定：2016年7月16日至11月30日某餐饮公司多次向某贸易公司购买食品等货物，某贸易公司将货物配送至某餐饮公司指定的收货地点并按月向其开具发票……2018年1月3日至8月29日，某餐饮公司陆续通过案外人黄某丙和涉案人黄某甲的账户向某贸易公司支付货款83440.5元，某贸易公司表示余款489195.3元某餐饮公司至今未还。故判令：某餐饮公司应于本判决生效之日起十日内支付某贸易公司货款489195.3元及逾期付款利息。该民事判决发生法律效力后，某餐饮公司未履行以上生效判决确定的义务，某贸易公司遂向本院申请强制执行。2019年11月6日，本院作出（2019）闽0203执8840号之一民事裁定，认定某餐饮公司无财产可供执行，截至裁定作出之日，某贸易公司申请执行的债权受偿0元，故终结该案的执行程序。

【案件焦点】

1. 认缴资本的减资是否损害债权人利益；2. 潜在债权人是否属于公司减资行为的通知对象；3. 不当减资股东的责任承担范围。

【法院裁判要旨】

福建省厦门市思明区法院经审理认为：关于争议焦点一，认缴资本的减资是否损害债权人利益。在出资认缴制度下，股东具有认缴出资的期限利益，但是并未免除股东的出资义务。虽然未到出资期限的认缴出资并未实际缴纳，但是认缴资本仍属于公司的资产。股东认缴出资的行为实际上是对公司及公司债权人的承诺，使公司债权人对公司的偿债能力产生合理的期待，债权人基于公司的注册资本数额来评估公司的信用情况。减少认缴出资的结果是使公司本应增加的注册资本无法增加，属于实质性减资，必然导致公司信用基础动摇，影响债权人的合法权益。本案中，某餐饮公司的股东曾某某、黄某甲在 2017 年 5 月 10 日作出《股东会决议》，将某餐饮公司的注册资本由 2000 万元减少至 500 万元，减资后注册资本和实收资本均为 500 万元，减少的注册资本 1500 万元系出资期限至 2062 年 3 月 7 日的认缴资本，该行为已经实质性地减少了某餐饮公司的注册资本，因此对该部分认缴出资资本的减资行为也应当依照正常减资程序通知公司的债权人。

关于争议焦点二，潜在债权人是否属于公司减资行为的通知对象。《中华人民共和国公司法》第一百七十七条第二款明确规定，公司应当自作出减少注册资本决议之日起十日内通知债权人，并于三十日内在报纸上公告。债权人自接到通知书之日起三十日内，未接到通知书的自公告之日起四十五日内，有权要求公司清偿债务或者提供相应的担保。案涉债权形成于某餐饮公司 2017 年 5 月 10 日作出减资决议之前，虽然在某餐饮公司减资前并未经过诉讼确定，但是司法诉讼并非民事债权确定的唯一方式。曾某某、黄某甲作为某餐饮公司股东，尤其是黄某甲作为案涉债务的经手人和部分货款支付人，理应了解某餐饮公司与某贸易公司已形成的债权。在某餐饮公司减资的过程中，曾某某、黄某甲作为公司股东应当主动通知债权人某贸易公司，而非单纯通过报纸公告形式进行通知，致使某贸易公司无法及时申报债权或是要求其提供担保，损害了某贸易公司作为债权人的利益。因此，某餐饮公司的上述减资行为存在瑕疵。

关于争议焦点三，不当减资股东的责任承担范围。公司不当减资后股东的出资义务减少，从而获得了减资带来的财产利益，同时导致公司的偿债能力下降，损害债权人的合法权益，与股东抽逃出资具有本质上的相似性。因此，参照《最高人民法院关于适用〈中华人民共和国公司法〉若干问题的规定（三）》第十四条第二款的规定，某贸易公司作为某餐饮公司的债权人，有权要求曾某某、黄某甲在其不当减资的1500万元范围内对（2018）闽0203民初16424号民事判决中某餐饮公司尚欠某贸易公司的债务承担补充赔偿责任。

福建省厦门市思明区法院依照《中华人民共和国公司法》第一百七十七条第二款，《中华人民共和国民事诉讼法》第六十四条第一款、第一百四十四条之规定，判决如下：

被告曾某某、黄某甲应于本判决生效之日起十日内在减资的1500万元范围内对（2018）闽0203民初16424号民事判决中确定的某餐饮公司尚欠某贸易公司的债务承担补充赔偿责任。

被告曾某某、黄某甲不服一审判决，提起上诉。福建省厦门市中级人民法院同意一审法院裁判意见。

福建省厦门市中级人民法院依照《中华人民共和国民事诉讼法》第一百七十七条第一款第一项之规定，判决如下：

驳回上诉，维持原判。

【法官后语】

随着《中华人民共和国公司法》（2023年修订）五年实缴期限规则的确定，很多认缴制下的公司可能会存在减资的需求。《中华人民共和国公司法》（2023年修订）及原有司法解释对减资的程序问题进行了规定，而不当减资行为的构成要件、法律后果仍待进一步明确。

一、认缴资本的减资是否构成对债权人利益的损害

实践中，有观点认为，只有在实缴制基础上违法减资的行为才损害债权人的利益，而认缴资本因为未到出资期限，其所有权主体仍为股东的个人财产，并非属于公司的资本，因此本质上并未损害债权人的利益。但是，笔者认为，认缴制下的股东具有出资的期限利益，但是出资义务只是暂缓而不是免除，尤

其是当公司经营状态发生重大变化的时候，公司股东是可以被要求缴纳出资用于清偿公司所承担的债务的。在实缴制下，股东对公司的投资款是公司的实收资本，当股东对公司的投资款完全到位时，公司的实收资本就等于注册资本。而在认缴制下，注册资本虽然并不等于实收资本，但是注册资本经过市场主体登记后具有公示效力。虽然未到出资期限的认缴出资并未实际缴纳，但是认缴资本仍属于公司的资产，属于公司对股东的未来债权。股东认缴出资的行为实际上是对公司及公司债权人的承诺，使公司债权人对公司的偿债能力产生合理的期待，债权人基于公司的注册资本数额来评估公司的信用情况。减少认缴出资的结果是使公司本应增加的注册资本无法增加，属于实质性减资，必然导致公司信用基础动摇，影响债权人的合法权益。因此，股东未到出资期限的认缴资本属于公司的资产，认缴资本的减资行为属于实质性减少公司资产，仍应当依照正常减资程序通知公司的债权人。

二、未经诉讼的潜在债权人是否属于公司减资行为的通知对象

对于《中华人民共和国公司法》第二百二十四条规定的已知债权人的范围，有观点认为，债权未经诉讼的存在不确定性，应当参照执行财产分配规则只对已经诉讼确定的债权人进行通知；也有观点认为，未经诉讼的债权发生于减资公告前，也应当纳入被通知的范围。

笔者认为，其一，商事交易活动的多样性、迅捷性决定了商事交易规则既要符合效率原则又要保障交易安全，因此外观主义是商事活动的基本原则，包括债权人在内的商事主体具有基于登记主义的公示公信而产生信赖利益。而对减资行为而言，其在减资行为发生前产生的债务债权人基于公司的注册资本数额来评估公司的信用情况而完成交易的信赖利益，其亦是减少注册资本损害的对象。其二，已知债权的内涵并非指债权金额确定，而是指债权发生事实的确定。司法诉讼并非民事债权确定的唯一方式，减资行为发生前产生的债务虽然没有经过司法诉讼程序，但是债务的发生情况是确定的，其金额是否确定、双方是否还有其他争议在所不问，即为已知的债权，对于公司来说，已经发生的债务均是明知且确定的。其三，虽然执行程序中对于财产分配债权人要求已经

过诉讼程序本质上系基于鼓励债权人积极行使权利，但是对瑕疵减资行为而言，其违法减资的请求权基础在于债权人对登记注册资本的信赖利益，只要是实际发生在减资行为之前，债权人都具有基于公示的注册信息而享有的信赖利益，就不应要求必须经过司法程序诉讼而做先来后到的区分，否则容易产生公司区别对待债权人的道德风险。

本案中，曾某某、黄某甲作为某餐饮公司股东，尤其是黄某甲作为案涉债务的经手人和部分货款支付人，理应了解某餐饮公司与某贸易公司已形成的债权。某餐饮公司在减资的过程中，没有主动通知债权人某贸易公司，致使某贸易公司丧失了及时要求公司清偿债务或是要求其提供担保的救济途径，本质上属于瑕疵减资行为。因此，公司减资纠纷中作为通知对象的“债权人”，不应限缩解释为已到期债权的债权人，还包括减资前尚未涉诉的潜在债权人。

编写人：福建省厦门市思明区人民法院　陈远治

41

债权人对瑕疵减资股东的损害赔偿请求权应适用诉讼时效规定

——某工业公司诉罗某某等股东损害公司债权人利益责任案

【案件基本信息】

1. 裁判书字号

福建省厦门市中级人民法院（2022）闽02民终1504号民事判决书

2. 案由：股东损害公司债权人利益责任纠纷

3. 当事人

原告（上诉人）：某工业公司

被告（被上诉人）：罗某某、朱某某

被告：李某某

【基本案情】

某酒店管理公司系成立于2011年4月20日，注册资本为500万元，发起人为罗某某、朱某某、李某某，分别认缴出资300万元、150万元、50万元，已实缴出资60万元、30万元、10万元，剩余出资交付期限均为24个月。2011年5月24日，某工业公司作为房产出租人与某酒店管理公司签订《租赁合同》。2012年，某工业公司将某酒店管理公司诉至福建省厦门市海沧区人民法院，2012年11月29日，福建省厦门市海沧区人民法院作出民事判决，主要内容为：1. 解除案涉租赁合同；2. 某酒店管理公司将某大厦移交给某工业公司；3. 某酒店管理公司支付某工业公司租金及其相应税金、违约金，某工业公司代其垫付的水、电费。某酒店管理公司不服，提起上诉，后于2013年9月18日撤回上诉。同日，福建省厦门市中级人民法院裁定准许其撤回上诉，民事裁定书于2013年9月27日生效。2013年11月11日，某工业公司向福建省厦门市海沧区人民法院申请执行。2013年11月28日，双方达成执行和解。2013年11月29日，该执行案件因执行和解而结案。2018年7月12日，某工业公司向福建省厦门市海沧区人民法院申请追加罗某某、朱某某为被执行人，福建省厦门市海沧区人民法院未予准许。

2012年11月17日，罗某某、朱某某签署一份《股东会决议》："……某酒店管理公司的注册资本由500万元减少至100万元，股东按比例减少认缴注册资本。"2012年12月6日，某酒店管理公司在《××导报》刊登《减资公告》。

2013年3月28日，某酒店管理公司、罗某某、朱某某向李某某发出《通知函》，通知其参加股东会议。《通知函》于次日被签收。

2013年4月13日，某酒店管理公司召开股东会并作出《减资决议》。该决议落款处有罗某某、朱某某、"李某某"签字。该"李某某"签字并非李某某本人所签。同日，某酒店管理公司出具《公司债务清偿或担保情况说明》。

2013年4月19日，福建省厦门市市场监督管理局向某酒店管理公司签发

《准予变更登记通知书》，准予其减资登记申请。

2015 年 3 月 23 日，李某某向福建省厦门市湖里区人民法院提起诉讼，要求确认某酒店管理公司 2013 年 4 月 13 日股东会决议无效。该院于 2015 年 9 月 15 日作出判决，驳回李某某的全部诉讼请求。该民事判决已发生法律效力。

2019 年 7 月 2 日，某工业公司将罗某某、朱某某诉至福建省厦门市思明区人民法院，要求其对某酒店管理公司的债务承担补充赔偿责任。

【案件焦点】

某工业公司基于罗某某、朱某某的不当减资产生的损害赔偿请求权是否应适用诉讼时效规定。

【法院裁判要旨】

福建省厦门市思明区人民法院经审理认为：罗某某、朱某某作为某酒店管理公司的股东，作出某酒店管理公司减资的股东会决议，该决议对于某酒店管理公司内部、外部的法律后果不同。对某酒店管理公司内部而言，在前述股东会决议未被撤销、未被认定为无效或不成立的情形下，该股东会决议对某酒店管理公司及其股东而言属于有效的股东会决议，基于此，罗某某、朱某某对于某酒店管理公司不存在未履行出资义务的情形，亦不存在抽逃出资的情形。故，不存在某工业公司所主张的“某酒店管理公司要求股东出资或返还出资的权利”。但是，对某酒店管理公司的债权人某工业公司而言，某酒店管理公司的不当减资行为，直接导致某工业公司丧失在某酒店管理公司股东作出减资决议后要求某酒店管理公司清偿债务或者提供相应担保的权利。且某酒店管理公司的减资行为，也直接影响了某酒店管理公司对外清偿债务的能力。故，某酒店管理公司的不当减资行为损害了其债权人某工业公司的利益。

综上所述，本案中某工业公司的请求是基于某酒店管理公司不当减资产生的损害赔偿请求权，应适用诉讼时效规定，不能适用《最高人民法院关于适用〈中华人民共和国公司法〉若干问题的规定（三）》第十九条第二款就股东未出资或返还出资义务关于诉讼时效的法律规定。本案中，李某某作为某工业公司的法定代表人，其于2015年3月23日向厦门市湖里区人民法院提起诉讼，要求确认某酒店管理公司股东作出的减资决议无效，也就是某工业公司至迟于2015年3月23日即知晓某酒店管理公司的减资行为，知晓某工业公司的权利受到侵害。某工业公司于2019年7月2日提起诉讼，且某工业公司亦无举证证明其在起诉前有向罗某某、朱某某主张权利，故某工业公司的诉求已经超过《中华人民共和国民法通则》规定的两年诉讼时效期间。罗某某、朱某某所提诉讼时效抗辩，一审法院予以采纳。对某工业公司的诉讼请求，一审法院不予支持。

福建省厦门市思明区人民法院依照《中华人民共和国民法通则》第一百三十五条、第一百三十七条，《最高人民法院关于适用〈中华人民共和国民法总则〉诉讼时效制度若干问题的解释》第三条，《中华人民共和国民事诉讼法》第六十七条第一款之规定，判决如下：

驳回某工业公司的全部诉讼请求。

某工业公司不服判决，提起上诉。福建省厦门市中级人民法院同意一审法院关于本案应当适用诉讼时效的观点，但认为时效起算时间应为某工业公司的债权受到损害即某酒店管理公司不能偿还其对某工业公司的债权之日起开始计算。因在案证据不足以证明某酒店管理公司的财产不足以清偿其对某工业公司的债务，某工业公司的债权已因此受到损害，故某工业公司在无法证明其债权受损的情况下要求某酒店管理公司股东承担相应的赔偿责任，依据不足，不予支持。综上，一审判决理由部分认定有误，予以更正。

福建省厦门市中级人民法院依照《中华人民共和国民事诉讼法》第一百七十七条第一款第一项之规定，判决如下：

驳回上诉，维持原判。

【法官后语】

诉讼时效制度也称“消灭时效”，是指民事权利受到侵害的权利人在法定的时效期间内不行使权利，当时效期间届满，债务人提出诉讼时效抗辩时，即丧失了请求人民法院依诉讼程序强制义务人履行义务权利的制度。

认定债权人享有的瑕疵减资赔偿请求权是否适用诉讼时效，关键在于对瑕疵减资行为性质的认定。本案中，罗某某、朱某某明知某酒店管理公司对某工业公司负有债务，仍然作出减少注册资本的股东会决议，该决议对于某酒店管理公司内部和外部的法律后果应分别评价。对某酒店管理公司内部而言，在前述股东会决议未被撤销、未被认定为无效或不成立的情形下，该股东会决议对某酒店管理公司及其股东而言应属有效，在此情形下，罗某某、朱某某对于某酒店管理公司不存在出资瑕疵情形。但对某酒店管理公司的债权人某工业公司而言，某酒店管理公司的不当减资行为不仅直接降低了公司的偿债能力，还会导致某工业公司未能及时行使要求清偿债务或者提供相应担保的权利，严重影响某工业公司的债权实现。因此，某工业公司对罗某某、朱某某的请求权实质系侵权之债的损害赔偿请求权，而非其所主张的"要求股东出资或返还出资的权利"。

债权请求权不受时效限制应由法律明确规定，没有明确的法律规定不得作任何扩张性解释。《最高人民法院关于审理民事案件适用诉讼时效制度若干问题的规定》对不受诉讼时效限制的债权请求权均作出了明确规定，其中并未包含减资情形。《最高人民法院关于适用〈中华人民共和国公司法〉若干问题的规定（三）》明确规定，股东未履行或者未全面履行出资义务或者抽逃出资，不受诉讼时效规定的限制。但如前所述，债权人基于债务人不当减资产生的赔偿请求权区别于股东瑕疵出资所产生的请求权，在无法律明文规定的前提下，不得当然地比照股东出资瑕疵行为适用诉讼时效的规定。因此，某工业公司基于罗某某、朱某某的不当减资行为所产生的损害赔偿请求权应当适用诉讼时效规定。

对于诉讼时效的起算时间，我国采取以知悉规则为基础的主观起算标准。《中华人民共和国民法典》第一百八十八条第二款将起算的具体条件规定为"权利人知道或者应当知道权利受到损害以及义务人之日"。如权利人怠于行使其权利，其胜诉权待诉讼时效届满便归于消灭。但在讨论"怠于行使权利""权利人之可归责性"时，其所包含的前提应当是权利"可以行使"。因此，将诉讼时效起算时间解释为“权利人知道或者应当知道可以行使权利之日起算”，即以行使权利的法律障碍消除且当事人对此知情的最早时点为起算点，将更有利于实现诉讼时效制度的价值。[①] 本案一审法院从某工业公司知晓罗某某、朱某某对某酒店管理公司减资的事实开始计算诉讼时效期间，但实际上减资行为只是债权损害结果的原因，不能直接将减资行为的发生和债权人的权利受到侵害等同看待。某工业公司的债权因减资行为而无法受偿之时，其才能开始主张损害赔偿请求权，因此诉讼时效应由此开始计算。

编写人：福建省厦门市思明区人民法院　罗彬　李梦真

42

有限责任公司股东怠于履行清算义务之债系基于股东身份产生的侵权之债，不应认定为夫妻共同债务

——陈某诉高某、蔡某股东损害公司债权人利益责任案

【案件基本信息】

1. 裁判书字号

北京市第三中级人民法院（2022）京03民终32号民事判决书

2. 案由：股东损害公司债权人利益责任纠纷

3. 当事人

原告（上诉人）：陈某

被告（被上诉人）：高某、蔡某

① 参见杨巍：《〈民法典〉第188条第2款第1、2句（诉讼时效起算）评注》，载《法学家》2022年第5期。

【基本案情】

2017年3月28日，北京市西城区人民法院（以下简称西城法院）就陈某与某餐饮公司买卖合同纠纷一案作出（2016）京0102民初27634号民事判决，判决某餐饮公司向陈某支付货款439095.94元、违约金521765.16元。同日，西城法院就陈某与曹某、某餐饮公司买卖合同纠纷一案作出（2016）京0102民初27635号民事判决，判决某餐饮公司向陈某支付货款62666.37元、违约金56086.4元。

2018年11月29日，北京市朝阳区人民法院就陈某与高某、余某股东损害公司债权人利益责任纠纷一案分别作出（2018）京0105民初71310号、（2018）京0105民初71312号民事判决，判决余某、高某对（2016）京0102民初27634号、（2016）京0102民初27635号民事判决确定的某餐饮公司的债务向陈某承担连带清偿责任。

2019年8月14日，北京市朝阳区人民法院作出（2019）京0105执23130号、（2019）京0105执23132号执行裁定，因被执行人无足额可供执行的财产，裁定终结本次执行程序。

高某与蔡某于2006年登记结婚，于2015年登记离婚后再次登记结婚，于2018年登记离婚。在2018年的离婚登记材料中，陈某与蔡某在《自愿离婚协议书》中约定："双方婚姻关系存续期间的共同债务由男方负责还清。"

另查，高某为某餐饮公司法定代表人和股东，蔡某并非某餐饮公司股东，亦未担任任何职务。

陈某认为案涉债务发生在二人婚姻关系存续期间，应属夫妻共同债务。故陈某诉至法院，请求判令高某、蔡某给付陈某1085313.87元以及迟延履行的债务利息。

【案件焦点】

股东怠于履行清算义务之债是否为夫妻共同债务。

【法院裁判要旨】

北京市朝阳区人民法院经审理认为：本案中，陈某对高某的诉讼请求在（2018）京 0105 民初 71310 号和（2018）京 0105 民初 71312 号民事案件审理中已经提出过，其事实和法律依据与本案相同，构成重复起诉，违反了“一事不再理”原则，应当予以驳回。

对于陈某要求蔡某向其给付 1085313.87 元以及迟延履行期间债务利息的诉讼请求，高某承担的是股东侵害公司债权人利益的赔偿责任，该赔偿责任的产生是基于股东身份，蔡某并非某餐饮公司的股东，且上述赔偿责任亦不属于《中华人民共和国婚姻法》第四十七条，以及《最高人民法院关于审理涉及夫妻债务纠纷案件适用法律有关问题的解释》第一条、第三条所述的夫妻共同债务的范畴，陈某要求蔡某对其承担责任的诉讼请求，没有法律依据，本院不予支持。

北京市朝阳区人民法院依照《中华人民共和国婚姻法》第四十七条，《中华人民共和国民事诉讼法》第一百四十四条，《最高人民法院关于适用〈中华人民共和国民法典〉时间效力的若干规定》第一条第二款，《最高人民法院关于审理涉及夫妻债务纠纷案件适用法律有关问题的解释》第一条、第三条，《最高人民法院关于适用〈中华人民共和国民事诉讼法〉的解释》第二百四十七条之规定，判决如下：

驳回原告陈某的诉讼请求。

陈某不服一审判决，提起上诉。北京市第三中级人民法院同意一审法院裁判意见。

北京市第三中级人民法院依照《中华人民共和国民事诉讼法》第一百七十七条第一款第一项之规定，判决如下：

驳回上诉，维持原判。

【法官后语】

夫妻共同债务的认定，不仅关系到夫妻双方财产权的保护，也关系到债权人的合法权益及交易安全。如何平衡债权人与债务人（配偶一方）的利益，是自《中华人民共和国婚姻法》颁行以来理论界与实务界从未停止探讨的一项重要议题。2018 年施行的《最高人民法院关于审理涉及夫妻债务纠纷案件适用法律有关问题的解释》确认了夫妻共同债务主要分为夫妻合意之债、日常家事之债、债权人善意之债。2021 年施行的《中华人民共和国民法典》几乎照搬了该解释的认定标准。随着社会经济的发展，我国居民家庭财产投资渠道日趋多元化。

司法实践中，关于股东怠于履行清算义务之债是否属于夫妻共同债务，存在不同的观点，本案对此持否定观点，具体理由如下：

一、股东怠于履行清算义务之债是侵权之债

有限责任公司股东怠于履行清算义务的民事责任是基于公司股东身份产生的侵权损害赔偿责任。结合侵权责任的构成要件以及《最高人民法院关于适用〈中华人民共和国公司法〉若干问题的规定（二）》第十八条第二款的规定，有限责任公司股东在怠于履行清算义务情形下对公司债务承担连带清偿责任的条件有四个方面：一是股东怠于履行清算义务；二是公司主要财产、账册、重要文件等灭失，无法清算；三是股东的消极不作为与公司无法清算之间存在因果关系；四是股东怠于履行义务导致公司无法清算与债权人的债权未能得到清偿之间存在因果关系。

二、股东怠于履行清算义务之债是侵权方个人债务

侵权行为之债为侵权方个人债务，既符合侵权责任法归责原则，也符合现代社会责任自负原则。侵权责任法的惩戒功能决定了侵权责任应归责于侵权股东一人，如果对未实施侵权行为的股东配偶也课以责任，显然与侵权责任法的价值、原则相违背。另外在司法实践中的多数情况下，股东侵权往往是配偶一方独自实施，在无证据证明配偶另一方知情并参与侵权行为的情况下，将该债务认定为夫妻共同债务，明显对配偶一方不公平，会大大增加婚姻关系的风险性和不稳定性。

三、股东怠于履行清算义务之债不属于夫妻合意之债、日常家事之债、债权人善意之债

股东怠于履行清算义务之债多为债权人执行公司及公司股东均未果的情况

下，要求股东配偶承担责任的无奈之举，其追责方式为逐层穿透，大多无法实现配偶事前共同签字或事后追认的条件，也并非为日常家庭生活需要，如吃穿用度、子女养育、老人赡养等所负的债务。在侵权股东配偶不具有公司特定身份的情况下，债权人很难证明股东怠于履行清算义务之债系基于夫妻双方共同意思表示或用于夫妻共同生活和共同生产经营。另外，股东怠于履行清算义务之债的侵权后果并不必然造成配偶一方获益。

因此，股东怠于履行清算义务之债非夫妻共同债务，债权人要求股东配偶共同承担责任的，应不予支持。

本案经过一审法院和二审法院对案件事实的审慎查明和充分论理，依据公司法、侵权责任法原理及夫妻共同债务认定规则体系作出裁判，对规范公司经营、引导市场主体诚信履约、平衡债权人权益保护与未举债夫妻一方权益保护具有示范意义，为弘扬社会主义核心价值观、优化法治营商环境提供了司法保障。

编写人：北京市朝阳区人民法院　王璐

43

可对实际控制人适用公司人格否认规则

——李某某诉储某某实际控制人损害公司债权人利益责任案

【案件基本信息】

1. 裁判书字号

北京市第二中级人民法院（2022）京02民终3613号民事判决书

2. 案由：实际控制人损害公司债权人利益责任纠纷

3. 当事人

原告（上诉人）：李某某

被告（被上诉人）：储某某

第三人（被上诉人）：甲投资管理公司

【基本案情】

2015年10月20日，北京市丰台区人民法院（以下简称丰台法院）就李某某与甲投资管理公司《建筑工程合同》纠纷作出民事判决，判令甲投资管理公司支付工程款等费用。判决执行期间，储某某指使甲投资管理公司将应收案外人款项1000万元转至甲投资管理公司全资子公司账户，其中180万元转至储某某个人账户。2019年12月2日，丰台法院就储某某拒不执行问题作出刑事判决，查明储某某对甲投资管理公司财产线索未向法院如实申报，在隐匿、转移该公司财产过程中存在犯罪故意和作用，认定甲投资管理公司构成拒不执行判决罪，储某某系直接负责的主管人员，其行为亦构成拒不执行判决罪，并依法判处刑罚。李某某认为，刑事判决将储某某认定为直接负责主管人员；在涉诉行为发生期间，储某某系甲投资管理公司执行董事、法定代表人，对公司具有支配管理权；在执行期间，储某某作为甲投资管理公司负责人，有能力决定公司是否执行判决，故储某某作为甲投资管理公司实际控制人，逃避法定执行义务，转移公司应收钱款，并从中非法获利，造成李某某本应实现的执行债权未能实现，故请求法院判令由储某某支付甲投资管理公司应付的执行款及利息等费用。

【案件焦点】

实际控制人滥用公司人格、侵害公司及公司债权人利益，适用现有法律规定无法有效规制的，能否将公司人格否认规则适用于实际控制人，认定实际控制人承担连带清偿责任。

【法院裁判要旨】

北京市丰台区人民法院经审理认为：《中华人民共和国公司法》第二百一十六条规定，实际控制人，是指虽不是公司的股东，但通过投资关系、协议或者其他安排，能够实际支配公司行为的人。本案中，刑事判决书中主要查明储某某对包括某科技公司转给某房地产开发公司的1000万元在内的甲投资管理公司财产线索未向法院如实申报，在隐匿、转移该公司财产的过程中存在犯罪故意和作用，并未对储某某是否系甲投资管理公司实际控制人作出直接认定。根据现有证据，无法证明储某某能够实际支配甲投资管理公司行为，与李某某的损失之间存在因果关系，故本院对李某某的诉讼请求不予支持。

北京市丰台区人民法院依照《最高人民法院关于适用〈中华人民共和国民事诉讼法〉的解释》第九十条之规定，判决如下：

驳回李某某全部诉讼请求。

李某某不服一审判决，提起上诉。北京市第二中级人民法院经审理认为：关于实际控制人逃避债务、严重侵害公司债权人利益的，是否应当承担连带责任。《中华人民共和国公司法》中并无明确规定，其第二十条系关于股东滥用公司人格侵害债权人利益承担连带清偿责任的规定，与李某某诉讼请求逻辑相近，但该规定并未涉及实际控制人责任。《全国法院民商事审判工作会议纪要》“11.【过度支配与控制】”仅提出由子公司、关联公司相互对债务承担连带责任的意见，亦未明确由实际控制人直接承担责任。然而，实际控制人通过投资关系、协议或者其他安排，能够实际支配公司行为，却并不在公司组织之内。若认为上述条文确不能调整实际控制人责任，则公司法对实际控制人的约束显存空白，将导致实际控制人拥有较承担有限责任的股东更为优越的法律地位，有违公司法之立法宗旨。故，根据《中华人民共和国公司法》第二十条立法之目的，其适用主体范围应涵盖实际控制人滥用公司法人人格之情形。

关于储某某是否为实际控制人。依据《中华人民共和国公司法》第二百一十六条的规定，在方式上应考察储某某与甲投资管理公司间是否存在投资关系、有协议或者其他安排，在结果上应考察储某某是否具备以个人意志实际支配公司行为的能力。且李某某作为请求储某某为实际控制人承担责任的一方，应承担对其身份的证明责任。本案中，储某某虽然是公司法定代表人、执行董事，在民事案件执行中代表公司与人民法院沟通，并在刑事案件中被认定为直接负责的主管人员被判决承担刑事责任，但是未见存在投资关系、协议或者其他安排，且上述事实仅可证实储某某具有高级管理人员之身份，尚不能证明其已经具备支配公司行为之能力。且甲投资管理公司的控股股东是乙投资管理公司，李某某和储某某均认可储某某是由乙投资管理公司委派至甲投资管理公司担任法定代表人等职。故，乙投资管理公司具有对储某某的任免权限，储某某需接受乙投资管理公司指令，更难证实储某某可凭个人意志决定公司行为，即李某某未能举证证明储某某系甲投资管理公司实际控制人，对其上诉理由，不予采纳。

北京市第二中级人民法院依照《中华人民共和国民事诉讼法》第一百七十七条第一款第一项之规定，判决如下：

驳回上诉，维持原判。

【法官后语】

本案是关于实际控制人滥用公司人格、侵害公司及公司债权人利益时，是否应向债权人承担赔偿责任的典型案例。《中华人民共和国公司法》（以下简称《公司法》）没有关于实际控制人滥用公司人格、侵害公司及公司债权人利益的明确规定，可对《公司法》第二十三条进行目的解释，将公司人格否认规则适用范围涵摄至实际控制人之情形。

一、现有司法规制路径存在不足

对于案涉问题的现有规制路径是依据《公司法》第二十二条规定，适用侵权法规则加以规制；或依据《中华人民共和国民法典》第五百三十五条、第五百三十八条、第五百三十九条等合同编相关规定，适用合同法规则加以规制，但上述路径存在以下四个问题。一是实际控制人行为和公司债权人损失间因果关系难证明。实际控制人滥用公司人格者，多是直接侵害公司利益，间接损害债权人债权利益。而间接受损债权利益能否作为侵权客体存在争议，且间接因果关系难以被证成。同时，公司债权人作为游离于公司治理之外的外部主体，难以及时发现实际控制人侵犯公司利益并有效掌握相关证据。二是公司或公司股东提起诉讼维护公司利益存在现实障碍。理论上公司及股东可提起损害赔偿之诉或股东派生诉讼寻求救济。但司法实践中，公司被实际控制人掌控时，公司人格已经“形骸化”，若非股东与实际控制人关系已经破裂，否则难以期望股东主动提起诉讼。三是债权人代位权诉讼提起条件严格。比如，司法实践中倾向于认为主债权和次债权的具体数额均确定才能提起代位权诉讼[①]，而实际控制人滥用公司人格、侵犯公司利益，具有经常性、长期性，具体给公司造成的损失难以精准计算并难以证明。四是债权人撤销权诉讼局限性明显。债权人撤销权的行使范围以债权人的债权为限，针对的是债务人放弃到期债权、无偿转让财产、以不合理低价转让财产或以不合理高价受让财产等特定的财产混同情形，[②] 但当实际控制人实施非财产混同行为时，则无法发挥作用。

二、《公司法》第二十三条立法宗旨包含实际控制人之情形

实际控制人滥用公司人格，侵害公司及公司债权人利益，具有明显的法律规避意图。[③] 公司的独立人格成为逃避法律责任的工具或者障碍，暴露了公司法人制度的漏洞。[④] 将公司人格否认规则适用于实际控制人至少具有两个方面意义：一是可规制实际控制人法律规避行为；二是有利于解决公司管理层侵害公司利益，并间接侵害公司债权人利益的问题。

首先，对实际控制人适用公司人格否认规则，符合制度设计目的。“公司人格否认规则，是为阻止公司独立人格滥用和保护公司债权人利益及社会公共

---

① 参见《中华人民共和国最高人民法院公报》2011 年第 11 期，“债权人提起代位权诉讼，应以主债权和次债权的成立为条件，债权成立不仅指债权的内容不违反法律和行政法规的规定，而且要求债权的数额亦应当确定”。参见吉林省高级人民法院（2017）吉民终 572 号民事判决，“到期债权因未完成结算数额不确定，其提起的债权人代位权诉讼的条件尚未成就”。参见成都市青白江区人民法院（2018）川 0113 民初 3362 号民事判决，“债权人提起代位权诉讼，应以主债权和次债权的成立为条件。债权成立不仅指债权的内容不违反法律、法规的规定，而且要求债权的数额应当确定。债权数额的确定既可以表现为债务人、次债务人对债权的认可，也可以经人民法院判决或者仲裁机构裁决加以确认”。参见山东省高级人民法院（2015）鲁商终字第 123 号民事判决，“债权数额确定，不仅指主债权数额确定，次债权的数额亦应当确定”。

② 参见景汉朝主编：《民事案件案由新释新解与适用指南》，中国法制出版社 2017 年版，第 206~207 页。

③ 虞政平、王朝辉、吴飞飞：《论公司人格否认规则对实际控制人的适用》，载《法律适用》2021 年第 2 期。

④ 金剑锋：《公司人格否认理论及其在我国的实践》，载《中国法学》2005 年第 2 期。

利益，在具体法律关系中否认公司与其背后的股东各自独立人格及股东有限责任，责令公司的股东对公司债权人或公共利益直接负责……的一种法律制度。"[①] 当公司的意志为他人所左右而丧失独立性时，则不应再承认公司法人的独立人格，并应否认公司独立承担责任的能力，由左右公司意志者共同承担对外债务等相应责任，以实现平衡公司利益、债权人合法权益和社会公共利益之目的。上述认识的理论基础在于，当实际控制人滥用控制权时，公司意思机关表达出的意思，形式上为公司意思，实质上却是实际控制人意思。既然不是公司意思，那作出的行为也不应认定为公司行为，而只能认定为实际控制人的行为。根据"自己责任原则"[②]，对相关行为承担责任的也应是实际控制人。"公司人格否认规则的根本要义在于否认公司的独立责任能力而非股东的有限责任，即滥用公司人格者应对公司债务承担连带清偿责任。"[③] 因此，公司人格否认规则的基本逻辑是"谁滥用公司人格，谁就应当同公司法人一起承担连带责任"。从这一角度切入，当实际控制人滥用公司人格时，理应同公司法人一起承担连带责任。

其次，对实际控制人适用公司人格否认规则具有现实需要。一方面，实际控制人特别是有限责任公司的实际控制人如果超脱于《公司法》等法律规制之外，会给公司、股东、债权人利益和社会公共利益埋下隐患。且《中华人民共和国证券法》第二十四条、第四十八条等规制上市公司实际控制人失范行为的相关规定，也为对实际控制人适用公司人格否认规则提供了参考。另一方面，将公司人格否认规则适用于实际控制人也并非完全无据可依。比如，《最高人民法院关于适用〈中华人民共和国公司法〉若干问题的规定（二）》第十八条至第二十一条规定了实际控制人在公司清算、解散环节对公司债务的清偿责任，系由实际控制人向债权人直接承担清偿责任，与公司人格否认规则中股东对债

---

① 参见林承日、吴登龙：《公司人格否认规则的司法适用探讨》，载《人民司法》2005年第2期。

② 自己责任原则，指民事主体依法仅对自己的侵权行为承担民事责任的归责原则。

③ 虞政平、王朝辉、吴飞飞：《论公司人格否认规则对实际控制人的适用》，载《法律适用》2021年第2期。

权人的清偿责任具有共通之处。[①] 对清算中的公司而言，其独立人格依赖于清算人意思的独立表达，当实际控制人滥用控制权妨碍清算人按照法定程序开展清算活动时，便构成了对清算人意思的控制或操纵，如果清算中公司独立人格遭到破坏，债权人就可直接向实际控制人主张权利。该规定为公司人格否认规则适用于实际控制人提供了借鉴。

综上，公司人格否认规则适用主体范围应涵盖实际控制人滥用公司法人人格之情形。

编写人：北京市丰台区人民法院　王静　邹赫

① 参见周亮：《论滥用公司人格之实际控制人对公司债权人的责任——兼评我国〈公司法〉第20、21条》，载《南京大学法律评论》2007年第Z1期。

九、公司解散、清算责任和破产纠纷

44

判决解散公司应当以穷尽了一切途径仍不能解决公司困难为前提

——王某诉某科技公司公司解散案

【案件基本信息】

1. 裁判书字号

北京市第三中级人民法院（2022）京 03 民终 14311 号民事判决书

2. 案由：公司解散纠纷

3. 当事人

原告（上诉人）：王某

被告（被上诉人）：某科技公司

第三人：吕某、彭某

【基本案情】

王某系北京某科技公司的监事，2020 年 8 月，王某提起股东知情权诉讼后，王某认为某科技公司及另两位股东与其无任何信息交流，公司未开过股东会，也从未得到任何分红，对公司情况一无所知。王某作为唯一实缴资本的股东和监事已穷尽一切手段未能解决分歧，股东知情权、监事职权不能正常行使，与投资本意完全相悖，公司经营管理发生严重困难，公司继续存续会使股东利益受到重大损失。故，要求解散该公司。

【案件焦点】

王某认为某科技公司经营管理发生严重困难，公司继续存续会使股东利益受到重大损失，王某要求解散公司的主张是否应当得到支持。

【法院裁判要旨】

北京市怀柔区人民法院经审理认为：王某作为持有公司全部股东表决权百分之十以上的股东有权提出公司解散诉讼。但王某要求解散公司，亦应证明公司已经出现法律规定之情形，使公司陷入僵局。首先，王某认为某科技公司经营管理发生严重困难，没有召开过股东会，但从双方提交的证据及工商登记可以看出，某科技公司经营处于正常状态，税务登记情况也属于正常状态，且能够召开股东会，王某也参加了股东会，并对公司解散进行表决，只是公司解散的决议未经代表三分之二以上表决权的股东通过。公司的决策机制、组织机构能够正常运转，故王某认为某科技公司经营管理发生严重困难，缺乏依据。其次，王某认为某科技公司继续存续会使股东权益受损，股东知情权通过诉讼方式没有得到解决，证据不足。最后，某科技公司及另外两位股东均表示，待公司盈利，可以回购或股权转让等形式解决目前状况，故就某科技公司现有的情况而言，并不满足通过其他途径不能解决的先决条件，不宜判决解散。另，王某认为其股东权利无法行使，但是，公司的法人性质及多数决的权力行使模式决定公司经营管理和发展方向必然不能遵循所有投资人的意志，会议制度的存在为所有参与者提供表达意见的机会，但最终的结果仍应由多数决作出，除非有例外约定。故，王某据此主张某科技公司解散的理由不成立。股东之间矛盾难以调和及股东知情权纠纷均非解散公司的法定事由。

北京市怀柔区人民法院依照《中华人民共和国公司法》第一百八十二条、《最高人民法院关于适用〈中华人民共和国公司法〉若干问题的规定（二）》第一条之规定，判决如下：

驳回王某的全部诉讼请求。

王某不服一审判决，提起上诉。北京市第三中级人民法院同意一审法院裁判意见。

北京市第三中级人民法院依照《中华人民共和国民事诉讼法》第一百七十七条第一款第一项之规定，判决如下：

驳回上诉，维持原判。

【法官后语】

《中华人民共和国公司法》第二百三十一条规定："公司经营管理发生严重困难，继续存续会使股东利益受到重大损失，通过其他途径不能解决的，持有公司百分之十以上表决权的股东，可以请求人民法院解散公司。"《最高人民法院关于适用〈中华人民共和国公司法〉若干问题的规定（二）》第一条第一款规定了单独或者合计持有公司全部股东表决权百分之十以上的股东提起解散公司诉讼的事由，上述规定既是公司解散诉讼的立案受理条件，同时也是判决公司解散的实质审查条件。

首先，关于某科技公司经营管理是否发生严重困难。公司经营管理严重困难包括两种情况：一是公司的权力运行发生严重困难，股东会、董事会等权力机构和管理机构无法正常运行，也无法对公司的任何事项作出任何决议，即公司僵局情形；二是公司的业务经营发生严重困难，公司经营不善、严重亏损。如公司仅业务经营发生严重困难，不存在权力运行严重困难的，不符合《中华人民共和国公司法》第二百三十一条规定的解散公司的条件。本案中，王某认为某科技公司经营管理发生严重困难，没有召开过股东会，其作为唯一监事无法行使监事权利，但从双方提交的证据及工商登记可以看出，公司的决策机制、组织机构尚能正常运转，公司的法人性质及多数决的权力行使模式决定公司经营管理和发展方向必然不能遵循所有投资人的意志，会议制度的存在为所有参与者提供表达意见的机会，但最终的结果仍应由多数决作出，除非有例外约定。故，王某据此主张某科技公司解散的理由不成立。

其次，关于某科技公司继续存续是否会使股东利益受到重大损失。"继续存续会使股东利益受到重大损失”也应作为一项基本的认定标准，结合本案来看，王某认为某科技公司继续存续会使股东权益受损，股东知情权通过诉讼方式没有得到解决，其主张“股东利益受到重大损害”不仅指股东利益已经遭受的损失，也包括股东预期将遭受的损失，不仅包括经济利益的损失，也包括共益权等非直接经济利益的损失，直接导致公司设立目的的落空。但仅仅是“知情权”“表决权”等受到重大损失，应可通过股东直接诉讼等形式解决，不必直接诉诸公司法解散制度。

最后，即使公司已经陷入资不抵债、无法维持的境地，也可以申请破产使其主体资格消灭。公司出现经营性的亏损或者其他困难，只要其内部自治机制还未失灵，就应当最大限度地发挥其功能，司法也应该予以充分尊重。而只有在公司决策、管理方面陷入僵局，自治机制失灵的情况下，才可选择由法院通过判决方式判定是否解散公司。《最高人民法院关于适用〈中华人民共和国公司法〉若干问题的规定（二）》第五条作出了审理解散公司案件应当注重调解的规定。公司僵局并不必然导致公司解散，司法应审慎介入公司事务，如果通过其他救济途径能够维持公司存续的，则不应轻易解散公司。救济途径包括转让股权、公司回购或减资等方式。一审庭审过程中，某科技公司及另外两位股东均表示，待公司盈利，可以回购或股权转让等形式解决目前状况，故就某科技公司现有的情况而言，并不满足通过其他途径不能解决的先决条件，不宜判决解散。

编写人：北京市怀柔区人民法院　刘建中　徐薇

45

关联企业严重丧失法人财产独立性和法人意志独立性时，可以认定属于法人人格高度混同的情形

——甲银行鹤岗分行申请某家电公司等实质合并破产清算案

【案件基本信息】

1. 裁判书字号

黑龙江省高级人民法院（2022）黑破监1号民事裁定书

2. 案由：实质合并破产清算纠纷

3. 当事人

复议申请人：甲银行鹤岗分行

被申请人：某家电公司、某科技公司、某商贸公司

【基本案情】

在某家电公司、某科技公司和某商贸公司（以下合称某家电公司等三公司）分别进行破产清算过程中，某家电公司等三公司管理人向一审法院申请将某家电公司等三公司的破产清算案件进行实质合并处理。一审法院裁定对该三公司进行实质合并破产清算后，甲银行鹤岗分行作为某家电公司的债权人，认为某家电公司等三公司作为关联企业，未达到法人人格高度混同的情形，不应予以合并破产清算。但是，某家电公司与某科技公司的法定代表人相同，且其在两公司均持股；案外人孟某某曾担任某科技公司投资人、某商贸公司负责人和高级管理人员。某家电公司的经营范围包括家用电器销售，厨房及日用杂货批发等；某科技公司的经营范围包括酱油、食醋及类似制品制造；某商贸公司的经营范围包括家用电器等批发兼零售。某家电公司的经营场所为某科技公司

名下房产。某商贸公司无独立账套，与某家电公司共用一个账套；某家电公司等三公司记账凭证、其他应收款明细账和银行业务凭证上，均有案外人史某某名字；某科技公司向信用合作联社的借款 1700 万元、某商贸公司向银行的借款 800 万元均由某家电公司入账；某商贸公司向信用合作联社的借款 998 万元亦由某家电公司入账，某科技公司提供抵押担保；某科技公司向银行的借款 1952.5 万元，某家电公司提供抵押担保；案外人张某、王某向银行的借款 700 万元由某家电公司入账，某科技公司提供抵押担保。某会计师事务所出具的《破产清算案件审计初步查看情况及意见》载明：第一，某家电公司等三公司虽名义上是三个独立的企业法人，但其实际上是以某家电公司为中心，作为一个整体生产经营，实际经营地址相同，经营办公场所和实物资产及单位员工均混同使用。第二，实物资产中的固定资产无法明确账载明细，无法区分资产的具体归属，也无法获取入账原值、累计折旧等金额，无法与科目余额表中金额配比、核对。第三，在财务上体现为某商贸公司的业务在某家电公司和某科技公司中进行账务处理，其不存在独立账套，导致财务收支配比不合理，财务出现合并处理的情况。第四，财务处理中发现：某家电公司等三公司之间存在数量庞大且密切交叉的资金往来，相互担保、相互抵押，贷款单位与贷款实际使用单位混合使用的情况，导致占用其他单位贷款资金。某家电公司等三公司资产负债项目中债权债务、实物资产重叠程度过高，存在账务处理收支不配比，占用贷款资金以及相互抵押担保形成的债权债务不清晰。初步审计以及现场勘查中，已经花费了大量的人力、物力和时间去追根溯源，但某家电公司等三公司的人员已经发生大量流动，相关问题没有知情人、经手人、责任人。业务的重叠度高，实际贷款人和实际使用人不同，也无法明确实际业务的连贯性及合理性，更无法明确实际的债权债务情况，无法严格意义上区分某家电公司等三公司的收支及财产情况，初步认定某家电公司等三公司财务资产存在混同，无法区分。

【案件焦点】

某家电公司等三公司是否符合实质合并破产清算条件。

【法院裁判要旨】

黑龙江省鹤岗市中级人民法院经审理认为：经某家电公司等三公司管理人组织核实，该三公司实际控制人相同，财产和资金使用存在高度混同，且公司之间存在大量的交叉借款和担保。又经某会计师事务所审计认定，某家电公司等三公司资产负债项目中债权债务、实物资产重叠程度过高，存在账务处理收支不配比，占用贷款资金以及相互抵押担保形成的债权债务不清晰。某家电公司等三公司无法明确实际业务的连贯性及合理性，更无法明确实际的债权债务情况，无法严格意义上区别各公司的收支及财产情况。为充分保障某家电公司等三公司债权人的合法权益，鹤岗中院于 2021 年 10 月 19 日公开召开某家电公司等三公司实质合并破产听证会，并无债权人就某家电公司等三公司实质合并破产提出异议，故根据某家电公司等三公司在人事、资产、财务等各方面高度混同的实际情况，为避免单独清算债务区分成本过高，损害各债权人公平清偿的利益，降低破产成本，提高债权人的债权清偿率。

黑龙江省鹤岗市中级人民法院依照《中华人民共和国企业破产法》第一条、第四条，《中华人民共和国民事诉讼法》第一百五十四条第一款第十一项之规定，裁定如下：

对某家电公司等三公司进行合并破产清算。

甲银行鹤岗分行不服一审裁定，提起复议。黑龙江省高级人民法院经审理认为：本案为利害关系人对人民法院合并破产裁定不服提起复议的案件。人民法院在审理企业破产案件时，应当尊重企业法人人格的独立性，以对关联企业成员的破产原因进行单独判断并适用单个破产程序为基本原则。当关联企业成员之间存在法人人格高度混同、区分各关联企业成员财产的成本过高、严重损害债权人公平清偿利益时，可例外适用关联企业实质合并破产方式进行审理。结合甲银行鹤岗分行申请复议的事实、理由以及某家电公司等三公司陈述的意见，本案的争议焦点为：一是某家电公司等三公司是否具备破产原因；二是某家电公司等三公司是否属于关联企业并存在法人人格高度混同的情形；三是区分某家电公司等三公司财产成本是否过高；四是实质合并破产清算是否损害某家电公司等三公司债权人利益。

关于某家电公司等三公司是否具备破产原因的问题。某家电公司等三公司被某农村信用合作联社等多个债权人提起诉讼，相关债权被人民法院生效裁判确认后，多个债权人申请执行。在案件执行过程中，法院查封了某家电公司和某科技公司所有的相关房产、土地和机器设备，某商贸公司名下无不动产登记，某家电公司等三公司名下银行账户均无存款。2019 年，某家电公司等三公司以公司经营不善造成严重亏损，不能清偿到期债务为由，分别向执行法院黑龙江省鹤岗市中级人民法院提出破产清算申请。2019 年 3 月 22 日，执行法院针对某家电公司等三公司的破产申请分别作出执行裁定书，中止对该三公司的执行，决定将执行案件移送破产审查。2019 年 11 月 21 日，执行法院以某家电公司等三公司不能清偿到期债务，资产不足以清偿全部债务为由，分别裁定受理某家电公司等三公司的破产清算申请。综上，某家电公司等三公司均已具备破产原因，且该三公司已经分别进入破产清算程序。

关于某家电公司等三公司是否属于关联企业并存在法人人格高度混同的情形问题。综合本案相关证据，某家电公司等三公司虽然在形式上是三个独立的企业法人，但是该三公司系关联企业，且存在法人人格高度混同的情形，具体表现在以下三个方面：在人事管理方面，某家电公司等三公司均由同一控制人控制，某家电公司与某科技公司的法定代表人均为孟某某，孟某某亦系两公司控股股东，且某科技公司和某商贸公司工作人员存在交叉，某家电公司等三公司共用财务人员，该三公司亦自认孟某某系该三公司的实际控制人。在经营场所和经营业务范围方面，某家电公司与某科技公司在某市某区某路金街综合楼均有经营场所，且该房产为某科技公司所有。某家电公司与某商贸公司的经营范围均包括销售家用电器，两公司的经营范围存在一定程度的上下游经营关系。某家电公司等三公司亦自认某家电公司可以影响某科技公司和某商贸公司的经营决策，再结合某会计师事务所出具的《审计意见》中载明的“某家电公司等三公司以某家电公司为中心、作为一个整体生产经营”的情况，即某家电公司等三公司在经营场所和经营业务方面存在混同，某科技公司和某商贸公司在经营管理上缺乏独立意志。在财务管理方面，第一，某家电公司等三公司之间存在互相担保和混同使用资金情况，并可能存在某家电公司损害某商贸公司和某科技公司及其债权人利益的情形。某商贸公司向某农村信用合作联社借款998万元，某科技公司为该笔借款提供抵押担保，且某家电公司自认该笔借款实际由该公司使用；某科技公司向甲银行鹤岗分行借款1952.5万元，某家电公司为该笔借款提供抵押担保；案外人张某、王某向乙银行鹤岗大陆支行的两笔借款700万元，均由某科技公司提供抵押担保，且某家电公司自认该两笔借款实际系该公司借款并使用。第二，某家电公司等三公司财务管理相互不独立。除上述1952.5万元以外的三笔借款均由某家电公司入账外，某科技公司在某农村信用合作联社的借款1700万元和某商贸公司在甲银行鹤岗解放路支行的借款800万元亦均由某家电公司入账，但在某家电公司的相关财务账簿上未明确体现入账原因，款项实际性质及用途等情况不明；某商贸公司无独立账套，与某家电公司共用一个账套。第三，某家电公司与某科技公司之间可能存在大额借款，但在缺少合同等书面材料佐证的交易背景下，双方之间债权债务的真实性难以确认。根据某科技公司与某家电公司内部往来账簿、会计凭证载明的内容，表明2009年至2017年，某家电公司与某科技公司可能存在大量资金往来，且某科技公司可能存在欠付某家电公司67652551.18元款项的情况。根据某家电公司等三公司在财务管理方面的以上三点表现，再结合某家电公司等三公司自认某家电公司可以影响某科技公司和某商贸公司的财务管理的陈述，可以认定某家电公司等三公司的财务管理混乱、财产发生混同。综上，根据某家电公司等三公司在人事管理、经营场所和经营业务范围，以及财务管理三方面持续高度混同的情形，可以认定某家电公司等三公司作为关联企业已经丧失了法人意志独立性和法人财产独立性，其法人人格高度混同。

关于区分某家电公司等三公司财产成本是否过高问题。根据某会计师事务所《审计意见》载明的关于“某家电公司等三公司资产负债项目中债权债务、实物资产重叠程度过高，存在账务处理收支不配比，占用贷款资金以及相互抵押担保形成的债权债务不清晰。初步审计以及现场勘查中，已经花费了大量的人力、物力和时间去追根溯源，但某家电公司等三公司的人员已经发生大量流动，相关问题没有知情人、经手人、责任人；业务的重叠度高，实际贷款人和实际使用人不同，也无法明确实际业务的连贯性及合理性，更无法明确实际的债权债务情况，无法严格意义上区分某家电公司等三公司的收支及财产情况，初步认定某家电公司等三公司财务资产存在混同，无法区分”的内容。结合某家电公司等三公司在财务管理方面存在无法区分相关款项交易的性质和实际使用借款的主体不明等问题，可以认定区分某家电公司等三公司财产成本过高，厘清某家电公司等三公司的债权债务关系难度较大。

关于实质合并破产清算是否损害某家电公司等三公司债权人利益的问题。在某家电公司等三公司已具备破产原因，该三公司系关联企业且法人人格高度混同，以及区分财产成本过高的情况下，其实际上已不具备单独破产清算的条件。若某家电公司等三公司各自单独破产清算，则即使部分关联企业债权人的债权清偿率相对较高，也系因关联企业之间的不当关联关系所致，其他债权人的公平清偿利益将受到损害。而且，某家电公司等三公司进行实质合并破产清算可以使各关联企业之间的债权债务归于消灭，既有利于缩短清理关联企业资产、负债的时间，降低清理成本，也有利于从实质上公平保护关联企业债权人的整体清偿利益。

黑龙江省高级人民法院依照《中华人民共和国民事诉讼法》第一百七十七条第一款第一项、第一百七十八条之规定，裁定如下：

驳回甲银行鹤岗分行的复议申请，维持原裁定。

【法官后语】

当前，关联企业实质合并破产清算案件的裁判标准问题仍然是司法实务界关注的热点，尤其是其中法人人格高度混同的裁判标准。在认定某家电公司等三公司属于关联企业，且均具备破产原因的前提下，本文主要围绕某家电公司等三公司是否符合法人人格高度混同的条件展开论述，即关联企业严重丧失法人财产独立性和严重丧失法人意志独立性的认定标准，以期厘清实质合并破产清算案件中法人人格高度混同的裁判标准。

一、严重丧失法人财产独立性

（一）资产混同

一般是指企业各自的财产和负债难以区分，导致无法准确界定用于清偿的破产财产。主要表现为：(1) 关联企业间财产权属不明。比如，货币资产、固定资产等难以区分。又如，在某秸秆制品公司等五公司实质合并破产清算案中，山东省东营市中级人民法院查明“表面看X公司、K公司名下有单独登记的土地使用权、厂房或办公楼等不动产，但各公司名下不动产，均是由X公司、K公司先后直接或间接出资购置的，初始购置资金却无法区分”。[①] (2) 关联企业内部随意转移资产或调拨资金。例如，在前一表现举例的案件中，山东省东营市中级人民法院查明“K公司财务部专门下设融资部，负责五家公司的融资业务。融资部根据不同情况以具备授信条件的某个公司作为贷款主体向银行借款，或以某个公司的名义向非银行机构借款，所融资金统一调度使用”。[②] (3) 融资与使用不当分离。如一个关联企业对外贷款，资金却由另一个或几个关联企业使用。就本案而言，某商贸公司向银行的借款以及某科技公司提供抵押担保的借款，均由某家电公司使用。(4) 对个别资产和负债进行分离难度较大。可以表现为分离资产和负债困难或成本过高。此外，上述四种表现导致的资产混同程度往往还应考虑持续时间。就本案而言，根据某科技公司与某家电公司内部往来账簿、会计凭证载明的内容，表明2009年至2017年，某家电公司与某科技公司可能存在大量资金往来，且某科技公司可能存在欠付某家电公司67652551.18元款项的情况，但在缺少合同等书面材料佐证的交易背景下，双方之间债权债务的真实性难以确认。

（二）财务混同

关联企业的财务管理模式往往是进行独立核算，但资金结算等活动实际均受制于控制企业。同时，在财务核算上，关联企业之间的会计凭证、财务账簿等往往也混合使用，难以区分。就本案而言，某家电公司等三公司财务管理相

---

① 山东省东营市中级人民法院（2020）鲁05破监3号民事裁定书。

② 山东省东营市中级人民法院（2020）鲁05破监3号民事裁定书。

互不独立。除案涉1952.5万元以外的三笔借款均由某家电公司入账外，某科技公司和某商贸公司在银行的借款亦均由某家电公司入账，但在某家电公司的相关财务账簿上未明确体现入账原因，款项实际性质及使用用途等情况不明。而且，某商贸公司无独立账套，而是与某家电公司共用一个账套，三公司的财务人员也存在混同使用的情况。

(三) 经营场所混同

关联企业往往共用经营场所，同一经营场所甚至存在两个以上的关联企业。就本案而言，某家电公司与某科技公司在鹤岗市工农区文化路金街综合楼均有经营场所，且该房产为某科技公司所有。

二、严重丧失法人意志独立性

(一) 主营业务混同

在经营范围上，关联企业成员大多脱胎于控制企业，成员之间的经营项目相同或相似，或处于上下游产业链。就本案而言，某家电公司与某商贸公司的经营范围均包括销售家用电器，两公司的经营范围存在一定程度的上下游经营关系。某家电公司等三公司亦自认某家电公司可以影响某科技公司和某商贸公司的经营决策，再结合某会计师事务所出具的《审计意见》中载明的“某家电公司等三公司以某家电公司为中心、作为一个整体生产经营”的情况，即某家电公司等三公司经营业务方面存在混同。

(二) 存在众多交叉融资及担保

主要表现为集团公司借款，由各成员企业担保；成员企业借款，由其他成员企业或集团公司担保；集团公司借款并使用，借款人却被确定为成员企业等。[①] 就本案而言，某商贸公司向银行的借款，由某科技公司提供抵押担保，但却由某家电公司使用；某科技公司向银行的借款，由某家电公司提供抵押担保；某科技公司提供抵押担保的借款，但却由某家电公司使用。

---

① 陶蛟龙、史和新：《关联公司合并破产重整若干法律问题研究——以纵横集团“1+5”公司合并重整案为视角》，载《政治与法律》2012年第2期。

（三）人员混同

在关联企业法人人格高度混同时，同一自然人同时在多家关联企业担任高级管理人员的情形较为普遍，甚至普通工作人员也存在交叉任职的情形。就本案而言，某家电公司等三公司在同一控制人控制下，某家电公司与某科技公司的法定代表人均为孟某某，孟某某亦系两公司控股股东，且某科技公司和某商贸公司工作人员存在交叉，某家电公司等三公司共用财务人员，该三公司亦自认孟某某系该三公司的实际控制人。

（四）经营决策受制于控制企业

享有独立的经营决策权是企业法人人格独立的重要表现之一，但在人格高度混同的关联企业中，被控制企业不仅在财产上不独立，在意志上往往也不独立。[①] 例如，在某能源公司等四公司实质合并破产清算案中，上海市第三中级人民法院查明“关于业务审批权限。某能源公司的各机关单位、各一级和二级公司、卫星公司的贸易业务，包括内贸与外贸业务，分别需经主席、计划执行局委员会总经理、计划执行局委员会副总经理审批通过后执行。关于对外贸易，某能源公司各总部机关、辖内各级子公司，某能源公司控制的合作公司、各办事处及非政府组织所有与第三方开展的贸易业务由某能源公司战略决策委员会下设的计划执行局统一管理。实际操作过程中，某能源公司直接参与和决策其各级子公司的对外贸易”。[②]

编写人：黑龙江省高级人民法院　周纹婷

① 孔维璜：《实质合并规则的理解和运用》，载《人民司法·应用》2016 年第 28 期。

② 上海市第三中级人民法院（2020）沪 03 破 9 号之一民事裁定书。

46

公司在强制清算程序之后又组织自行清算的，自行清算不发生清算的法律效果

——某材料科技公司诉郑某某、缪某某清算责任案

【案件基本信息】

1. 裁判书字号

江苏省无锡市中级人民法院（2022）苏02民终3047号民事判决书

2. 案由：清算责任纠纷

3. 当事人

原告（被上诉人）：某材料科技公司

被告（上诉人）：郑某某、缪某某

【基本案情】

2014年7月28日，甲机械制造公司登记设立，原股东为倪某1、倪某2、陶某、缪某某、郑某某。2015年7月1日，某材料科技公司因与甲机械制造公司存在买卖合同纠纷，诉至无锡市滨湖区人民法院（以下简称滨湖法院）。2015年8月26日，甲机械制造公司股东缪某某、郑某某将股权转让给倪某3，股权变更之后的股东为倪某3、倪某1、陶某、倪某2。2015年11月27日，滨湖法院作出（2015）锡滨华商初字第00134号民事判决，判令甲机械制造公司向某材料科技公司支付83907.33元并承担诉讼费956元。

2015年12月30日，因甲机械制造公司未履行前述生效文书确定的债务，某材料科技公司向滨湖法院申请强制执行，滨湖法院立案执行前述生效判决。2016年6月29日，因甲机械制造公司无可供执行的财产，滨湖法院作出

（2015）锡滨执字第02301号执行裁定，终结本次执行程序。2019年1月14日，无锡市锡山区人民法院（以下简称锡山法院）作出（2018）苏0205清申3号民事裁定，裁定受理乙机械制造公司对甲机械制造公司的强制清算申请。甲机械制造公司清算组向锡山法院提交工作报告，载明：清算组未接管到甲机械制造公司的任何材料、账册、重要文件，也未能联系到公司有关人员，故以无法清算为由申请终结强制清算程序。2019年6月5日，锡山法院作出（2019）苏0205强清1号民事裁定，以清算组无法对甲机械制造公司进行清算为由裁定终结甲机械制造公司的强制清算程序，甲机械制造公司的债权人可另行要求甲机械制造公司的股东等清算义务人承担连带清偿责任。

2019年6月21日，甲机械制造公司召开股东会，股东倪某3、倪某1、陶某、倪某2参会，股东会研究决定注销甲机械制造公司，成立清算组。清算组成员6名，分别为倪某3、倪某1、陶某、倪某2、郑某某、缪某某，清算组组长为倪某2。

2019年9月5日，甲机械制造公司形成清算报告，载明：甲机械制造公司自2015年8月31日起停止经营，2019年6月21日成立清算小组并进入清算程序，现甲机械制造公司债权债务已经全部清算完毕，剩余财产在股东之间按照比例分配完毕。清算组成员均在清算报告上签字。

同日，某材料科技公司办理工商注销登记。

2021年11月30日，某材料科技公司以郑某某、缪某某作为甲机械制造公司清算组成员、在清算过程中未通知某材料科技公司申报债权即出具虚假清算报告并注销甲机械制造公司损害某材料科技公司债权为由，主张郑某某、缪某某连带赔偿某材料科技公司货款83907元、诉讼费956元及相应利息。

【案件焦点】

郑某某、缪某某是否应对某材料科技公司的债权承担赔偿责任。

【法院裁判要旨】

江苏省无锡市惠山区人民法院经审理认为：公司清算时，清算组应当自成立之日起十日内通知债权人，并将公司解散清算事宜书面通知全体已知债权人，根据公司规模和营业地域范围在全国或者公司注册登记地省级有影响力的报纸上进行公告。清算组未履行通知和公告义务，导致债权人未及时申报债权而未获清偿，清算组成员应当对债权人的损失承担赔偿责任。本案中，某材料科技公司对甲机械制造公司的债权已经生效法律文书确认，某材料科技公司属于甲机械制造公司的已知债权人，甲机械制造公司清算组在未通知某材料科技公司申报债权的情况下即在虚假清算报告上签字，确认甲机械制造公司债权债务已经全部清算完毕，并办理甲机械制造公司工商注销手续，损害了某材料科技公司的债权。郑某某、缪某某作为清算组成员，应与其他清算组成员共同承担某材料科技公司债权受损的侵权责任。

江苏省无锡市惠山区人民法院依照《中华人民共和国公司法》第一百八十四条、第一百八十五条等规定，判决如下：

郑某某、缪某某向某材料科技公司赔偿货款 83907 元、诉讼费 956 元及相应的利息损失。

郑某某、缪某某不服一审判决，提起上诉。江苏省无锡市中级人民法院经审理认为：郑某某、缪某某的清算行为与某材料科技公司的债权受损不存在因果关系，不应承担损害赔偿责任。在甲机械制造公司强制清算程序中，因清算组未接管到甲机械制造公司的任何材料、账册、重要文件，亦无法联系到甲机械制造公司有关人员，故锡山法院以无法清算为由裁定终结强制清算程序。强制清算程序终结，清算组应当办理甲机械制造公司的工商注销登记。此时，甲机械制造公司股东倪某 3、倪某 1、陶某、倪某 2，作为甲机械制造公司的清算义务人，其是否应当承担对债权人因怠于履行义务导致的损害赔偿责任已经确定，该赔偿责任的主体不包括当时已经不是股东的郑某某、缪某某。虽然甲机械制造公司的强制清算程序终结之后，其公司的股东决议组织自行清算，并办理工商注销程序，但是甲机械制造公司在强制清算程序终结之后理当办理工商注销登记，即甲机械制造公司的工商注销表面上系某材料科技公司所称甲机械制造公司清算组以虚假的清算报告办理注销登记所致，实质上甲机械制造公司在强制清算程序终结之后理当办理工商注销登记，甲机械制造公司的工商注销登记是强制清算程序的必然要求。某材料科技公司债权受损的结果与郑某某、缪某某二人参与的自行清算过程中清算组以虚假清算报告办理甲机械制造公司工商注销登记不具有因果关系。

江苏省无锡市中级人民法院依照《中华人民共和国公司法》第一百八十八条、《最高人民法院关于适用〈中华人民共和国公司法〉若干问题的规定（二）》等规定，判决如下：

一、撤销江苏省无锡市惠山区人民法院（2021）苏0206民初7845号民事判决；

二、驳回某材料科技公司的诉讼请求。

【法官后语】

公司清算，也称为公司清盘，是指负有公司清算义务的主体按照法律规定的方式、程序对公司的资产、负债、股东权益等公司的状况进行全面的清理和处置，清理债权债务，处理公司财产，了结各种法律关系，并最终消灭公司法人资格的一种法律行为。按照组织主体和启动程序的不同，公司清算又分为自行清算和强制清算，强制清算是对自行清算的救济和补充。不论是自行清算还是强制清算，清算组都要遵循法定程序完成清算行为，否则造成债权人损失的，清算组应当承担赔偿责任。司法实践中，部分公司股东为逃避债务，会通过虚构清算报告等方式开展自行清算并完成公司市场主体注销登记，损害了公司债权人的利益，引起公司清算责任纠纷。本案中，甲机械制造公司在工商登记注销之前，先后进行了强制清算和自行清算，导致债权人错误认定债权受损的结果是因为自行清算中清算组的不当清算行为所致，本案对今后此类案件的审理具有一定参考价值。

第一，股东在公司强制清算程序终结之后再组织自行清算的，清算组的自行清算行为不产生相应的法律效果。强制清算程序是公司出现解散事由而未能自行清算条件下的一种司法救济措施，除法律另有规定外，强制清算程序终结的后果是公司权利义务消灭、公司注销、公司法人终止。《中华人民共和国公司法》第二百三十九条规定，公司清算结束后，清算组应当制作清算报告，报股东会或者人民法院确认，并报送公司登记机关，申请注销公司登记。《最高人民法院关于审理公司强制清算案件工作座谈会纪要》第三十六条规定，公司依法清算结束，清算组应当制作清算报告并报人民法院确认，人民法院应裁定终结清算程序。公司登记机关依清算组的申请注销公司登记后，公司终止。根据前述规定，甲机械制造公司在被锡山法院裁定受理强制清算程序之后，因无法清算而终结强制清算程序，清算组应当申请注销甲机械制造公司，甲机械制造公司终止。甲机械制造公司股东无权再作出股东会决议自行清算，此后的自行清算为无效清算行为，不产生公司清算的法律效果。

第二，在公司已经完成强制清算的情况下股东仍组织自行清算的，因自行清算不产生相应的法律后果，所以自行清算的清算行为与公司债权人的债权受损不存在因果关系，自行清算的清算组无须对债权人承担损害赔偿责任。甲机械制造公司在经过强制清算程序终结之后，清算组理应办理甲机械制造公司的工商注销登记。虽然从表面上看，甲机械制造公司工商注销登记是因为自行清算中清算组申请办理所致，但是甲机械制造公司工商注销登记是强制清算程序的必然结果，即便没有自行清算程序，甲机械制造公司也应当在强制清算程序之后办理工商注销登记，由此可见，甲机械制造公司的工商注销登记与甲机械制造公司的自行清算行为没有因果关系。因此，作为甲机械制造公司自行清算的清算组成员，郑某某、缪某某不存在承担不当清算责任的事实依据。在甲机械制造公司强制清算程序中，因清算组未接管到甲机械制造公司的任何材料、账册、重要文件，导致锡山法院以无法清算为由裁定终结强制清算程序，此时债权人某材料科技公司可以主张甲机械制造公司股东倪某3、倪某1、陶某、倪某2作为甲机械制造公司的清算义务人因怠于履行义务导致其债权受损承担法律责任，但是怠于履行清算义务的责任主体为甲机械制造公司在清算时的股东倪某3、倪某1、陶某、倪某2，而不包括当时已经不是股东的郑某某、缪某某。

编写人：江苏省无锡市中级人民法院　陈迪金

47

预重整程序的审查标准

——某能源集团等 16 家公司实质合并破产重整案

【案件基本信息】

1. 裁判书字号

重庆市第五中级人民法院（2022）渝 05 破 377 号之一民事裁定书

2. 案由：实质合并破产重整纠纷

3. 当事人

申请人：某能源集团等 16 家公司

【基本案情】

某能源集团是集能源投资、开发、建设、运营、服务为一体的大型国有能源企业。注册资本为 100 亿元。自 2015 年以来，受多重因素叠加影响，某能源集团及其部分子公司出现严重债务风险，陷入经营困境。2022 年 4 月 11 日，某能源集团等 16 家公司分别向重庆市第五中级人民法院申请重整并同时申请预重整。2022 年 4 月 15 日，法院对某能源集团等 16 家公司的预重整申请以及聘请的辅助机构进行备案登记。预重整期间，某能源集团等 16 家公司引入甲集团与乙企业共同作为投资人，并由辅助机构协助开展审计评估、债权核查、协商谈判、拟定重组协议等相关工作。某能源集团等 16 家公司拟通过实质合并方式进行整体重整。2022 年 11 月 15 日，某能源集团等 16 家公司召开预重整阶段债权人会议，表决通过重组协议，出资人组也表决通过了出资人权益调整方案。同日，辅助机构向法院提交预重整终结工作报告。2022 年 11 月 19 日，法院分别裁定受理某能源集团等 16 家公司的重整申请。2022 年 11 月 22 日，法院裁定对某能源集团等 16 家公司进行实质合并重整。2022 年 12 月 21 日，法院组织召开某能源集团等 16 家公司实质合并重整案第一次债权人会议，各表决组高票通过了在重组协议基础上制订的重整计划草案，同日召开出资人组会议表决通过了出资人权益调整方案。2022 年 12 月 22 日，某能源集团向法院申请批准重整计划。

【案件焦点】

某能源集团等 16 家公司的预重整程序是否合法，是否应当批准其重整计划。

【法院裁判要旨】

重庆市第五中级人民法院经审理认为：是否批准某能源集团等 16 家公司实质合并重整计划并终结重整程序，应当围绕预重整转重整程序、重整计划草案和出资人权益调整方案等合法性问题进行审查。

第一，本案预重整转重整程序合法。首先，某能源集团等 16 家公司具备破产原因且具有重整价值，裁定受理重整申请。其次，16 家公司符合法人人格高度混同、区别财产成本过高、实质合并有助于提高重整可能性等要素，依法裁定实质合并重整。最后，债务人开展预重整工作符合相关司法文件的精神，实现了庭外重组和庭内重整的有效衔接，某能源集团等 16 家公司预重整转重整程序合法。

第二，重整计划草案和出资人权益调整方案内容合法。首先，重整计划草案对于各类别债权的受偿顺序均严格法律规定，符合公平清偿原则，并通过现金、留债、以股抵债、债转股等综合方式清偿，实现债权人利益最大化。其次，引入了能源行业龙头央企和市属国企作为投资人，投入资金改善了企业财务状况和生产经营，其中关于债务人重新获得盈利能力的经营方案具有可行性。最后，出资人权益调整方案公平公正。本案的出资人权益调整方案将原股东的股权调整给投资人和债权人，作为引入投资人和债权清偿的重要资源，符合法律规定。

第三，债权人会议、出资人会议的有关召集、分组及表决程序合法有效。本案的重整计划草案和出资人权益调整方案是在预重整重组协议和出资人权益调整方案基础上制订的，且内容未做实质性改变。重整申请受理前已经对重组协议和出资人权益调整方案表决同意的债权人、出资人，视为对重整计划草案和出资人权益调整方案表决同意。在重整阶段，审议表决重整计划草案、出资人权益调整方案的债权人会议、出资人会议的有关召集、分组及表决程序合法有效。

重庆市第五中级人民法院依照《中华人民共和国企业破产法》第八十六条之规定，裁定如下：

一、批准某能源集团等 16 家公司实质合并重整计划；

二、终止某能源集团等 16 家公司实质合并重整程序。

【法官后语】

本案裁判明确了预重整程序中法院司法弱介入的职能定位以及转入重整程序后的事后审查标准。

一、我国预重整司法实践探索的依据

为进一步提升破产审判的能动性，将破产保护功能向前衍生，《全国法院破产审判工作会议纪要》《全国法院民商事审判工作会议纪要》等相关司法文件对于预重整程序作出原则性规定，探索完善庭外重组和庭内重整衔接机制，降低制度性成本，提高破产制度效率。

二、法院在预重整程序“弱介入”较为妥当

在预重整阶段，法院采用司法弱介入方式，以债务人为主导开展庭外重组工作，充分体现当事人的意思自治。具体体现在：一是对债务人的预重整申请，法院不作决定，仅予以登记备案，债务人与主要债权人协商一致聘请的中介机构为债务人的辅助机构，并非由法院依职权指定管理人或临时管理人；二是在辅助机构的协助下，债务人开展引入投资人、审计评估、债权核查、协商谈判等相关工作，并在此基础上制定重组协议并召开预重整阶段的债权人会议，对重组协议进行分组表决；三是法院不予介入对个案进行监督和指导，仅提供必要的法律咨询和规则指引。

三、转入重整程序后的程序和实质审查

辅助机构向法院提交终结预重整程序工作报告后，法院对于债务人在预重整阶段的相关工作展开实质性事后审查。一是对预重整转重整程序的合法性进行审查，包括：对债务人的破产原因和重整价值的可行性进行审查，裁定受理债务人的重整申请。如果债务人涉及实质合并重整的，严格按照《全国法院破产审判工作会议纪要》的规定，对于债务人是否符合实质合并条件进行实质审查并作出裁定。二是对重整计划和出资人权益调整方案的合法性进行审查。重点审查重整计划中的债务人经营方案是否可行，偿债方案是否符合法定的债权清偿顺序以及债权人利益最大化的原则，出资人权益调整方案是否公平公正。三是对会议的召集、分组及表决程序的合法性进行审查。包括审查预重整阶段和重整阶段的债权人会议、出资人组会议的召集、分组及表决程序是否合法，重整计划、出资人权益调整方案相较于预重整阶段的重组协议和调整方案有无实质变化，权利受到影响的债权人是否要参与表决，对于预重整阶段已经作出的表决是否予以认可。符合前述审查标准，法院即可裁定批准重整计划草案。

结合本案，在预重整阶段，法院弱介入，以某能源集团等16家公司为主导，引入投资人，并由辅助机构协助开展审计评估、债权核查、协商谈判等相关工作，拟定实质合并重组协议并由预重整阶段的债权人会议进行表决。辅助机构向法院提交终结预重整程序工作报告后，法院对于债务人在预重整阶段的相关工作开展实质性事后审查。经审查，某能源集团等16家公司预重整转重整程序，重整计划草案和出资人权益调整方案以及相关会议召集、分组及表决程序均合法有效，故法院裁定批准某能源集团等16家公司的重整计划。

编写人：重庆市第五中级人民法院　周爽　潘建兴

48

企业重整期间职工主张的生活费、工资等费用的正确认定

——杨某等诉某医用器材公司等与破产有关的纠纷案

【案件基本信息】

1. 裁判书字号

山东省淄博市中级人民法院（2022）鲁03民终2684号民事判决书

2. 案由：与破产有关的纠纷

3. 当事人

原告（上诉人）：杨某等

被告（上诉人）：某医用器材公司、某医疗科技公司、某投资合伙企业、某医用器材公司管理人

【基本案情】

杨某等80人系某医用器材公司职工，均与该公司签订了劳动合同。某医用器材公司曾于2019年至2020年分别给杨某等80人出具解除、终止劳动合同证明书，解除、终止劳动合同证明书中载明劳动合同的具体解除时间，杨某等80人均在证明书上签字。2018年9月11日，法院受理某医用器材公司破产重整申请，并于2019年6月3日裁定包括某医用器材公司在内的八家公司适用实质合并重整方式进行审理，指定某医用器材公司管理人担任八家公司的合并重整管理人，后经公开评审选定某投资合伙企业为八家公司的重整投资人，由重整投资人或其指定的主体整体受让八家公司股权，并可根据八家公司实际情况以及重整投资人经营安排，对无实际经营业务或不具有营运价值的公司，予以注销。2020年9月30日，法院裁定终结合并破产重整程序，通过合并重整计划。

根据合并重整计划，某医用器材公司股权变更至重整投资人指定的主体即某医疗科技公司名下，且管理人将预留2900万元偿债资金用于清偿可能发生的社保债权、医保债权及其他涉及职工权益的费用，对于应付及预留款项，如有不足，由投资人兜底承担。2020年12月11日，某街道办事处出具不予受理告知书一份，告知包括案涉80人在内的职工提出的在破产企业重整期间生活补助发放问题的信访事项，依法应当通过诉讼途径解决。杨某等80人向某劳动人事争议仲裁委员会申请仲裁，该仲裁委于2021年4月9日作出不予受理通知书。

【案件焦点】

企业重整期间职工主张的生活费、工资等费用的正确认定。

【法院裁判要旨】

山东省淄博市淄川区人民法院经审理认为：某医用器材公司作为用人单位，在停产后致使杨某等80名原告无法继续正常提供劳动，根据《山东省企业工资支付规定》第三十一条的规定，应支付80名原告周期工资及基本生活费。某医用器材公司主张与部分原告在2020年10月至12月不存在真实劳动关系，但其未举证证实在出具解除、终止劳动合同证明书前其曾向各原告作出解除劳动合同的意思表示，因此应认定解除、终止劳动合同证明书中记载的时间为双方解除劳动合同的时间。关于周期工资及基本生活费数额，根据《中华人民共和国劳动争议调解仲裁法》第二十七条规定，因基本生活费并非劳动者付出劳动的对价，而是用人单位依法应当承担的社会责任，基本生活费在性质上不属于劳动报酬，应适用一年普通仲裁时效。根据各原告提供的不予受理告知书，其与其他职工最早系于2020年12月向某街道办事处主张过相关诉求，仲裁时效因此发生中断，应自2020年12月起算，据此计算，对部分原告主张的2019年12月至2020年12月按照当年度某区最低工资标准1910元的70%计算的基本生活费，法院予以支持。2019年12月之前周期工资及基本生活费，均已超过仲裁时效，不再予以支持。某医用器材公司主张张某甲等二十名原告在停产歇业期间有工资或周期性收入，不应支付基本生活费，但根据其提供的银行交易明细可证实，张某甲等 7 人在前述未超过仲裁时效时间段即 2019 年 12 月至 2020 年 12 月并无工资或周期性收入，根据王某某、孙某某、郎某某提交的证据可以证实，上述 3 人银行交易明细中的转账收入均不是工资，孙某某、车某某的银行交易明细明显不符合工作收入的规律。综上，对某医用器材公司主张张某甲等 12 人在停产歇业期间有工资或周期性收入，不予采信。依据某医用器材公司提供的银行交易明细，刘某某、张某乙、宋某在 2019 年 12 月至 2020 年 12 月有工作收入；周某某自述其 2020 年 4 月至 12 月有工作收入；王某某 2020 年 1 月至 12 月有工作收入；闫某 2020 年 5 月至 12 月已在其他单位工作。综上，根据《山东省企业工资支付规定》第三十一条规定，刘某某、张某乙、宋某要求支付基本生活费诉讼请求，不予支持。周某某、王某某、闫某部分月份基本生活费应予扣除。某医用器材公司主张其他原告在停产期间在外有工作，证据不足，不予采信。另有陈某某、李某分别已于 2019 年 6 月、2019 年 9 月与某医用器材公司解除劳动合同，故两人的诉讼请求均已超过仲裁时效，不予支持。根据重整计划，某医疗科技公司作为重整投资人指定主体，应对上述待遇承担共同支付责任。各原告主张某投资合伙企业、某医用器材公司管理人承担上述待遇支付责任，于法无据，不予支持。

山东省淄博市淄川区人民法院依照《中华人民共和国劳动法》第三条、《中华人民共和国劳动争议调解仲裁法》第二十七条、《中华人民共和国民事诉讼法》第六十七条第一款规定，判决如下：

一、某医用器材公司、某医疗科技公司共同支付原告杨某等 75 人基本生活费共计 1264802 元；

二、驳回原告杨某等 75 人的其他诉讼请求；

三、驳回原告刘某某、张某乙、宋某、陈某某、李某的诉讼请求。

杨某等 80 人、某医用器材公司、某医疗科技公司不服一审判决，提起上诉。山东省淄博市中级人民法院经审理认为：《中华人民共和国企业破产法》第七十二条规定，自人民法院裁定债务人重整之日起至重整程序终止，为重整期间。根据杨某等 80 名职工一审的诉讼请求，其主张的权利分为三部分：一是人民法院裁定某医用器材公司重整之日之前的工资部分；二是重整期间的生活费部分；三是重整程序终止之后的生活费部分。其中前两部分诉求均须在重整程序中予以解决，属于与破产有关的纠纷；最后部分的诉求发生在破产程序终止之后重整计划执行阶段，此时，企业已经回归市场，在此期间产生的债务是基于经营产生的一般性债务，属于劳动合同纠纷。企业破产法属于特别法，某医用器材公司启动重整程序后，应优先适用企业破产法的规定处理与职工发生在重整期间及之前的纠纷。一审法院将重整程序终止之前的纠纷一概认定为劳动合同纠纷不当，二审法院予以纠正。关于杨某等80名职工主张的某医用器材公司重整之前的工资部分，既无须仲裁也无须向管理人申报，其有权在管理人不予公示或不予更正的情况下，直接向法院提起诉讼，对该部分诉求，某医用器材公司无异议，应作为破产职工债权予以确认，某医用器材公司应当予以支付。关于重整期间的生活费部分，因重整期间某医用器材公司与杨某等80名职工的劳动关系并未解除，其目的在于为企业继续营业保留必要的职工储备，应当向职工支付基本生活费，且该生活费部分属于共益债务，某医用器材公司应当予以支付。关于生活费的金额，陈某某、李某分别已于2019年6月、2019年9月与某医用器材公司解除劳动合同，故应支付陈某某12033元、李某16044元、其余78名职工各32088元。关于重整程序终止之后的生活费部分，重整计划执行后，2020年10月至12月，杨某等80名职工与某医用器材公司劳动关系并未解除，某医用器材公司应当按照《山东省企业工资支付规定》第三十一条规定分别向其支付基本生活费。关于生活费金额，可按照最低工资的70%为标准，自2020年10月起至12月30日劳动合同解除之日止共计三个月，每人合计4011元。对于某医用器材公司及管理人辩称双方在此期间不存在真实的劳动关系，因社保系统功能限制等原因缴纳社保而续签劳动合同，不应支付该起案件生活费的理由，无证据证实，法院不予采信。另外，某医疗科技公司作为重整后新成立的公司虽然与某医用器材公司存在一定的关联，但在重整计划中并未承诺对某医用器材公司的债务承担责任，且某医用器材公司作为独立的法人主体继续存续，某医疗科技公司不应承担某医用器材公司的债务。某投资合伙企业作为投资人，根据重整计划关于投资人兜底责任的承诺内容，其应当承担补充支付责任。杨某等 80 人无证据证实某医用器材公司管理人存在侵权行为损害其合法权益，故管理人也不应承担支付责任。

山东省淄博市中级人民法院依照《中华人民共和国企业破产法》第四十二条第四项、第四十四条、第四十八条第二款，《中华人民共和国民事诉讼法》第一百七十七条第一款第二项之规定，判决如下：

一、撤销淄博市淄川区人民法院（2021）鲁 0302 民初 3962 号民事判决；

二、某医用器材公司分别支付杨某等 80 人 2018 年 9 月工资各 1910 元；

三、某医用器材公司分别支付杨某等 78 人基本生活费各 32088 元，陈某某基本生活费 12033 元，李某基本生活费 16044 元；

四、某投资合伙企业对本判决第二、三项确定的某医用器材公司的支付责任承担补充责任；

五、某医用器材公司分别支付杨某等 78 人（不含陈某某、李某）基本生活费各 4011 元；

六、驳回杨某等 80 人的其他诉讼请求。

【法官后语】

当企业因为自身经营不善或者其他原因导致无法继续经营，甚至产生巨额债务无法偿还时，企业破产便成为一种救济途径。而破产重整程序针对的是那些具有挽救价值的企业，对债务人企业债权债务关系进行梳理之后帮助其摆脱财务困境，从而可以继续经营，实现“重生”，这也是破产重整的价值所在。但是在破产重整期间，被重整企业职工的合法权益没有得到足够的保障，个别企业甚至为了降低企业重整成本，还会采取直接与职工解除劳动合同等极端手段。本案主要涉及的就是在企业重整期间，对职工主张的生活费、工资等费用的正确认定问题。

一、破产重整期间，企业与职工之间是否存在法律关系的认定

根据《中华人民共和国劳动合同法》（以下简称《劳动合同法》）的规定，用人单位被依法宣告破产时，劳动合同终止，即自法院宣告破产之日，企

业与职工之间将不存在任何法律关系，然而对于宣破之前以及重整计划执行期间的劳资双方的法律关系是否存在需要根据实际情况进行认定。实践中，大部分破产企业已经停产停工多年，无须职工提供劳动，而且继续与职工保持劳动关系会增加破产企业的负担，故管理人往往会选择解除与职工的劳动关系。对于重整企业而言，管理人会选择继续经营，此时若存在经营方向、组织结构方面的重大调整，管理人会依据《劳动合同法》的规定进行无过失辞退或者经济性裁员。但是，也存在一些未在破产重整期间与职工解除劳动关系的情况，需要根据劳资双方之间劳动合同是否存续的实际情况进行认定，在重整计划执行期间，若未解除劳动关系，则企业与职工之间的法律关系重新归位至劳动关系。

二、厘清破产企业与职工之间在重整各阶段的法律关系

确定企业与职工之间是否存在劳动关系后，厘清破产企业与职工之间在重整各阶段的法律关系则是下一步重点，对双方法律关系的正确认定是对职工主张的生活费、工资等费用作出正确认定的前提与基础。根据《中华人民共和国企业破产法》（以下简称《企业破产法》）的规定，破产重整程序可大致分为三个阶段：一是申请破产重整阶段；二是法院裁定破产重整后的重整阶段；三是执行重整计划阶段。其中，重整程序的前两个阶段，因为职工的工资、抚恤费、社会保险费用，以及应支付的补偿金等债务人企业欠付职工的费用均可以按照《企业破产法》的规定纳入职工债权的范畴，故在此期间企业与职工的法律关系属于破产程序中债权人职工与债务人企业的债权债务关系。第三个阶段是重整计划通过，法院裁定终止重整程序并宣告债务人破产后执行重整计划的阶段，此时重整程序已经终止，企业亦重新回归市场，企业与职工的法律关系应回归到一般的劳动关系。

三、不同法律关系下，对职工主张的生活费、工资等费用的认定

当企业与职工系破产程序中债权人与债务人的法律关系时，职工可以根据法律规定在破产财产清偿破产费用和共益债务后优先受偿或直接提起职工破产债权确认纠纷，职工债权的范围包括债务人企业所欠职工的工资和医疗、伤残补助、抚恤费用，应当划入职工个人账户的基本养老保险、基本医疗保险费用，

以及法律、行政法规规定应当支付给职工的补偿金。根据劳动部发布的《工资支付暂行规定》第十二条规定，非因劳动者原因造成单位停工、停产的情况下，用人单位应支付劳动者工资，超出一个工资支付周期的，分情况予以处理，劳动者提供劳动，则应支付不低于当地最低工资标准的劳动报酬，未提供劳动的，则应支付相应的生活费等费用。故，当企业与职工系破产程序中债权人与债务人的法律关系时，职工主张的生活费、工资属于破产重整程序中可以优先受偿的职工债权。在执行重整计划阶段，企业已经恢复经营状态，此时企业与尚未解除劳动合同的职工属于劳动合同关系，职工在此种情况下主张的生活费、工资是基于经营产生的一般性债务。

综上，从破产重整程序的进展阶段出发，对公司与职工之间的法律关系作出正确认定，从而合理支持职工的各项费用请求是在破产程序与劳动合同关系交织的情况下，保障职工合法权益的正确路径。本案中，二审法院撤销一审法院作出的本案系劳动合同纠纷的认定，将各原告主张的权利根据重整程序分为三部分，并由此确定各原告主张权利的性质从而依法予以支持，最大限度地保障了职工的合法权益。

编写人：山东省淄博市中级人民法院　荣明潇　杨富元
山东省淄博市周村区人民法院　张蓓

49

股权转让情形下让与担保的认定

——某投资基金管理公司诉沈某等追收未缴出资案

【案件基本信息】

1. 裁判书字号

北京市第一中级人民法院（2022）京01民终7145号民事判决书

2. 案由：追收未缴出资纠纷

3. 当事人

原告（上诉人）：某投资基金管理公司

被告（被上诉人）：叶某、于某、宋某

被告：沈某、刘某

【基本案情】

2015年5月，沈某、刘某及案外人程某共同出资成立某投资基金管理公司，三人均系认缴出资。

2015年12月，程某（出质人、甲方）与叶某（质权人、乙方）签订《股权质押合同》，约定：经甲乙双方确认，截止到2015年12月，甲方尚欠乙方人民币×万元。为确保乙方的合法权益，甲方已将在某投资基金管理公司的股权质押给乙方，以保证履行到期债务。本合同有效期内，甲方如需转让出质股权，须经乙方书面同意，并将转让所得款项提前清偿欠款本息；甲方在规定期限内不能取得公司董事会同意质押或者在本合同签订前已将股权出质给第三者的，乙方有权提前收回欠款并有权要求甲方赔偿损失。

2016年1月，程某作为股权转让方分别与受让方沈某、叶某、于某、宋某签订《股权转让协议》，将程某在某投资基金管理公司的相应股权分别转让给沈某、叶某、于某、宋某。某投资基金管理公司亦作出股东会决议，同意前述股权转让事项，公司由沈某、刘某、叶某、于某、宋某组成新股东会，并修改了相应的公司章程。

2018年8月，一审法院作出刑事判决书，判决：一、被告人程某犯非法吸收公众存款罪，判处有期徒刑八年，剥夺政治权利一年，并处罚金人民币四十万元。（刑期自判决执行之日起计算。判决执行以前先行羁押的，羁押一日折抵刑期一日，即自2017年7月18日起至2025年7月17日止。罚金于本判决生效后三日内缴纳。）二、责令被告人程某退赔各集资参与人经济损失（详见退赔清单）。退赔清单中显示有集资参与人叶某、宋某等人。该刑事判决已发生法律效力。

2018年9月，一审法院作出民事裁定书，裁定受理案外人陈某等人对某投资基金管理公司的破产清算申请。

2019年4月，某投资基金管理公司以沈某等人为被告诉至一审法院（本案），要求沈某等人履行其作为股东对某投资基金管理公司的相应出资义务。

【案件焦点】

1. 沈某、刘某是否应当履行对某投资基金管理公司的相应出资义务；2. 叶某、宋某、于某是否为某投资基金管理公司实质意义上的股东，是否应当履行对该公司相应出资义务；3. 本案是否应当中止审理；4. 本案是否应当追加程某为被告或第三人。

【法院裁判要旨】

北京市石景山区人民法院经审理认为：人民法院受理破产申请后，债务人的出资人尚未完全履行出资义务的，管理人应当要求该出资人缴纳所认缴的出资，而不受出资期限的限制。在作出判决前，当事人未能提供证据或者证据不足以证明其事实主张的，由负有举证证明责任的当事人承担不利的后果。

关于第一个焦点问题，沈某、刘某应履行对该公司相应出资义务，理由如下：沈某、刘某是该公司的原始股东，且在该公司破产清算时仍为该公司股东，故沈某、刘某应履行对该公司相应出资义务。

关于第二个焦点问题，叶某、宋某、于某并非该公司实质意义上的股东，不应履行对该公司相应的出资义务，理由如下：(1) 案涉股权质押合同约定以程某在该公司的股权质押给叶某，以保证履行到期债务；(2) 叶某、宋某、于某陈述由叶某代为办理相应股权质押事宜，股权质押标的亦为叶某、宋某、于某三人对程某债权之和；(3) 程某在另案庭审笔录中陈述叶某、宋某、于某是为了要个担保，并无成为股东的意思，便用该公司股权作了质押；(4) 案涉股权转让协议的签订、履行也能体现出与案涉股权质押合同相一致；(5) 案涉刑事判决书亦载明了程某对叶某、宋某的退赔金额。故综合本案情况，本院认为叶某、宋某、于某与程某通过签订《股权转让协议》等文件形式上将相应股权转让至叶某、宋某、于某名下，以上行为与事实系各方当事人达成意思表示一致，即约定将股权类财产权益形式上转让至债权人叶某、宋某、于某名下，以保障到期清偿债务，相应股权并不当然归属叶某、宋某、于某所有，因此叶某、宋某、于某与程某间股权转让行为系让与担保性质，系为了担保其三人对程某的债权，而非债转股性质，叶某、宋某、于某虽形式上登记为该公司股东，但并无成为该公司股东的真实意思，三人非该公司实质股东，无须履行对该公司相应出资义务。故，对该公司要求叶某、宋某、于某作为该公司股东履行相应出资义务的诉讼请求，本院不予支持。

关于第三个焦点问题，民商事案件的审理必须以相关刑事案件的审理结果为依据的，应当中止诉讼，待刑事案件审结后，再恢复案件的审理；案件的基本事实无须以相关刑事案件的审理结果为依据的，人民法院应当继续审理。如前所述，在本院综合本案情况已对案涉股权转让行为性质作出认定的情况下，本案的基本事实无须以相关刑事案件的审理结果为依据，故本案无须再行中止审理。

关于第四个焦点问题，本案无追加程某为被告或第三人的必要，理由如下：有独立请求权的第三人有权向人民法院提出诉讼请求和事实、理由，成为当事人；无独立请求权的第三人，可以申请或者由人民法院通知参加诉讼。本案中，该公司作为诉讼发起人未申请将程某列为被告或第三人，各被告方未提出要求追加程某为被告或第三人，程某本人亦未提出要求成为本案当事人，且程某在另案庭审笔录中亦就相关事实情况进行了陈述，综合以上情况，本案亦无追加程某为被告或第三人的必要，故本案无须追加程某为被告或第三人。

关于该公司因本案保全而发生的财产保全责任保险费，本院将依被告承担责任情况依法处理分担。

北京市石景山区人民法院依照《中华人民共和国企业破产法》第三十五条、《最高人民法院关于适用〈中华人民共和国民事诉讼法〉的解释》第九十条、《中华人民共和国民事诉讼法》第一百四十七条之规定，判决如下：

一、沈某于判决生效后7日内向某投资基金管理公司缴纳出资500000元；

二、刘某于判决生效后7日内向某投资基金管理公司缴纳出资50074.78元；

三、沈某于判决生效后7日内向某投资基金管理公司支付财产保全责任保险费1000元；

四、刘某于判决生效后7日内向某投资基金管理公司支付财产保全责任保险费100元；

五、驳回某投资基金管理公司的其他诉讼请求。

某投资基金管理公司不服一审判决，提起上诉。北京市第一中级人民法院经审理后认为一审法院认定事实清楚，适用法律正确，应予维持。

北京市第一中级人民法院依照《中华人民共和国民事诉讼法》第一百七十七条第一款第一项之规定，判决如下：

驳回上诉，维持原判。

【法官后语】

让与担保是一种非典型担保，一般指债务人或者第三人为担保债务的履行，将标的物转移给他人，于债务不履行时，该他人可就标的物受偿。此种情形下，将标的物转移给他人的债务人或第三人形式上是转让人，实质上是担保人；受领标的物的他人形式上是受让人，实质上是担保权人。让与担保由于具有融资灵活、交易成本较低、第三人阻碍债权实现的可能性小等优势，一直在担保实践中扮演重要角色。在让与担保行为并未有违反法律、行政法规禁止性规定、违反公序良俗等情形下，一般认可让与担保行为的效力。

让与担保从形式上看往往表现为财产权转让，但二者又性质有别。一方面，从合同目的看，出卖人的主要义务是转让财产权，买受人的主要义务是支付转让款。而让与担保的目的在于为主债务提供担保，受让人通常无须为此支付对价，同时对于受让的财产，未届债务清偿期前受让人不得使用和处分。另一方面，让与担保作为一种非典型担保，属于从合同的范畴。与此相对应，往往还会存在一个主合同。而财产权转让一般不存在类似问题。

此外，让与担保与典型的担保物权，如不动产抵押、动产质押及股权质押形式上相似，但二者并不相同，主要表现在，在让与担保场合，存在着表里不一的问题：在内部关系上，根据当事人的真实意思表示，应当认定为是担保。但在外部关系上，由于实质上的债权人形式上却是所有人或者股东，往往面临着其是否为实质所有人或股东从而应否承担所有人或者股东权利义务等问题，且在其将财产另行转让给他人时，还面临其他受让人根据善意取得制度取得相应财产权的问题。

结合标的物的不同，让与担保包括动产让与担保、股权让与担保以及不动产让与担保等类型。本案涉及的便是股权让与担保。

本案中，一方面，案涉股权质押合同等文件表明案涉股权转让系保证叶某等人到期债务履行，具有担保性质；另一方面，程某与叶某、宋某、于某均陈述案涉股权转让系担保到期债务履行，且叶某等三人未支付相应股权转让对价，此外亦无在案证据证明叶某等三人实质享受了股东权利、承担了股东义务。故，案涉《股权转让协议》等文件系让与担保，叶某等三人不是该公司实质意义上的股东，不应承担其对该公司的相应出资义务。该公司要求叶某等三人履行其作为股东对该公司相应出资义务的诉讼请求，不应得到支持。

编写人：北京市石景山区人民法院　贾艳杰

十、其他

50

末及时“解锁”股票损失的计算方法

——李某某诉某影视公司新增资本认购案

【案件基本信息】

1. 裁判书字号

北京市高级人民法院（2021）京民终210号民事判决书

2. 案由：新增资本认购纠纷

3. 当事人

原告（上诉人）：李某某

被告（被上诉人）：某影视公司

【基本案情】

2014年3月31日，某影视公司、李某某、某文化传媒公司签订《购买资产协议》，李某某以其在某文化传媒公司的股份置换某影视公司的股份而取得的股票；某影视公司、李某某签订《股份认购协议》，由某影视公司定向增发股份，李某某通过配套融资现金方式购买取得的股票。此外还约定限售期为36个月。自2015年11月10日至2017年年底，某影视公司分别根据李某某签署的几份《确认函》，对《购买资产协议》项下李某某的股票共计办理解锁

5670056股，尚未解锁3780038股；对《股份认购协议》项下李某某的股票共计办理解锁13443983股，尚未解锁8962656股。2020年9月10日，某影视公司收到李某某向其提交的股票解禁申请后，于2020年9月30日为李某某办理解锁了《股份认购协议》项下的剩余8962656股，自此，《股份认购协议》项下李某某的股票全部解锁完毕。但是，对于《购买资产协议》项下未解锁的李某某的3780038股，某影视公司以李某某存在未缴纳《购买资产协议》中约定的股权转让个人所得税，以及在出售某文化传媒公司股权期间未依约如实披露巨额或有债务及潜在诉讼、2015年未达到所承诺的盈利预测等多个违约行为，提出某影视公司有权行使合同抗辩权，中止代李某某申请相关股票的解禁。

李某某起诉请求称：1. 某影视公司继续履行《购买资产协议》和《股份认购协议》，立即按照李某某的要求解禁李某某在前述协议项下认购的全部股份，共计12742694股；2. 某影视公司赔偿因未按协议约定及时解禁李某某持有的股份而给其造成的损失63713470元。

【案件焦点】

某影视公司应当向李某某赔偿损失的认定。

【法院裁判要旨】

北京市第三中级人民法院经审理认为：鉴于2018年4月24日，李某某持有《股份认购协议》项下非限售股13443983股，如果按照《关于股份锁定的承诺函》约定，在发行结束届满36个月之日起，每年转让不超过上年最后一个交易日登记在其名下的本次所认购股份的25%，则李某某2018年、2019年、2020年三年可供减持的股份数合计为12953839股，少于期初已经可以流通的股份数13443983股。这说明，即使股票按期解禁，鉴于李某某的该承诺，其亦不可实际减持，故逾期解禁并不会对其造成实际损失。

北京市第三中级人民法院依照《中华人民共和国合同法》第八条、第六十一条、第六十二条，《中华人民共和国民事诉讼法》第六十四条之规定，判决如下：

驳回李某某的全部诉讼请求。

李某某不服一审判决，提起上诉。北京市高级人民法院经审理认为：本案的争议焦点为某影视公司应当向李某某赔偿损失的认定。

李某某于2020年9月10日向某影视公司提交股份解禁申请之前，李某某及某影视公司均不存在违约行为。而在李某某于2020年9月10日向某影视公司提交股份解禁申请之后，某影视公司仅于2020年9月30日为李某某办理解锁了《股份认购协议》项下的剩余8962656股，而对于《购买资产协议》项下未解禁的3780038股，李某某先以律师函的形式，后以诉讼的方式提出解禁申请，应视为其已经向某影视公司提出了正式的解禁申请。在此情况下，某影视公司应开始履行解禁程序，但其并未代李某某办理股份解禁手续，已构成违约。经本院查询，某影视公司的A股票（现B股票）在2020年9月30日（某影视公司为李某某办理解锁《股份认购协议》项下剩余股份之日）的收盘价为6.15元/股；该股票价格后续持续下跌，截至2022年11月28日，该股票的收盘价为4.35元/股，故某影视公司的违约行为必然会给李某某造成一定的损失，某影视公司应向李某某赔偿相应的损失。但是，导致股价变动的因素很多，同时亦应考虑证券市场自身的风险系数，而不能简单地认定股票差价损失；并且，因股份解锁后股东是否能及时处置减持属于不能确定的事实，且《深圳证券交易所交易规则》第3.6.4条规定“无价格涨跌幅限制证券的协议大宗交易的成交价格，在前收盘价的上下30%之间确定”，而不一定是在前收盘价上浮30%的价格标准，故李某某主张自2018年4月24日起，某影视公司未及时办理李某某所持股票的解禁手续，给李某某造成的股票差价损失，以及因李某某所持股票未能及时减持，给其造成了股票差价损失，进而主张以收盘价上浮30%的价格标准计算股票差价损失，本院均不予支持。鉴于某影视公司在李某某提交股份解禁申请后，于2020年9月30日为李某某办理了解锁《股份认购协议》项下剩余股份的手续，某影视公司也在一审审理中认可如《购买资产协议》项下尚未解锁的李某某持有的3780038股股份不存在相关违约事实的情况下，应该自李某某2020年9月10日提交股份解禁申请之日后四十天左右具备减持条件，故李某某的相关损失亦应自2020年9月30日起计算。本院考虑某影视公司上述违约对李某某所持股份的占有情况及相应资金利息损失、李某某所持3780038股股份尚未解禁及减持的情况、证券市场风险导致股票价格波动因素、双方当事人的过错情形及其他各种不稳定因素等，酌定某影视公司赔偿李某某的损失400万元。

北京市高级人民法院依照《中华人民共和国民事诉讼法》第一百七十七条第一款第二项、第一百八十一条之规定，判决如下：

一、撤销北京市第三中级人民法院（2020）京03民初5号民事判决；

二、某影视公司于本判决生效之日起二十个工作日内，将案涉《购买资产协议》项下李某某所持有的剩余3780038股B股票限售股份予以解除限售，并为李某某在中国证券登记结算有限责任公司深圳分公司办理完成上述限售股份解除限售的变更登记的手续；

三、某影视公司于本判决生效之日起十日内向李某某赔偿损失400万元；

四、某影视公司于本判决生效之日起十日内向李某某支付财产保全保险费98570.21元；

五、驳回李某某的其他诉讼请求。

【法官后语】

上市公司是履行限售股“解锁”的义务主体。持股人所持股票“解锁”期满并按要求向上市公司提出“解锁”申请后，上市公司应及时为持股人在证券登记结算部门办理完成限售股份解除限售的变更登记的手续。上市公司未配合或怠于配合限售股“解锁”的，应承担赔偿责任。未及时“解锁”股票的损失尚未实际发生，为“一揽子”解决纠纷，减少当事人诉累，如何酌定投资者损失是这类案件审理的重点也是难点问题。

一、酌定投资者损失的法理基础

《中华人民共和国民法典》第五百八十四条规定：“当事人一方不履行合同义务或者履行合同义务不符合约定，造成对方损失的，损失赔偿额应当相当于因违约所造成的损失，包括合同履行后可以获得的利益；但是，不得超过违约一方订立合同时预见到或者应当预见到的因违约可能造成的损失。”在合同中没有约定损害赔偿额（如违约金或者定金），特别法也没有规定损害赔偿额的情况下，损害赔偿法应当遵守损害填补原则，亦即，有损失才有赔偿。因为证券市场股票价格波动大且争议股票尚未“解锁”，在诉讼过程中确定未“解锁”股票的损失会较为困难，此时是否存在损失、损失的金额如何计算、应当按照哪个时间点的股价确定损失等，都是亟待解决的问题。为一次性解决纠纷，拒绝隐形裁判，本案采取酌定方法确定投资者损失额。

二、酌定投资者损失的四种方案

就未及时“解锁”股票损失的酌定大概有以下四种方案：

方案一：资金占用损失。参照《最高人民法院关于适用〈中华人民共和国民法典〉合同编通则若干问题的解释》第二十五条第一款第一句规定：“合同不成立、无效、被撤销或者确定不发生效力，有权请求返还价款或者报酬的当事人一方请求对方支付资金占用费的，人民法院应当在当事人请求的范围内按照中国人民银行授权全国银行间同业拆借中心公布的一年期贷款市场报价利率（LPR）计算。”上市公司作为过错方应赔偿的损失按照资金占用损失计算为：以应“解锁”日上市公司股票收盘价计算股票价值后，以该数额为基数，自应“解锁”日起至实际“解锁”日止，按照全国银行间同业拆借中心公布的贷款市场报价利率（一倍 LPR）计算。如涉案股票价格持续下跌，股票差价损失大于资金占用损失的情形下，该方案确定的损失难以覆盖投资人全部损失。

方案二：股票差价损失。以应“解锁”日上市公司股票收盘价与生效判决作出日收盘价之间的差价为基础计算损失。如股票价格发生上涨，持股人不存在损失，且当事人未就违约行为约定违约金，上市公司作为违约方无须对自己的违约行为承担责任，该方案有违合同法鼓励当事人在市场交易活动中遵守契约、信守承诺原则。

方案三：损失另行主张。因争议股票尚未“解锁”，投资人实际损失尚不能确定，本案中对于投资人股票损失的请求不予支持。待投资人将持有股票实际减持变现后，损失另行主张。该方案有违减少诉累、节省司法资源、兼顾公平与效率等诉讼目标的实现。

方案四：加权平均法。综合考虑以下因素：应“解锁”日与判决作出日股票差价、违约方股份占有情况及相应资金利息损失、守约方所持股份尚未解禁及减持的情况、证券市场风险导致股票价格波动情况、双方当事人的过错情形及其他各种不稳定因素等综合确定双方的损失分担权重系数，最终酌定损失赔偿数额。

三、加权平均法酌定投资者损失的运用及意义

经过全面分析和细致测算，本案采取第四种方案酌定损失赔偿数额。第一，关于涉案股票价格变化情况。持股人所持股票价格持续下跌，在2020年9月30日（某影视公司为李某某办理解锁《股份认购协议》项下剩余股份之日）的收盘价为6.15元/股；该股票价格后续持续下跌，截至2022年11月28日（判决作出日），该股票的收盘价为4.35元/股，持股人的损失客观存在。第二，关于本案过错方。持股人李某某于2020年9月10日向某影视公司提交股份解禁申请之后，某影视公司仅于2020年9月30日为李某某办理“解锁”《股份认购协议》项下的剩余8962656股，而对于《购买资产协议》项下的未“解锁”的3780038股，李某某先以律师函的形式，后以诉讼的方式提出“解锁”申请，应视为其已经向某影视公司提出了正式的“解锁”申请。在此情况下，某影视公司应开始履行“解锁”程序，但其并未代李某某办理股份“解锁”手续。上市公司一方为过错方，投资人为守约方。上市公司未及时解禁的行为已构成违约，故上市公司应对未解禁的3780038股部分股票的损失承担赔偿责任。此外，考虑到本案中投资人并未就已“解锁”部分股票及时减持的情形以及证券市场其他不稳定因素，以加权平均计算方法最终酌定持股人李某某的损失金额为400万元。

在审理金融消费者请求投资损失案件中，应树立纠纷一次性解决理念，拒绝隐形裁判。加权平均法酌定投资者损失会综合考虑给投资者造成损失的各种因素及其权重系数，精准计算相关责任人应向投资者支付的损失赔偿额，操作性强、自由裁量空间小，减少当事人诉累，节省司法资源，真正实现案结事了。

编写人：北京市高级人民法院　夏林林　陈焱

51

市场监督管理部门登记的信息显示股东并未实缴出资，即使国家企业信用信息公示系统公示的年度报告显示已实缴，但实缴情况未办理商事变更登记的，不能对抗善意第三人

——黄某某诉虞某某等发起人责任案

【案件基本信息】

1. 裁判书字号

福建省厦门市中级人民法院（2022）闽02民终2407民事判决书

2. 案由：发起人责任纠纷

3. 当事人

原告（被上诉人）：黄某某

被告（上诉人）：虞某某

被告：陈某1、陈某2

【基本案情】

某投资公司成立于2015年3月26日，注册资本为100万元，发起人股东陈某1、虞某某、陈某2分别认缴出资额80万元、10万元、10万元。厦门市市场监督管理局于2021年4月29日出具的《私营公司基本信息》载明，某投资公司所认缴的注册资本分期于2017年3月31日前缴足。备案于工商行政管理部门的某投资公司《股东出资信息》载明陈某1、虞某某、陈某2实缴出资均为0元。

2018年3月2日，厦门市中级人民法院作出（2018）闽02民终440号民

事判决：1. 撤销厦门市思明区人民法院（2016）闽0203民初14200号民事判决；2. 某投资公司应于判决生效之日起十日内偿还黄某某工程款353522.60元及利息（自2016年8月30日起至判决确定的还款之日止，按银行同期同类贷款利率计算）；3. 驳回黄某某的其他诉讼请求。由于某投资公司未履行上述生效法律文书确定的义务，黄某某申请强制执行。2018年12月13日，厦门市思明区人民法院作出（2018）闽0203执3765号之一执行裁定，确认冻结并划扣了某投资公司银行存款7723.01元，并以某投资公司下落不明且名下暂无财产可供执行、黄某某同意终结本次执行程序为由，裁定终结该案本次执行程序。

2021年7月5日，黄某某提起本案诉讼。审理中，黄某某确认已收到执行款7723.01元。陈某1、虞某某、陈某2提交了来源于国家企业信用信息公示系统的某投资公司《2020年度报告》，载明陈某1、虞某某、陈某2认缴出资额80万元、10万元、10万元已于2015年3月26日实缴出资。某投资公司亦出具《出资证明书》《股东到资情况说明》，确认陈某1、虞某某、陈某2已实缴注册资本的相关事宜。黄某某对上述《2020年度报告》《出资证明书》《股东到资情况说明》均不予认可，质证称《2020年度报告》系某投资公司申报的，《出资证明书》《股东到资情况说明》系某投资公司单方出具的，相关情况应以工商内档登记为准。

【案件焦点】

工商内档资料、年度报告、出资证明书等证据出现矛盾时如何认定股东已经履行了出资义务。

【法院裁判要旨】

福建省厦门市思明区人民法院经审理认为：首先，根据《中华人民共和国民法典》第六十四条、第六十五条以及《中华人民共和国公司法》第三十二条规定，公司登记事项发生变更的，应当办理变更登记，未经登记或者变更登记的，不得对抗善意第三人。本案中，备案于工商行政管理部门的某投资公司工商内档资料显示，某投资公司的发起人股东陈某1、虞某某、陈某2分别认缴出资额80万元、10万元、10万元，分期于2017年3月31日前缴足，实缴出资均为0元。陈某1、虞某某、陈某2提交的《2020年度报告》《出资证明书》《股东到资情况说明》虽然载明该三位股东已于2015年3月26日某投资公司登记设立时实缴出资，但《2020年度报告》系由某投资公司自行申报，与某投资公司的工商内档资料显示的情况不相符，未办理工商变更登记，不能对抗善意第三人。陈某1、虞某某、陈某2主张其已于某投资公司设立时足额实缴出资，却未就此办理工商登记，亦不符合常理。因此，陈某1、虞某某、陈某2主张其已实缴出资，缺乏依据，一审法院不予支持。

其次，《最高人民法院关于适用〈中华人民共和国公司法〉若干问题的规定（三）》第十三条第二款规定，公司债权人请求未履行或者未全面履行出资义务的股东在未出资本息范围内对公司债务不能清偿的部分承担补充赔偿责任的，人民法院应予支持。陈某1、虞某某、陈某2应于2017年3月31日前缴足认缴出资，但其至今未缴纳。黄某某作为某投资公司的债权人，有权要求陈某1、虞某某、陈某2分别在未出资的80万元、10万元、10万元的本息范围内，对某投资公司在（2018）闽02民终440号民事判决项下债务不能清偿的部分承担补充赔偿责任。

福建省厦门市思明区人民法院依照《中华人民共和国民法典》第六十四条、第六十五条，《中华人民共和国公司法》第三十二条，《最高人民法院关于适用〈中华人民共和国公司法〉若干问题的规定（三）》第十三条第二款，《中华人民共和国民事诉讼法》第六十四条第一款、第一百一十四条之规定，判决如下：

陈某1、虞某某、陈某2应分别于判决生效之日起十日内在未实缴出资80万元、10万元、10万元，以及利息（2017年4月1日至2019年8月19日的利息按中国人民银行同期同类贷款基准利率的标准计算，此后按同期全国银行间同业拆借中心公布的贷款市场报价利率的标准计至实际付款之日止）的范围内，对某投资公司在（2018）闽02民终440号民事判决项下债务即工程款353522.60元及利息（自2016年8月30日起至该判决确定的还款之日止，按中国人民银行同期同类贷款利率计算，应扣除黄某某已实际收取的执行款7723.01元）的不能清偿部分，向黄某某承担补充赔偿责任。

虞某某不服一审判决，提起上诉。二审审理过程中，虞某某陈述：（2018）闽02民终440号民事判决中注明“审理中黄某某自认已收到虞某某支付的工程款15万元”，该款应视为虞某某已承担了补充赔偿责任。黄某某认为，该15万元支付的是公司债务，不是虞某某实缴的出资。

福建省厦门市中级人民法院经审理认为：本案的主要争议焦点在于：一是虞某某是否已经实缴出资；二是虞某某代公司偿付黄某某的15万元是否可认定为其已经承担了补充赔偿责任。

关于争议焦点一。虞某某关于其已经实缴出资的主张缺乏依据，一审法院的认定并无不当，二审法院予以确认。关于争议焦点二。虞某某所主张的15万元系其代公司向黄某某支付的工程款，与发起人对公司债务不能清偿的部分承担补充赔偿责任是两个不同的法律概念。虞某某的该项主张缺乏法律依据，二审法院不予认可。

福建省厦门市中级人民法院依照《中华人民共和国民事诉讼法》第一百七十条第一款第一项之规定，判决如下：

驳回上诉，维持原判。

【法官后语】

《中华人民共和国公司法》废除法定验资报告后，股东实际出资情况仅需通过国家企业信用信息公示系统予以公示，但现行法对于证明实际出资的相关凭证并未予以明确规定，审判实践中，对股东实际出资如何认定仍有不同理解。在实际出资缺乏商事监管前端背书的情况下，如何透过名目繁多的注资方式直抵实缴资本，对股东的出资行为作出认定，以缓和股东与其他主体之间的利益失衡，是商事审判需要关注的问题。而股东履行出资义务的证成与证否，关键在于举证责任的分配。在股东出资纠纷及衍生诉讼中，公司债权人囿于信息阻塞，证明股东瑕疵出资的难度很大。因此，公司债权人需要举示股东瑕疵出资的合理怀疑证据，之后转由股东承担其已履行出资义务的证明责任。①

一、瑕疵出资的初步证据——以企业年度报告为例

公司债权人提供何种证据可以作为初步证据，以及该证据能否达到合理怀疑的程度，不同法院可能存在不同的认定标准。实践中，债权人或以公司对外公示的企业年度报告中未记载实缴出资信息为由，要求股东对公司债务不能清偿的部分承担补充赔偿责任。有观点认为，企业年度报告系公司自行填报并上传至国家企业信用信息公示系统，由公司对出资情况的真实性予以背书，应当认为最接近事实真相，故其可以成为公司债权人举示股东未履行出资义务的合理怀疑证据。在湖南省长沙市中级人民法院（2022）湘01民终1799号民事判决中，法院认为公司有义务通过国家企业信用信息公示系统将股东实际出资情况予以公示。若公司并未履行公示义务，且股东未能提交证据证明其已督促公司履行此义务的，则认定股东未履行出资义务。

需要注意的是，由于企业年度报告系由公司自主填报，缺乏商事登记机关的信用背书，且填报时无须提供验资报告或股东出资凭证等依据，故企业年度报告具有自主性、任意性等特点。当前我国的社会信用体系仍不完善，公示信息真实的信用背书完全交由市场主体存在一定风险。同时，企业年度报告显示的应然状态不等于实然状态，无法从中推断出股东确已真实出资。因此，在天津市静海区人民法院（2019）津0118民初8321号民事判决中，法院认为股东即使提供企业年度报告据以主张其已实缴出资，但并无其他证据加以佐证的，仍不足以认定股东已经履行出资义务。

---

① 《最高人民法院关于适用〈中华人民共和国公司法〉若干问题的规定（三）》第二十条规定："当事人之间对是否已履行出资义务发生争议，原告提供对股东履行出资义务产生合理怀疑证据的，被告股东应当就其已履行出资义务承担举证责任。"

二、股东出资义务履行的证明责任

当公司债权人提供瑕疵出资的合理怀疑证据后，股东需就已出资的事实承担举证责任。若不能提供有效证据，如无法提供银行流水明细，或即使有资金汇入公司但无法证明其性质系出资的，那么股东可能承担举证不能的后果。由于商事交易安排纷繁复杂，股东的资金流转可能包含股东与其投资的其他公司之间或与其他个人之间的资金流转，即使提交了银行流水明细，也不一定能够直接证实其履行了出资义务。因此，当是否出资的事实真伪不明时，股东可以在法院指定的期限内依法申请审计。股东拒不配合审计①，或者不预交审计费用、拒不提供相关材料，致使是否履行出资义务的事实无法查明的，将承担举证不能的法律后果。此外，《中华人民共和国公司法》第五十五条规定："有限责任公司成立后，应当向股东签发出资证明书，记载下列事项：（一）公司名称；（二）公司成立日期；（三）公司注册资本；（四）股东的姓名或者名称、认缴和实缴的出资额、出资方式和出资日期；（五）出资证明书的编号和核发日期。出资证明书由法定代表人签名，并由公司盖章。"因此，出资证明书可以作为股东履行出资义务的证据。然而，实践中公司可能只向股东出具了收条，其名称未必是"出资证明书"，也不一定符合前述法定格式。是故，公司出具的出资凭据是否具备证明效力，不宜拘泥于"出资证明书"的名称及格式，而宜结合凭据的内容加以认定。

综上，在错综复杂的商事纠纷中，裁判者需要在现有法律框架内，结合在案事实，洞幽察微、剥茧抽丝，穿透形式层面的种种交易安排，根据当事人真实意思表示以及资金的真实属性，认定股东是否履行了出资义务。

编写人：福建省厦门市中级人民法院　黄南清

福建省厦门市思明区人民法院　沈冰芸

① 参见河北省黄骅市人民法院（2015）黄民初字第876号民事判决。

52

冒名签署股东会决议的效力认定

——王某某诉某投资管理公司等公司增资案

【案件基本信息】

1. 裁判书字号

北京市第二中级人民法院（2022）京02民终2609号民事判决书

2. 案由：公司增资纠纷

3. 当事人

原告（上诉人）：王某某

被告（被上诉人）：某投资管理公司、张某某、李某

第三人：某信息咨询公司

【基本案情】

某投资管理公司于2014年1月9日成立，注册资本为50万元。股东张某某持股比例为75%，王某某持股比例为20%，李某持股比例为5%。

2014年8月29日，某投资管理公司作出《股东会决议》，决议内容为“同意变更公司注册资本，由原50万元变更为2000万元……”下方有王某某、张某某签名。同日，某投资管理公司出具《章程修正案》，将记载的公司注册资本由50万元修正为2000万元，2014年11月5日办理工商变更登记。2014年12月26日，新增李某为某投资管理公司股东。

某信息咨询公司曾依据（2018）京0105民初562号生效裁判文书向北京市朝阳区人民法院（以下简称朝阳法院）申请执行某投资管理公司清偿债务3037500元及利息等款项，朝阳法院作出（2018）京0105执22748号执行裁定

书，裁定终结本次执行程序。后某信息咨询公司申请追加张某某、李某、王某某作为前述案件被执行人，朝阳法院于 2020 年 11 月 20 日驳回其追加请求。某信息咨询公司于 2020 年 12 月 28 日提起执行异议之诉，在执行异议之诉审理期间，王某某将某投资管理公司、张某某、李某诉至我院，要求确认某投资管理公司于 2014 年 8 月 29 日作出的公司注册资本由 50 万元增加至 2000 万元的股东会决议不成立。

庭审中，某信息咨询公司向本院提交某文化发展公司工商档案，用于证明王某某工商档案签字相互一致。经查，该公司于 2014 年 1 月 9 日成立，张某某为法定代表人，任执行董事，持股比例 52%；王某某任监事，持股比例 48%。王某某、张某某、李某均认可并未实际召开股东会，《股东会决议》中“王某某”签名非本人签署，且王某某并未参与某投资管理公司的实际经营。

【案件焦点】

冒名签署股东会决议的效力认定。

【法院裁判要旨】

北京市丰台区人民法院经审理认为：在作出判决前，当事人未能提供证据或者证据不足以证明其事实主张的，由负有举证证明责任的当事人承担不利的后果。有限责任公司的股东会决议究其实质是股东的意思表示。依据《中华人民共和国公司法》第三十七条第二款、《最高人民法院关于适用〈中华人民共和国公司法〉若干问题的规定（四）》第五条第一项相关规定，当公司全体股东就股东会的议案明确表示了一致意见时，可以不召开股东会议。因此，股东会决议的内容是否确系公司股东的真实意思表示、是否已取得股东的一致同意，是认定公司决议是否成立的事实关键。如果公司股东对决议内容是知晓并同意的，那么就不能仅以股东会会议未召开或股东会决议上的签字并非本人所签，即认定股东会决议不成立。

根据本案已查明的事实：其一，某投资管理公司于 2014 年完成增资事宜并办理工商变更登记，将注册资本由原来的 50 万元变更为 2000 万元。王某某作为公司股东，长期担任公司监事，其主张未参与公司经营，并在长达 7 年的时间中不知晓公司增资事宜，明显不符合常理。其二，在某信息咨询公司申请追加王某某、李某、张某某三人为（2018）京 0105 执 22748 号案件被执行人，并提起执行异议之诉后，即由王某某向本院提起确认案涉股东会决议不成立的诉讼，且本案中王某某、李某、张某某三人对诉讼请求毫无争议，亦与常理不符。其三，王某某与张某某除某投资管理公司外，还同为某文化发展公司股东，王某某在两家公司均担任监事，双方之间存在密切的经济利益关系。本院结合以上事实综合认定，王某某对于某投资管理公司案涉股东会决议内容知晓并同意，案涉股东会决议是王某某的真实意思表示。现王某某起诉要求确认案涉股东会决议不成立并恢复原有的股权登记，缺乏依据，本院不予支持。

北京市丰台区人民法院依据《中华人民共和国公司法》第三十七条第二款、《最高人民法院关于适用〈中华人民共和国公司法〉若干问题的规定（四）》第五条第一项、《最高人民法院关于适用〈中华人民共和国民事诉讼法〉的解释》第九十条之规定，判决如下：

驳回王某某全部诉讼请求。

王某某不服一审判决，提起上诉。北京市第二中级人民法院经审理认为：本案中，王某某应当提供证据证明自己的主张。但在本案审理过程中，王某某并未提交相应的证据。虽然某投资管理公司、张某某及李某对王某某的主张均予以认可，但既然某投资管理公司全体股东能够达成一致，完全可以召开新的股东会，依法办理减资手续。且根据本院查明的事实，在本案诉讼前，某信息咨询公司对某投资管理公司享有合法债权，某信息咨询公司提起的关于追加张某某、李某、王某某作为被执行人的执行异议之诉正在审理中，王某某的本案诉讼请求可能影响某信息咨询公司债权的实现，而某信息咨询公司对王某某的主张不予认可，并提交证据证明王某某与张某某共同经营某文化发展公司。某投资管理公司涉案增资事项已经国家机关登记公示，王某某在某投资管理公司增资事项完成 7 年后才提起诉讼，明显不符合常理。综上，王某某的主张缺乏依据，一审法院判决驳回王某某的诉讼请求并无不当。

北京市第二中级人民法院依照《中华人民共和国民事诉讼法》第一百七十七条第一款第一项之规定，判决如下：

驳回上诉，维持原判。

【法官后语】

本案涉及冒名签署股东会决议的效力认定问题。通常情形下，“冒名”行为代表着股东意思表示不真实，进而会影响股东会决议的效力。本案中，在审查相关案情的基础上，认定虽然存在“冒名”行为，但以此为基础形成的股东会决议实则系王某某真实意思表示，故认定决议成立生效。那么“冒名”行为究竟在何种程度上影响股东会决议的效力，值得思考。

根据《中华人民共和国公司法》第四条的规定，公司股东对公司在经营管理中的重大事项有参与决策的权利。该权利一般通过股东会实现，根据出资比例对公司意志的形成产生影响。公司意志的表现形式为股东会决议，即在股东会决议中通过股东投票形成肯定性或否定性决议来体现股东意志，股东意志的最直接表现形式则是股东签名。通常情形下，判断股东签名的“冒名”行为对股东会决议效力的影响，需要判断其是否与伪造决议、内容瑕疵、程序瑕疵等情形牵连发生，不同的情形产生不同的法律效果，具体如下：

一、非牵连状态

当股东会决议中仅存在冒名签署这一瑕疵情节，不涉及股东会决议内容瑕疵、程序瑕疵或伪造决议等情形时，该股东可以撤销其被伪造的意思表示。此种情形下，股东会决议效力取决于，剔除该股东表决权数后，原股东会决议是否满足《中华人民共和国公司法》规定的成立、生效的条件，即若剔除后仍满足《中华人民共和国公司法》或公司章程规定的最低通过比例，则成立。否则，应认定为不成立。

二、牵连状态

当冒名签署的股东会决议同时与伪造决议、内容瑕疵、程序瑕疵等牵连发生时，应当按照以下思路处理：

首先，应审查股东会决议是否存在，即是否召开股东会或是否就相关事项进行表决，否则股东会决议不成立，此为伪造决议。其次，在股东会决议存在的情形下，应当审查决议内容是否符合法律或行政法规的规定，不符合的即为无效，此为内容瑕疵。再次，在股东会决议内容合法的情形下，应当就表决权数进行审查，剔除该股东表决权数后未满足公司法或公司章程规定的最低比例的，股东会决议不成立，此为严重程序瑕疵。最后，在表决权数满足规定的情形下，应当审查是否恶意侵犯被冒名股东权益，如果存在恶意排除股东资格、增加股东负担情形的，视为符合民法“恶意串通，损害他人合法权益”的情形，应为无效，此为内容瑕疵；如果不存在侵犯被冒名股东权益的情形，仅存在一般程序瑕疵（召集方式、表决程序瑕疵），被冒名股东可在决议作出之日起60日内诉请撤销，否则即为有效。

可见，在牵连状态下，伪造决议、严重程序瑕疵导致决议不成立，内容瑕疵导致决议无效，一般程序瑕疵导致决议可撤销。

三、特殊情形

牵连与非牵连状态均为股东意思表示的不真实。此外，如果被冒名股东知道或推定其知道他人冒用自己的名义签署股东会决议这一事实后一定时间内没有提出异议或者默示接受该结果，应当认定为对该冒名签署的瑕疵进行了补正，股东会决议成立生效，属于前述的例外情形，也即对冒名签署的股东会决议进行效力认定时存在的特殊情形。

具体到本案“冒名”签署的股东会决议效力如何认定的问题，本案被告称涉案股东会并未实际召开，属于冒名伪造决议，涉案公司增资的股东会决议应为无效。但本案中，王某某作为公司股东，长期担任公司监事，在长达7年的时间中不知晓公司增资事宜，不符合常理，且既然某投资管理公司全体股东能够达成一致，完全可以召开新的股东会，依法办理减资手续，但并未进行减资。故，本案应当推定王某某对于公司增资事项是知情并同意的，应当视为补正了冒名签署股东会决议的瑕疵，涉案股东会决议成立生效。

可见，冒名签署的股东会决议并不当然不成立、无效或可撤销，对于其中微小的瑕疵或可被治愈的瑕疵，应当尊重公司的内部自治。被冒名股东对冒名行为或决议事项知情且一段时间内未提出异议的，以及剔除被冒名股东的表决权数后仍符合决议通过的最低比例要求且不存在损害被冒名股东权益的，均应视为决议瑕疵被治愈，股东会决议成立生效。股东会召集程序、表决方式瑕疵同时冒名签署股东会决议的，应视为微小瑕疵，被冒名股东未在决议作出60日内诉请撤销的，股东会决议应当成立生效；但会议召集程序或者表决方式仅有轻微瑕疵，且对决议未产生实质影响的，即使股东在60日内提起撤销之诉，法院亦应判决股东会决议成立生效。[①]

总之，在对冒名签署的股东会决议进行效力认定时，不应拘泥于民法的实质公平的思维中，而应当更多地从公司法效率价值的要求出发，设定合理的股东会决议瑕疵制度和治愈制度，尽可能地维护股东会决议的有效性。这也是本案审判思路中所秉承的宗旨。

编写人：北京市丰台区人民法院　王静　王婷

53

瑕疵减资股东对外担责后的内部追偿规则

——程某某诉张某甲追偿权案

【案件基本信息】

1. 裁判书字号

北京市第三中级人民法院（2022）京03民终7027号民事判决书

2. 案由：追偿权纠纷

---

① 《最高人民法院关于适用〈中华人民共和国公司法〉若干问题的规定（四）》第四条规定："股东请求撤销股东会或者股东大会、董事会决议，符合民法典第八十五条、公司法第二十二条第二款规定的，人民法院应当予以支持，但会议召集程序或者表决方式仅有轻微瑕疵，且对决议未产生实质影响的，人民法院不予支持。"

3. 当事人

原告（被上诉人）：程某某

被告（上诉人）：张某甲

【基本案情】

某建设工程公司于2018年10月18日将注册资本从600万元减少至5万元，股东程某某、张某甲分别减少出资297.5万元。张某甲是公司法定代表人。某建设工程公司就此次减资在报纸上刊登了公告，未直接通知债权人张某乙。

张某乙与某建设工程公司、程某某、张某甲建设工程分包合同纠纷一案，法院作出（2016）京0111民初9953号民事判决，判令某建设工程公司向张某乙给付工程折价款3127360元并给付利息。该判决生效后，因某建设工程公司未履行给付义务，张某乙申请强制执行。在执行中，因某建设工程公司暂无可供执行财产，法院裁定终结本次执行程序。

2019年，债权人张某乙以股东损害公司债权人利益责任纠纷为案由起诉程某某、张某甲，法院作出（2019）京0113民初9517号民事判决，判令程某某、张某甲分别在减少出资的297.5万元范围内对（2016）京0111民初9953号民事判决确定的债务在某建设工程公司未清偿的范围内向张某乙承担补充赔偿责任。该判决生效后，因程某某、张某甲未履行上述生效民事判决确定的给付义务，张某乙申请强制执行。执行中，程某某和张某甲均表示对于390万元债务二人各负担一半即195万元，同时各负担执行费一半。

2020年9月17日，程某某给付执行案款310万元。2021年11月11日，张某甲与张某乙达成执行和解协议，确认张某甲已给付案款110万元，张某乙遂申请执行结案。

程某某认为，张某甲作为公司法定代表人对于损害后果的发生责任更大，应承担70%的责任，故诉请向张某甲追偿184万元。

【案件焦点】

1. 程某某向公司债权人承担瑕疵减资补充赔偿责任后，是否有权向另一瑕疵减资股东张某甲追偿；2. 如何确定瑕疵减资股东之间的责任承担比例。

【法院裁判要旨】

北京市顺义区人民法院经审理认为：瑕疵减资区别于抽逃出资。股东出资后，该出资的财产权属于公司所有，股东抽逃出资实质是侵犯公司的财产权。抽逃出资股东在抽逃出资本息范围内承担补偿赔偿责任，将抽逃的本属于公司的财产用来偿还公司对外债务，抽逃出资股东并无损害，故不存在向谁追偿的问题。而本案某建设工程公司的股东程某某、张某甲作出了减资的股东会决议，因在减资过程中未采取合理有效的方式将减资事项告知外部债权人，而被生效判决认定为减资行为存在瑕疵，危害债权人的利益，故应承担补充赔偿责任。本案股东之间的法律关系不应认定为抽逃出资的法律关系，而应认定为瑕疵减资股东之间对外承担责任后的追偿关系。

围绕公司，可能产生公司与债权人、公司与股东、股东与股东、股东与债权人等诸多法律关系。（2019）京 0113 民初 9517 号判决处理的是股东与公司、股东与债权人之间的外部关系，这种责任是一种非终局性的补偿赔偿责任。虽然判决程某某、张某甲分别在减少出资的范围内承担补充赔偿责任，未言明是按减少出资的比例，但双方共同实施的瑕疵减资行为是程某某、张某甲承担补充赔偿责任的事实基础，双方的责任基础是共同的，同时减资行为使得程某某、张某甲按减资比例获得减资财产（两股东不再因此缴纳出资）而受益，一方承担全部或大部分损害赔偿责任必然导致双方权益的失衡，若不允许承担全部或大部分损失的股东向共同实施瑕疵减资行为的股东追偿，将使得双方之间因瑕疵减资行为而导致的利益失衡无法寻求其他法律救济。因此，对内部关系而言，应认为系程某某、张某甲按照减少出资的比例进行分担，方符合共同实施行为共同承担责任的原则。

股东与公司债权人之关系，宜区分为外部法律关系和内部法律关系。股东与公司债权人之外部法律关系，以股东之行为与法律之规定确定股东对外之责任；而股东之间内部法律关系，则以行为之可归属性和持股比例等确定最终责任的分担。本案是股东对外承担责任后的内部追偿问题，因瑕疵减资行为是双方共同实施的，且程某某、张某甲双方按减资比例共享减资利益，故就股东之内部关系而言，双方应按减资比例承担该损失数额。鉴于程某某、张某甲双方共同实施瑕疵减资行为的可归责性，以及双方按减资比例共享减资利益等责任基础，双方减资比例相同，各自应负担的金额为210万元，因程某某已经负担310万元，张某甲负担110万元，故张某甲应给付程某某100万元。因两股东持股比例相同，减资决议系两股东共同作出，两人按减资比例受益的减资财产相当，程某某以张某甲系法定代表人等为由要求张某甲承担70%的责任缺乏依据，难以支持。

北京市顺义区人民法院依照《中华人民共和国公司法》第一百七十七条、《最高人民法院关于适用〈中华人民共和国公司法〉若干问题的规定（三）》第十三条之规定，判决如下：

一、张某甲给付程某某100万元，于本判决生效之日起七日内执行；

二、驳回程某某的其他诉讼请求。

张某甲不服一审判决，提出上诉。北京市第三中级人民法院同意一审法院裁判意见。

北京市第三中级人民法院依照《中华人民共和国民事诉讼法》第一百七十七条第一款第一项之规定，判决如下：

驳回上诉，维持原判。

【法官后语】

公司注册资本是公司运营的基石，亦是公司经营和偿债能力的保障。公司减资不仅牵涉公司的存续，更涉及外部债权人利益的保护。认缴制背景下，股东出资责任纠纷频发，其中瑕疵减资股东对外承担责任后的追偿问题尤其值得关注。

第一，在认缴制背景下瑕疵减资不应类推适用抽逃出资的规定。首先，从法律规范角度，《最高人民法院关于适用〈中华人民共和国公司法〉若干问题的规定（三）》第十二条对抽逃出资的情形列举来看，无论是分配虚增利润，还是虚构债权债务转出出资，或是利用关联交易转出出资，前提都是股东已经实际出资。而认缴制下的股东瑕疵减资行为，是对未来出资的减资，此时股东尚未对公司实际出资，公司并未实际获得该部分资本，股东的这种减资行为显然不能被认定为抽逃出资。其次，从行为构成角度来看，完整的抽逃出资的判断标准集中于程序违法、实际出资和损害公司利益三个方面。即便存在程序瑕疵，因该认缴部分尚未作为已实缴的公司资产，与抽逃出资情形下已经实缴再抽逃出资从而损害公司利益的情况明显不同，从法律责任的应然性看，抽逃出资的责任显然应当更重。

第二，瑕疵减资后法律后果的承担。尽管《中华人民共和国公司法》规定公司减资时的通知义务人是公司，但公司是否减资以及如何完成减资完全取决于股东的意志，股东对公司减资的法定程序及后果亦属明知，同时公司办理减资手续需股东的配合，故对于公司通知义务的履行，股东亦应当尽到合理注意义务。公司在减资过程中未采取合理有效的方式将减资事项告知外部债权人，危害债权人利益的，股东应就该债务对债权人承担补充赔偿责任。

第三，瑕疵减资股东之间的责任分担。瑕疵减资下股东承担的补充赔偿责任本质是侵权责任，瑕疵减资股东之间构成共同侵权。多名瑕疵减资股东在同一减资过程中，客观上共同实施了瑕疵减资的侵权行为，主观上彼此明知且形成合意，同时瑕疵减资行为的效果体现为股东按减资比例共享减资利益（股东不再因此缴纳出资），实质上是一种共同侵权行为。对外承担侵权责任后，瑕疵股东之间应以行为之可归属性和持股比例等确定最终责任的分担，超过其应承担赔偿责任的股东可以向共同实施瑕疵减资行为的其他股东追偿。

需要强调的是，公司类纠纷可能涉及外部法律关系和内部法律关系。股东与公司债权人之外部法律关系，以股东之行为与法律之规定确定股东对外之责任。股东之间的内部法律关系，则以行为之可归属性和持股比例等确定最终责任的分担。股东因瑕疵减资行为向外部债权人承担补充赔偿责任后，是否对公司享有追偿权，并不影响其向其他应承担责任的股东追偿的权利。

编写人：北京金融法院　王思思

北京市顺义区人民法院　王丽蓉

54

非股东身份的清算组成员应就清算组未书面通知已知债权人申报债权的行为，向债权人赔偿全部债权损失

——某钢板公司诉梁某甲等买卖合同案

【案件基本信息】

1. 裁判书字号

江苏省无锡市中级人民法院（2022）苏02民终2306号民事判决书

2. 案由：买卖合同纠纷

3. 当事人

原告（被上诉人）：某钢板公司

被告（上诉人）：梁某甲

被告：梁某乙、金某某

【基本案情】

梁某甲系某贸易公司法定代表人，梁某乙、金某某系某贸易公司股东。

某钢板公司与某贸易公司素有业务往来，某贸易公司向某钢板公司购买各种型号、规格的电镀锌耐指纹钢板。截至2020年1月31日，某贸易公司尚结欠某钢板公司货款1588629.73元。

2019年12月23日，某贸易公司召开股东会会议，决定注销公司，并成立了清算组，成员为梁某甲、梁某乙、金某某，组长由梁某甲担任。某贸易公司清算组成立后，未将解散、清算事宜书面通知某钢板公司。

2020年4月17日，某贸易公司形成清算报告，载明：公司按照《中华人民共和国公司法》的要求，在清算组成立十日内将公司解散事项通知了本公司

债权人，并于2019年12月23日在国家企业信用信息公示系统进行债权人公告公示。清算组已制订清算方案并经股东（会）通过。清算组于2020年4月17日完成了清算工作，公司债权债务已经清理完毕。清算情况如下：1. 清算后，公司无流动资产，无固定资产。2. 清算后，公司无债权也无债务。本清算报告内容真实，不含虚假内容，清算成员签字确认。该处由梁某甲、梁某乙、金某某签字。

同日，某贸易公司形成股东会决议，载明：1. 审议公司清算组制订的清算方案及于2020年4月17日出具的清算报告。2. 梁某乙、金某某承诺对某贸易公司尚未清偿的债务承担清偿责任。3. 根据公司法及公司章程规定，同意公司注销。公司注销后，公司的一切文书资料和财务账册等由梁某甲负责保管。该决议由梁某乙、金某某签字。同日，某贸易公司被核准注销登记。

某钢板公司于2021年7月15日诉至一审法院，要求梁某甲、梁某乙、金某某支付货款1588629.73元及逾期付款利息，理由为梁某甲、梁某乙、金某某在对某贸易公司清算过程中未通知其申报债权，导致其债权未获清偿。对此，梁某甲认为，其并非某贸易公司股东，仅是某贸易公司聘任的法定代表人，且早已于2014年12月离职，并未参与清算过程中的具体事务，仅协助股东处理公司注销的程序性事项，且其离职后无法知悉某贸易公司与某钢板公司之间的业务往来，并不知道某贸易公司还结欠某钢板公司债务，其对未通知某钢板公司申报债权不存在故意或重大过错，且即使某钢板公司在梁某乙、金某某公示债权人、清算某贸易公司期限内申报债权，某贸易公司也没有能力偿还对某钢板公司的欠款，清算组未履行通知和公告义务与某钢板公司的损失之间缺乏因果关系。

【案件焦点】

梁某甲作为某贸易公司清算组成员应否向某钢板公司承担赔偿责任，该赔偿责任的范围如何认定。

【法院裁判要旨】

江苏省江阴市人民法院经审理认为：梁某甲作为某贸易公司法定代表人，对公司负有全面管理之责，且参与了某钢板公司与某贸易公司之间的业务，其理应知晓某贸易公司结欠某钢板公司货款。在某贸易公司清算时，梁某甲作为清算组组长未以直接送达或邮寄方式告知某钢板公司清算事宜，导致某钢板公司未能申报债权而获得清偿，应依法承担赔偿责任。梁某乙、金某某作为某贸易公司股东应按照承诺对某贸易公司尚未清偿的案涉货款债务承担清偿责任，且作为某贸易公司清算组成员，亦应依法对案涉货款债务承担清算组成员的赔偿责任。

江苏省江阴市人民法院依照《中华人民共和国合同法》第一百零九条，《中华人民共和国公司法》第一百八十三条、第一百八十五条第一款、第一百八十九条，《最高人民法院关于适用〈中华人民共和国公司法〉若干问题的规定（二）》第十一条，《中华人民共和国民事诉讼法》第一百四十七条之规定，判决如下：

梁某甲、梁某乙、金某某应于判决发生法律效力之日起10日内给付某钢板公司货款1588629.73元及逾期付款利息（以1588629.73元为基数，自2021年7月15日起至实际给付之日止，按全国银行间同业拆借中心公布的贷款市场报价利率计算）。

梁某甲不服一审判决，提起上诉。江苏省无锡市中级人民法院经审理认为：首先，有限责任公司在自行清算程序中，清算组成员并不仅限于全体股东，故梁某甲虽并非某贸易公司股东，但不影响其成为清算组成员。其次，梁某甲对于未将某贸易公司解散清算事宜通知某钢板公司存在过错。某钢板公司属于某贸易公司清算时的已知债权人，清算组应书面通知某钢板公司申报债权。梁某甲称其仅是在梁某乙、金某某提供的清算报告中签字，并未参与清算过程中的具体事务，说明梁某甲怠于履行其清算组组长的职责，未能组织某贸易公司合法清算，存在过错。最后，因某贸易公司清算组未书面通知某钢板公司解散清算事宜导致某钢板公司的债权1588629.73元及利息存在损失。某贸易公司于

2020 年 4 月 17 日形成的股东会决议明确公司注销后，公司的一切文书资料和财务账册等皆由梁某甲负责保管。梁某甲作为某贸易公司注销前的法定代表人，与某贸易公司及其股东有密切联系，却未能在诉讼中提供某贸易公司完整的财务账册，导致法院无法判断某贸易公司清算注销时真正的资产负债情况，亦无法再组织清算。此时，应由某贸易公司清算组成员对某钢板公司损失直接承担清偿责任。

江苏省无锡市中级人民法院按照《中华人民共和国民事诉讼法》第一百七十七条第一款第一项之规定，判决如下：

驳回上诉，维持原判。

【法官后语】

就清算组未履行通知义务的赔偿责任问题，本案既回应了清算组成员身份的争议，又深入剖析了清算组成员承担赔偿责任的因果逻辑，并探讨了损害赔偿的范围确定，具有一定的司法借鉴意义。具体分析如下：

一、公司清算组成员之选任

我国实行“清算义务人+清算人”的双轨制清算主体模式，二者形似但意异，常常被混淆。清算义务人是指具有依法启动清算程序的义务主体，即清算程序的启动和组织主体；清算组是公司启动清算程序后，受公司委托具体办理公司清算事宜的主体，仅是公司清算阶段的执行机构，并非议事决策机构，清算方案、清算报告等还应由股东会最终确认。从二者概念的区分来看，清算义务人之确定，主要基于其与公司之间存在的特定关系，如《中华人民共和国民法典》第七十条将其框定为“法人的董事、理事等执行机构或者决策机构成员”，《中华人民共和国公司法》（以下简称《公司法》）也将清算义务人明确为董事。而清算组成员之选任，主要基于委托关系。根据《公司法》（2018 年修正）第一百八十三条、《最高人民法院关于适用〈中华人民共和国公司法〉若干问题的规定（二）》第八条之规定，公司强制清算以及股份有限公司自行清算时，非股东的人员或机构可以作为清算组成员。《公司法》（2023 年修订）也明确清算组由董事组成，但是公司章程另有规定或者股东会决议另选他人的除外。据此，一方面，公司解散清算涉及公司债权债务以及资产的清理，因董事负责公司的日常经营管理，对公司的资产以及债务情况较为了解，且其本身对公司负有忠实和勤勉义务，由其组成清算组更有利于公司依法清算，维护股东以及公司债权人利益；另一方面，清算组成员的选任本质上属于股东内部自治事项，可交由股东会会议决定或章程约定，故法律并不禁止选任董事以外的人员作为清算组成员。但是，一旦组成清算组，无论是作为外部人员的清算组成员，还是兼具股东、董事等内部人员身份的清算组成员，均负有忠实和勤勉义务。本案中，梁某甲虽非某贸易公司股东，但某贸易公司作出的股东会决议明确选任其为清算组成员，符合法律规定。

二、清算组未履行通知义务之过错认定

《公司法》（2018 年修正）和《公司法》（2023 年修订）均规定，清算组应当自成立之日起十日内通知债权人，并于六十日内在报纸上或者国家企业信用信息公示系统公告。其中，“通知”和“公告”系并列关系，二者针对不同类型的债权人，“通知”针对的是已知且能取得联络方式的债权人，而“公告”作为一种拟制通知的方式，是直接通知的补充，适用于无法直接通知的债权人或者不特定潜在债权人，对于已知的债权人不能以公告方式替代直接通知。此处的已知债权人应系债务人“已知”，而非债权人、第三人或者法院“已知”，且已知债权人不以记载于债务人财务账册等为前提。实践中，即使财务账册未记载相应债权，但债权人如果能够提交双方存在债权债务关系的证明，如合同、询证函、对账函、承诺函、发货证明、往来邮件等，即可以确定已知债权人身份。同时，已知债权人的认定也不以双方对债权人的债权金额已进行确认为必要条件。在债权数额未明确但债务人对于债权存在实际明知的情况下，债务人对债权的清偿结果能预见到，即使债务人对债务金额有异议，也不影响认定债权人为已知债权人。

按照《公司法》（2023 年修订）第二百三十四条规定，清算组在清算期间要行使包括通知、公告债权人在内的职权。如清算组成员并未按上述规定履行包括通知、公告在内的相应职权，说明清算组未尽勤勉义务，当然应推定其存在主观过错，符合《公司法》（2023年修订）第二百三十八条规定的承担赔偿责任的要件。本案中，梁某甲声称其仅是配合股东完成清算注销程序，并未实质参与清算过程，当然也未履行书面通知债权人申报债权的义务，属于因故意或者重大过失给债权人造成损失的情形。

三、清算组未书面通知已知债权人申报债权导致的债权人损失之认定

公司清算的终极目的是通过程序保障和剩余财产的合理分配，在公司股东、债权人、职工等利益相关者之间达到一种利益的平衡。清算组通知债权人申报债权及参与债权核定，正是保障债权人利益得到合理处分的重要程序，从而保护自身债权得到最大限度地实现。反之，若债权人被剥夺了债权申报的权利，则失去了共同参与分配的机会，甚至失去了在公司财产不足以清偿全部债务情况下申请公司破产清算的权利。因此，如果清算组成员未完全履行通知、公告义务，显然会导致债权人有损失，清算组应予以赔偿。

基于清算组成员的赔偿责任是侵权责任，在清算组成员有过错的情况下，还需要考虑该过错与债权人的债权损失之间的因果关系。总体而言，如果清算组成员确实勤勉审慎地履行了公司财产核查义务且公司清算时确实已无任何财产，清算组成员可不再承担赔偿责任；如果公司清算时尚有剩余财产，且该剩余财产金额能查明，清算组成员则应在剩余财产范围内承担赔偿责任。但是，对于公司解散时无任何财产或者有财产但金额不足以覆盖债权人债权的，举证责任应分配给清算组成员。该举证责任要求清算组成员提供公司完整的财务账册并进行审计，以此获知公司在清算注销前的财产状况。换言之，公司虽然已经注销，但应有财务账册可再次进行实质意义上的清算。如清算组无法提供公司财务账册，也就无法判断公司清算注销时真实的财产情况，更无法分析股东是否存在损害公司利益的情形，基于公司清算注销“资大于债”的前提，当然应推定公司清算注销时可以偿还所有债务，而未被通知申报债权的债权人的全部债权损失应获得赔偿。

本案中，在某贸易公司于2020年4月16日作出的股东决议明确注销公司且公司的一切文书资料和财务账册等由梁某甲负责保管的情况下，梁某甲作为

某贸易公司注销前的法定代表人，未能在诉讼中提供某贸易公司完整的财务账册，导致无法判断某贸易公司清算注销时真正的资产负债情况，则应对某钢铁公司的债权承担全部清偿责任。

编写人：江苏省无锡市中级人民法院　王俊梅

江苏省无锡市锡山区人民法院　戴文娜

江苏省无锡市新吴区人民法院　叶　涛

图书在版编目（CIP）数据

中国法院2024年度案例．公司纠纷／国家法官学院，最高人民法院司法案例研究院编．—北京：中国法制出版社，2024.5

ISBN 978-7-5216-4355-8

Ⅰ.①中… Ⅱ.①国… ②最… Ⅲ.①公司-经济纠纷-案例-汇编-中国 Ⅳ.①D920.5

中国国家版本馆CIP数据核字（2024）第054096号

策划编辑：李小草　韩璐玮（hanluwei666@163.com）
责任编辑：韩璐玮　封面设计：李宁

中国法院2024年度案例．公司纠纷

ZHONGGUO FAYUAN 2024 NIANDU ANLI. GONGSI JIUFEN

编者/国家法官学院，最高人民法院司法案例研究院
经销/新华书店
印刷/三河市紫恒印装有限公司
开本/730毫米×1030毫米　16开　印张/19.75　字数/237千
版次/2024年5月第1版　2024年5月第1次印刷

中国法制出版社出版
书号ISBN 978-7-5216-4355-8　定价：79.00元

北京市西城区西便门西里甲16号西便门办公区
邮政编码：100053　传真：010-63141600
网址：http://www.zgfzs.com　编辑部电话：010-63141791
市场营销部电话：010-63141612　印务部电话：010-63141606

（如有印装质量问题，请与本社印务部联系。）

中国法院2012~2024年度案例系列

国家法官学院　最高人民法院司法案例研究院　编

简便易用、专业实用——打造“好读有用”的案例

1. 专业的作者：国家法官学院自2012年起推出“中国法院年度案例丛书”，至今已有13年，旨在探索编辑案例的新方法、新模式，以弥补当前各种案例书的不足。自2020年起，丛书由国家法官学院与最高人民法院司法案例研究院共同编辑，每年年初定期出版。

2. 强大的规模：23本含传统和新近的热点纠纷，这些案例是从全国各地法院收集到的上一年度审结的近万件典型案例中挑选出来的，具有广泛的选编基础和较强的代表性。

3. 独特的内容：高度提炼案情和裁判要旨，突出争议焦点问题，主审法官撰写“法官后语”，展现裁判思路方法。

4. 数据库增值服务：2024年继续推出数据库增值服务，凡购买本书，扫描前勒口二维码，即可在本年度免费使用往年同类案例数据库。

《中国法院2024年度案例系列（全23册）》

1. 婚姻家庭与继承纠纷
2. 物权纠纷
3. 土地纠纷（含环境资源纠纷）
4. 房屋买卖合同纠纷
5. 合同纠纷
6. 买卖合同纠纷
7. 借款担保纠纷
8. 民间借贷纠纷
9. 侵权赔偿纠纷
10. 道路交通纠纷
11. 提供劳务者受害责任纠纷
12. 人格权纠纷
13. 劳动纠纷（含社会保险纠纷）
14. 公司纠纷
15. 保险纠纷
16. 金融纠纷
17. 知识产权纠纷
18. 行政纠纷
19. 刑事案例一
20. 刑事案例二
21. 刑事案例三
22. 刑事案例四
23. 执行案例